Kent Nerburn

Nicht Wolf nicht Hund

Kent Nerburn wird eines Tages von einer jungen Frau angerufen, die ihn bittet, ihren Großvater in einem weit entfernten Reservat aufzusuchen. Nerburn erfüllt ihren Wunsch und trifft Dan, einen uralten Lakota-Indianer, der über viele Jahre hinweg Aufzeichnungen gemacht hat. Daraus soll mit Nerburns Hilfe ein Buch entstehen.
Dan jedoch erkennt in Nerburns erstem Textentwurf nicht wieder, was er ausdrücken will und worum es ihm eigentlich geht. Die beiden geraten fortwährend in Streit über die Unterschiede zwischen weißen Amerikanern und Native Americans. Doch auf einer listig arrangierten Reise entspinnt sich zwischen Dan, seinem Freund Grover und Kent Nerburn ein sehr persönlicher Austausch – unterhaltsam, ergreifend und oft voller Ironie.
›Nicht Wolf nicht Hund‹ ist ein eindringlicher Bericht über Gewalt, vererbte Traumata und die Verständigung zwischen unterschiedlichen Kulturen.

Kent Nerburn, Ethnologe und Theologe, hat zahlreiche Bücher veröffentlicht, vor allem über die Kultur der Native Americans. ›Nicht Wolf nicht Hund‹ erschien 1994 in den USA und entwickelte sich zum Bestseller. Nerburn erhielt dafür den Minnesota Book Award, mit dem er zweimal ausgezeichnet wurde. Das Buch wurde 2016 mit großem Erfolg verfilmt und ein Jahr später in Großbritannien mit einem exklusiven Vorwort von Robert Plant, dem Sänger von *Led Zeppelin*, neu herausgebracht. Nerburn lebt heute mit seiner Frau in der Nähe von Portland, Oregon.

Sky Nonhoff, 1962 in Iserloh geboren, ist Kulturjournalist, Autor und Kolumnist beim MDR. Als Übersetzer hat er u. a. Romane und Erzählungen von Jonathan Coe, Gay Talese und Dennis Lehane ins Deutsche übertragen.

Kent Nerburn

Nicht Wolf nicht Hund

Auf vergessenen Pfaden
mit einem alten Indianer

Aus dem Amerikanischen
von Sky Nonhoff

Mit einem Vorwort
von Robert Plant

dtv

MIX
Papier | Fördert gute Waldnutzung
FSC® C019821

2. Auflage 2025
2022 dtv Verlagsgesellschaft mbH & Co. KG
Tumblingerstraße 21, 80337 München
produktsicherheit@dtv.de
Lizenzausgabe mit Genehmigung der Verlag C.H.Beck oHG, München

Die Originalausgabe erschien 1994 unter dem Titel
›Neither Wolf Nor Dog. On Forgotten Roads with an Indian Elder‹
Veröffentlicht mit freundlicher Genehmigung von Canongate Books Ltd
in 14 High Street, Edinburgh EH1 1 TE.

Umschlaggestaltung: dtv nach einem Entwurf von
Rothfos & Gabler, Hamburg
Umschlagmotiv: nach dem Filmplakat von »Neither Wolf Nor Dog«,
mit freundlicher Genehmigung von Steven Lewis Simpson
Satz: Fotosatz Amann, Memmingen
Druck und Bindung: Druckerei C.H.Beck, Nördlingen
Printed in Germany · ISBN 978-3-423-14840-5

FÜR DIE, DIE SCHWEIGEN

INHALT

UND DOCH VON DIESER WELT

EIN VORWORT
VON
ROBERT PLANT

Es ist eine schmutzige, altbekannte Geschichte
Eine Geschichte gebrochener Verträge, rasanter Ausbreitung
Von Kampf und Vertreibung
Misshandlung, Verleugnung und Benachteiligung
Meilenweit entfernt von dem, was ihr aus Western kennt.

Auf meinen Reisen durch die Neue Welt und ihre Extreme
Ringe ich
Seit fast fünfzig Jahren mit denselben Fragen
Habe ich die Last der Geschichte getragen.

Auch Kent Nerburn ist viele Jahre
Dort unterwegs gewesen
An jener explosiven Grenze
Die trennt und spaltet.

Nicht Wolf nicht Hund nimmt uns mit auf eine Reise
Zeigt uns die zerstörten Überreste
Das Hin und Her zwischen unseren Kulturen
Die Nachwehen des europäischen Wütens und Schlachtens
Den Triumph der Gier, des Rattenrennens nach «mehr».

Mit Behutsamkeit und Gespür enthüllt er
Eine Welt der Wunder, verblüffender Zusammenhänge
Eine Welt, die uns die Hand reicht
Dem Untergang entkommen
Trotz Planwagen-Armeen und brutaler Unterdrückung.

Seine Figuren fordern die Fantasie heraus
Während sie uns nach und nach die Augen öffnen
Uns die Wunder der Natur offenbaren und
Unser Miteinander darin.

Kents Bücher werden mich immer begleiten
In ihnen klingt der Geist eines großen Volkes nach
Worte aus einer anderen Welt, umso wertvoller
In den Wirren dieser modernen Zeiten.

EINFÜHRUNG

«Lasst uns zusammen überlegen,
was für eine Welt wir unseren Kindern
hinterlassen wollen.»

Sitting Bull

Der Grundstein für dieses Buch wurde während eines Motorradtrips gelegt, mehrere Jahre, bevor ich überhaupt die Idee dazu hatte.

Ich fuhr auf einem einsamen Highway über die Hochplateaus des nördlichen Montana. Die Augustsonne brannte unerträglich heiß vom Himmel, und vor mir erstreckte sich die schier endlose Hügellandschaft. Von einer Anhöhe aus erspähte ich in der Ferne einen Verschlag mit drei Bretterwänden und Flachdach. Im ersten Moment hielt ich den Schuppen für den verlassenen Obststand eines Farmers oder vielleicht eine Krippe mit lebensgroßen Figuren, die von religiösen Fundamentalisten aufgestellt worden war. Doch als ich näher kam, erkannte ich, dass es sich tatsächlich um einen Schutzraum für eine historische Sehenswürdigkeit handelte.

Ich hielt an und marschierte über den schwelenden Asphalt zu dem Verschlag, in dem sich, wie ich nun sah, ein großer, von einem Zaun umgebener Felsbrocken befand. Eine Informationstafel erklärte, dass ich vor einem Büffelfelsen stand, wie ihn die Lakota als heilig verehren.

Der Verfasser des Texts hatte sich alle Mühe gegeben, der

Tradition der Lakota den gebührenden Respekt zu erweisen. Wenn man genau hinsehe, war auf der Tafel zu lesen, könne man ohne große Mühe erkennen, wie der namenlose Künstler dem Fels einst Form und Gestalt abzutrotzen versucht hätte.

Ich wandte mich dem Felsen zu. Auch wenn ich ihn wegen des Zauns nicht aus nächster Nähe inspizieren konnte, sah ich die Spuren, die das Werkzeug des Steinmetzen hinterlassen hatte. Der Felsen sah tatsächlich aus wie ein Büffel. Es lag auf der Hand, warum die Lakota diesen Felsen verehrten und mit spiritueller Bedeutung aufgeladen hatten.

Zu einem früheren Zeitpunkt meines Lebens hätte ich diese Informationen abgespeichert und wäre meines Wegs gezogen, zufrieden, etwas Interessantes entdeckt und ein wenig mehr über indianische Kultur erfahren zu haben.

Doch inzwischen war ich ein anderer Mensch. Ich hatte mit Indianern gelebt und gearbeitet, mit ihnen gegessen, über ihre Kinder gesprochen, in eisigen Schulsporthallen mit ihnen Basketball gespielt, ihre Toten mit ihnen beerdigt. Ich hatte an ihrem Leben teilgenommen, wusste, wie sie lieben, streiten, hadern, sich gegenseitig Respekt bezeugen.

Weshalb ich in diesem stickigen Kabuff am Straßenrand noch etwas anderes sah. Ich sah ein Stück Natur, einen großen, stummen Felsen, eingepfercht wie ein Tier in einem unwürdigen Stall. Ich sah den lebendigen Glauben eines Volkes, herabgewürdigt zu einer Kuriosität am Straßenrand, an der sich eine wohlmeinende Öffentlichkeit ergötzen durfte. Kurz, ich sah mich einer der schmerzlichsten Metaphern für das Leid der amerikanischen Ureinwohner gegenüber, wie sie mir in diesem Leben wohl nicht noch einmal begegnen wird: dem Geist eines Landes, dem Geist eines Volkes, reduziert auf einen wohlfeilen Info-Text und hinter einen Zaun gesperrt.

Und ich war ganz offensichtlich nicht der Einzige, der in dieser Bretterbude am Highway mehr als eine kleine Geschichtsstunde gesehen hatte. Wohl kaum jemandem wäre es weiter aufgefallen, aber oben auf dem Fels – eine schlichte Geste wie die eines Katholiken, der vor dem Abendmahl auf die Knie geht – hatte ein anderer Besucher ein paar zerbrochene Zigaretten als Opfergabe deponiert und damit jenem Tier seine Reverenz erwiesen, das für die Lakota das Universum in all seiner Mannigfaltigkeit verkörpert. Darüber hinaus hatte er *Wakan Tanka* gehuldigt, dem Schöpfer, dessen Unveränderlichkeit und ewige Beständigkeit dem Glauben der Lakota nach jeden einzelnen Stein beseelt.

Für jenen anonymen Besucher war der Fels kein Artefakt, nicht einmal ein Symbol gewesen. Sondern eine lebendige, spirituelle Präsenz. Und keine Straßenbehörde, kein Kulturverein, kein noch so engagierter Anthropologe und keine noch so wortreiche Texttafel hätte dem Fels mehr Achtung erweisen können als der Tabak, den der Unbekannte hinterlassen hatte.

In jenem Moment, als ich dort auf dem verlassenen Highway in der sengenden Sonne stand, tat ich einen stillen, feierlichen Schwur. Ich würde ein für alle Mal damit aufhören, meine indianischen Brüder und Schwestern als Rollenmodelle anzusehen. Ich betrachtete es als meine Pflicht, eine Brücke zwischen zwei Welten zu bauen – der Welt, in die ich hineingeboren worden war, und der Welt eines Volkes, das ich kennen und lieben gelernt hatte.

Nicht Wolf nicht Hund ist mein Versuch, diese Pflicht zu erfüllen.

Mir ist durchaus klar, dass manche indianische Leser auf meinen Entschluss eher skeptisch reagieren werden – wohl wissend, wie viele Schriftsteller ihr Volk falsch verstanden, falsch dargestellt und skrupellos ausgebeutet haben.

Denjenigen, die so denken, kann ich nur sagen: Man messe mich an meinen Worten.

Ich bin weder ein weißer Ausbeuter, der sich indianischer Themen bedient, weil sie sich so großer Beliebtheit erfreuen, noch ein blauäugiger Möchtegern, der wundersamerweise eine Cherokee in seinem Stammbaum entdeckt hat. Ich bin nichts weiter als ein ganz normaler Mensch, der das Glück hat, den einen oder anderen Indianer zu seinen Freunden zählen zu dürfen, und dem eine Geschichte auf den Nägeln brennt – eine Geschichte, die wir aus unserem nationalen Bewusstsein getilgt haben, weil wir den Gedanken an all das Blut auf unserem Erdboden nicht ertragen können, eine umso wichtigere Geschichte, als sie uns eine neue Perspektive auf das Leben in und mit der Natur eröffnet.

Es war alles andere als einfach, diese Geschichte zu Papier zu bringen, und meinen nicht-indianischen Lesern möchte ich nicht verschweigen, dass ich gegen einige Regeln verstoßen musste, um sie so zu erzählen, wie sie erzählt werden wollte. Hätte ich eine fiktive Erzählung geschrieben, hätte dies dem Leser erlaubt, die Geschichte als Konstrukt zu begreifen und die Lehren der Indianer als Erfindungen abzutun. Hätte ich das Ganze als journalistischen Text, als Reportage angelegt, hätte die Story ihre emotionale und spirituelle Kraft verloren. Und egal wie edel meine Motive auch gewesen wären: In beiden Fällen hätte ich der indianischen Wirklichkeit meine Perspektive aufgezwungen, sie unweigerlich verzerrt und mich des «intellektuellen Kolonialismus» schuldig gemacht, wie es ein indianischer Freund von mir einmal ausgedrückt hat.

Aus diesem Grund beschloss ich, dem Rat eines Ältesten zu folgen, der zu so etwas wie meinem Mentor geworden war, während ich versucht hatte, den indianischen Kindern im Red-Lake-Reservat im Norden Minnesotas die Stammeslegenden näherzubringen. «Konzentriere dich auf die Story», hatte er gesagt. «Es sind die Geschichten, die das Herz berühren.»

Daran habe ich mich gehalten, aufgeschrieben, was ich selbst erlebt habe, meine Beobachtungsgabe ebenso eingesetzt wie die literarischen Mittel, die mir zur Verfügung standen. Indem ich die Geschichte aus meiner Perspektive erzähle, biete ich eine Identifikationsmöglichkeit, nehme ich Sie mit in die Welt der amerikanischen Ureinwohner und überlasse Sie dann jenen Menschen, deren Stimmen darauf warten, gehört zu werden.

Und so bitte ich Sie, meine verehrten Leser, dieses Buch unvoreingenommen und vorurteilslos zur Hand zu nehmen. Der Erdboden, auf dem Sie sich bewegen, seien es Großstadtstraßen, Schotterwege oder Pfade in der Natur, war einst das Land der Indianer. Und unter Ihren Füßen hallt ihr Echo wider, das man deutlich hören kann, wenn man in sich geht und seinem Herzen lauscht. In all den Mythen und falschen Vorstellungen, mit denen wir aufgewachsen sind, ist dieses Echo hingegen nicht zu finden: Der besoffene Indianer, die blutrünstige Rothaut, der edle Wilde oder die weise Erdmutter sind allesamt Produkte unserer historischen Fantasie. Wir tun den Indianern wahrlich keinen Gefallen, wenn wir sie in derartige Schubladen stecken.

Die echten Indianer lachen, weinen, machen Fehler, ehren ihren Schöpfer, werden auch mal sauer, gehen einkaufen, ziehen Kinder groß, haben dieselben Träume wie wir. Und in den echten Indianern, nicht in ihren Klischees, klingen die wahren Stimmen unseres Landes wider – eins mit der Natur wie der Büffelfelsen und durchdrungen von einer tiefen Spiritualität, die sich denen offenbart, welche Augen haben zu sehen.

Folgen Sie mir also in eine Welt, die nur wenige Nicht-Indianer je betreten haben. Begleiten Sie mich und die Menschen, die Sie auf den folgenden Seiten kennenlernen werden. Sie werden etwas lernen, so wie ich etwas gelernt habe, und daraus eine Lehre für Ihr Leben ziehen.

Letztlich müssen wir zusammenfinden, Indianer und Nicht-Indianer. Die Erde ist unsere Mutter, dieses Land unser gemeinsames Erbe. Unsere Geschichte, unsere Schicksale sind untrennbar miteinander verbunden, egal wo unsere Vorfahren das Licht der Welt erblickten und was sie einander antaten.

Nicht Wolf nicht Hund ist ein kleiner Schritt auf dem Weg zu diesem Miteinander. Es geht mir nicht darum, einen Zaun um ein Volk zu ziehen, sondern meine Brüder und Schwestern mit dem Geschenk meiner Worte zu ehren. Ich habe mein Bestes gegeben und bringe Ihnen dieses Buch als Opfergabe dar – wie die Zigaretten, die dem Büffelfelsen dargebracht worden waren.

Empfangen Sie es in diesem Geiste.

Kent Nerburn
Portland, Oregon
Frühling 2017

1

EIN ANRUF

Beim zweiten Klingeln nahm ich den Hörer ab. Ich hörte, dass die Verbindung katastrophal war, bevor überhaupt jemand etwas sagte.

«Spreche ich mit Nerburn?»

Es war eine Frau. Eine Indianerin, wie ich an ihrem Akzent und ihrer abgehackten Sprechweise erkannte.

«Ja», sagte ich.

«Wir kennen uns nicht», fuhr sie fort, ohne ihren Namen zu nennen. «Mein Großvater möchte mit Ihnen sprechen. Er hat ihre ‹Red Road›-Bücher gelesen.»

Mir wurde ein wenig mulmig zumute. Ein paar Jahre zuvor hatte ich im Red-Lake-Reservat der Chippewa mit meinen Schülern Erinnerungen ihrer Eltern und Großeltern festgehalten. Die beiden Bücher, die aus diesen Aufzeichnungen entstanden waren, *To Walk the Red Road* und *We Choose to Remember,* hatten in der indigenen Community Nordamerikas ein gewisses Aufsehen erregt. Die meisten indianischen Leser hatten den Blick in ihre Vergangenheit positiv aufgenommen, wenngleich einige fanden, ich hätte alte Wunden aufgerissen oder Familienfehden neu entfacht.

Ab und zu riefen mich Leute an, die etwas anzweifelten oder irgendetwas richtigstellen wollten, was ihr Großvater oder ihre Großmutter angeblich gesagt hatte.

«Kein Problem», sagte ich. «Dann geben Sie ihn mir doch einfach.»

«Er redet nicht gern übers Telefon», erwiderte die Frau.

An die Verschlossenheit vieler Indianer gegenüber Weißen hatte ich mich schon lange gewöhnt; ebenso war mir bekannt, dass einige der konservativen Ältesten das Telefon ablehnten, so wie sie auch keine Fotos von sich machen ließen.

«Ist er wegen irgendwas sauer?», fragte ich.

«Er will nur mit Ihnen sprechen.»

Meine Nervosität wuchs. «Wo wohnt er denn?»

Sie nannte mir ein ziemlich weit entferntes Reservat.

«Und was will er von mir?»

«Er hat gefragt, ob Sie bei ihm vorbeischauen könnten.»

Die Frage traf mich wahrlich unvorbereitet – nicht nur, weil mich ein völlig Fremder sprechen wollte, sondern obendrein jemand, der so weit weg lebte.

«Ich wüsste schon ganz gern, ob er sauer auf mich ist», sagte ich.

«Ist er nicht.» Ihre Stimme verriet keine Regung. «Er hat bloß Ihre Bücher gelesen und möchte mit Ihnen reden.»

Ich rieb mir die Augen und überlegte. Als das Zeitzeugen-Projekt beendet gewesen war, hatte ich mir insgeheim geschworen, meine Kenntnisse und Fertigkeiten auch künftig zum Wohl der Indianer einzusetzen. Ich hatte mich bei ihnen ausgesprochen wohlgefühlt, nie zuvor derart humorvolle, friedfertige und unkomplizierte Menschen kennengelernt, die so gar nichts mit dem Klischee vom betrunkenen oder weisen Indianer zu schaffen hatten. Tatsächlich standen sie mit beiden Beinen auf der Erde. Sie waren anders als Weiße und Schwarze, entsprachen in keiner Weise den Vorstellungen, mit denen ich aufgewachsen war. Ich war glücklich in ihrer Gesellschaft, ja, ich fühlte mich sogar geehrt.

Manchmal ließ ich in Red Lake den Blick über die weite Landschaft schweifen und dachte bei mir: «Dieses Land hat den Vereinigten Staaten nie gehört. Dieses Land ist von der europäischen

Zivilisation unberührt geblieben.» Es war, als stünde ich in direkter Verbindung mit etwas Elementarem, einer verborgenen, unvorstellbar machtvollen Strömung der Geschichte. Auch wenn ich ein Weißer war und nur allzu genau wusste, wie sich die wohlmeinenden Absichten der Weißen auf das sogenannte Wohl der Indianer auswirkten, wollte ich helfen, das Gute ihrer Welt zu bewahren.

Und nun hatte mich eine Stimme gerufen, die mich bat, in diese Welt zurückzukehren und mir anzuhören, was ein alter Mann mir sagen wollte.

«Gut, ich mach's.» Halb hasste ich mich für mein Zögern, halb dafür, dass ich überhaupt zustimmte. «Aber ich kann nicht sofort. Es wird ein bisschen dauern.»

«Er ist schon ziemlich alt», sagte sie.

«So bald wie möglich», gab ich zurück.

«Fragen Sie im Laden nach, wenn Sie in der Stadt sind. Er verlässt sein Haus kaum noch. Wie gesagt, er möchte unbedingt mit Ihnen reden.» Sie nannte mir seinen Namen und legte auf.

Und damit begann diese Geschichte.

* * *

Mehrere Monate vergingen, bis ich mich auf den Weg machen konnte, der über die trostlosen Nordebenen Amerikas führte. Weißstämmige Kiefern wichen weiten Feldern. Morgennebel wallte über endloser Prärielandschaft. In der Ferne angekündigt von hoch aufragenden Getreidesilos oder Kirchtürmen, huschten kleine Orte rechts und links des Highways vorbei, Orte, die niemand bemerkte, niemand besuchte, niemand aus ihrem Dornröschenschlaf aufstörte.

Der Radioempfang war miserabel; Fetzen von Rock oder Klassik drangen aus den Lautsprechern, bevor sie wieder von statischem Rauschen verschluckt wurden. Ich schaltete von Kurz- auf

Mittelwelle.Ernteberichte, Baumarkt-Reklame, Werbespots für Rechen, Dünger- und Futtermittel.

Ich warf einen Blick auf die Karte, checkte, wie weit ich gekommen war. Die Reservate waren farblich abgesetzt und mit gepunkteten Linien umrandet. Ich versuchte mir ein Amerika aus der Perspektive dieser Inseln vorzustellen, winziger Eilande in einer bedrohlichen See sich ausbreitender Farmlandschaften und Ballungszentren. Ich dachte daran, wie mich stets ein leises Unbehagen überkam, wie ich mich fremd, unerwünscht, ja eingeschüchtert fühlte, wenn ich die Grenze eines Reservats überquerte. Wie also fühlten sich wohl die Indianer selbst, wenn sie durchs Land reisten, dieselbe Fremdheit, dieselbe Bedrohlichkeit empfanden, bis sie den sicheren Hafen eines der kleinen, weit voneinander entfernten Quadrate auf der Karte erreichten?

Kurz nach Einbruch der Dunkelheit kam ich in dem Reservat an, wo der alte Mann lebte. Als ich mich in dem Laden nach ihm erkundigte, musterte mich die stämmige Indianerin hinter dem Verkaufstresen misstrauisch. Drei junge Kerle, die vor dem Videoregal standen, hörten auf zu reden und beäugten mich schweigend.

Sie deutete Richtung Westen. «Er wohnt ungefähr drei Meilen von hier. Ist aber nicht leicht zu finden.»

Ich würde mich schon zurechtfinden, sagte ich.

Sie skizzierte eine rudimentäre Wegbeschreibung auf eine Serviette, Wege, Abzweigungen, Orientierungspunkte wie Creeks und umgestürzte Bäume. Ich bedankte mich bei ihr, kaufte ein Päckchen Prince-Albert-Tabak und machte mich auf den Weg.

Ihre improvisierte Karte war besser als erwartet. Kurz darauf holperte ich über einen von Schlaglöchern übersäten Pfad; das Licht der Scheinwerfer, vage Kreise im Dunkel, fiel auf Unkraut und anderes Gestrüpp. Die Augen kleiner Tiere leuchteten für einen Moment am Wegesrand auf und verschwanden im Unterholz.

Es ging um eine scharfe Kurve, dann mündete die Straße in eine Lichtung. Mein Scheinwerferlicht fiel auf ein kleines, mit Holzschindeln verkleidetes Haus, vor dem zwei Autos standen. Eines davon war auf Ziegeln aufgebockt. Drei Holzstufen führten zur Haustür, vor der ein sichtlich betagter Hund lag. Als ich ausstieg, kam er bellend und schwanzwedelnd auf mich zu.

Die Haustür wurde geöffnet. Eine dunkle Silhouette zeichnete sich vor dem Licht ab, das durch die Tür fiel.

«Guten Abend», sagte ich. «Kent Nerburn, mein Name.»

«Kommen Sie rein», sagte er, als hätte er mich erwartet. Seine Stimme klang alt, aber herzlich. Mit einem Mal entspannte ich mich ein wenig. In seinem Tonfall schwangen indianischer Humor und Würde mit, nachgerade ein klanggewordenes Augenzwinkern.

Der Hund bellte weiter. «Schluss jetzt, Fatback», schnauzte der Alte. Der Hund hielt inne und verkroch sich unter dem aufgebockten Wagen. «Verdammter Köter. Ist eines Tages aufgetaucht, und jetzt glaubt er, er hätte hier das Sagen.» Der alte Mann wandte sich um und schlurfte ins Haus zurück – so langsam und bedächtig, dass sich seine Füße kaum zu heben schienen.

Ich erklomm die Stufen und folgte ihm, ein bisschen verwirrt über die beiläufige Art und Weise, mit der er meine Ankunft quittiert hatte.

Das Haus war voller Männergerüche – Bratfett, Zigarettenrauch, alter Kaffee.

In der Spüle stapelte sich Geschirr. Eine Wand war mit Fotografien gepflastert – darunter das sepiafarbene Bild eines jungen Mannes und einer Frau vor einem alten Automobil, ein kleines Mädchen, das in einem Kaufhaus in einem Partykleid aus Taft posierte, ein College-Abschlussfoto, das einen feierlich dreinblickenden jungen Mann mit Doktorhut zeigte. Auf einem Beistelltisch stand ein gerahmtes *Life*-Coverfoto von John F. Kennedy.

«Nehmen Sie Platz.» Der alte Mann deutete auf einen gelben Resopal-Tisch in der Mitte der Küche. «Kaffee?»

«Gern», sagte ich. «Gut», erwiderte er, griff nach einer weiß emaillierten Kanne auf dem Herd, schenkte mir eine Tasse ein und setzte sich zu mir.

Ich schätzte ihn auf um die achtzig. Sein Gesicht war faltig und zerklüftet; sein langes Haar hatte er zum Pferdeschwanz zusammengebunden. Er trug ein kariertes Flanellhemd über einem weißen T-Shirt. Seine Hose wurde von Hosenträgern gehalten, an den Füßen trug er Pantoffeln aus Lammfell. Ein Auge war getrübt, doch meinte ich darin ein Zwinkern zu erkennen, das dem in seiner Stimme ebenbürtig war.

Ich griff in meine Tasche und reichte ihm den Prince-Albert-Tabak. In Red Lake hatte ich gelernt, dass Tabak unter Indianern als Gabe des Respekts angesehen wurde.

Der Alte warf einen Blick auf das Päckchen.

«Hmm.» Als er über den Tisch griff, sah ich, dass seine Hand von Arthrose verkrümmt war. Er nahm das Päckchen an sich und steckte es in die Brusttasche seines Hemds. «Sie haben diese ‹Red Road›-Bücher geschrieben.»

«Ich habe den Kids ein bisschen geholfen.»

Er faltete eine auf dem Tisch liegende Zeitung zusammen. Darunter kam ein Exemplar von *To Walk the Red Road* zum Vorschein, als hätte es ebenfalls meine Ankunft erwartet. Auf dem Umschlag hatte er sich allerlei Notizen gemacht.

«Prima Lesestoff.»

«Ich habe mein Bestes gegeben.»

Er spuckte in eine Kaffeedose, die neben seinem Stuhl stand, und musterte mich unverwandt. «Ich bin kein Freund der Weißen.»

«Das wundert mich nicht.»

«Konnten die auch keine Weißen leiden?»

«Wer?»

«Die Alten am Red Lake.»

«Manche nicht.»

Er griff nach einem Päckchen Kautabak und schob sich einen Priem hinter die Lippe.

«Und Sie?»

«Sie meinen, ob sie mich leiden konnten?»

Er schwieg.

«Ich glaub schon. Einige hielten mich für ein autoritäres Arschloch, aber was sollte ich machen?»

«Hat ja trotzdem hingehauen.» Er tippte auf das Buch. «Aber mal 'ne andere Frage. Haben Sie eine Ahnung, warum die sich überhaupt mit Ihnen abgegeben haben?»

Ich trank einen Schluck Kaffee und lächelte. «Gute Frage. Ich schätze, weil ich offen auf andere zugehe. Weil sie gemerkt haben, dass ich sie nicht verarsche. Und weil die Kids mir vertrauten.»

«Glaub ich nicht», gab er zurück. «Ich sag Ihnen, warum. Sie biedern sich nicht an. Sie versuchen nicht, den Indianer zu spielen.»

Ich nahm das Kompliment lächelnd entgegen. Er war fraglos ein Mann klarer Urteile.

«Die meisten Weißen, die bei uns in den Reservaten auftauchen, wollen selbst Indianer sein. Tragen Indianerschmuck und salbadern über den Großen Geist. Denen haben sie doch ins Gehirn geschissen.»

«Die Sorte kenne ich.»

Er betrachtete mich eingehend. «Sie tragen keinen Pferdeschwanz. Sehr schön. Auch keine Ringe mit Türkisen, oder?» Ich hielt ihm die Hände hin. «Sehr gut», bemerkte er trocken.

Er nahm seinen Faden wieder auf. «Oder sie glauben, wir bräuchten irgendwelche weißen Sozialarbeiter, die uns einen vom Pferd erzählen. Manche von ihnen kommen hierher, weil sie sonst nirgendwo einen Job an Land ziehen können. Und dann haben wir sie am Hals und werden sie nicht mehr los.»

Ich nickte.

Er beugte sich vor, als wollte er mir ein Geheimnis anvertrauen. «Sie sind keiner von denen, richtig?»

Ein verschwörerischer Tonfall schwang in seiner Stimme mit. Ich überlegte, ob die Frage ernst gemeint war oder er sich einen Witz auf meine Kosten machte.

«Ich versuche einfach, ich selbst zu sein. Aber ich mag Indianer – alles andere wäre eine Lüge.»

«Schön. Gut, dass Sie Indianer mögen. Ich mag sie nämlich auch. Und wie stehen Sie zu Weißen?»

Eine merkwürdige Frage.

«Na ja. Manchmal habe ich schon so meine Schwierigkeiten mit unserer Kultur.»

«Schön und gut. Aber was halten Sie von Weißen?»

Mir war nicht klar, worauf er hinauswollte.

«Ich habe nichts gegen sie», sagte ich. «Schließlich bin ich selbst einer.»

«Genau das meinte ich.» Er lachte leise. «Sie wären ein ziemlicher Mistkerl, würden Sie Ihre eigenen Leute hassen. Man muss seine Leute mögen, selbst wenn man verabscheut, was sie tun.» Er deutete auf meinen Kaffeebecher. «Trinken Sie.»

Ich trank einen Schluck, damit er Ruhe gab. Das Zeug schmeckte, als hätte er es aus Zweigen und Autoreifen zusammengebraut. «Nein, ich hasse Weiße nicht», sagte ich. «Manchmal schäme ich mich für uns, aber im Großen und Ganzen sind wir schon in Ordnung.»

Er hob die arthritische Hand. Er hatte genug mit mir gespielt und musterte mich schweigend.

Urplötzlich war mir meine weiße Haut bewusster denn je, ebenso wie der Umstand, dass ich vergleichsweise jung war. Ich wollte wissen, was das alles sollte, doch die harte Schule der Indianer hatte mich gelehrt, dass sie ihren eigenen Kopf hatten. Der Alte würde auf den Punkt kommen, wenn er es wollte.

Er deutete auf ein Bild an der Wand. «Das ist mein Enkel», sagte er. «Damals hat er seinen Abschluss am Haskell gemacht.»

Haskell ist ein Junior College für Indianer in Kansas. Ich kannte ein paar Absolventen, die ausgesprochen stolz darauf waren, dort studiert zu haben.

«Was macht er jetzt?»

«Er ist tot», sagte der alte Mann. «Umgekommen.»

«Hübscher Bursche.» Ich wusste nicht recht, was ich sagen sollte.

«Ja. Hat zu viel getrunken. Wäre jetzt ungefähr so alt wie Sie.» Er fixierte mich mit seinem Blick. «Ich möchte, dass Sie mir helfen, ein Buch zu schreiben.»

Der abrupte Themenwechsel verschlug mir die Sprache.

«Ich bin achtundsiebzig Jahre alt», fuhr er fort. «Hinter mir liegt ein hartes Leben. Ich will alles für die Nachwelt festhalten.»

«Was alles?», fragte ich.

«Was ich hier oben gespeichert habe.»

Offenbar wollte er, dass ich seine Memoiren schrieb. «Sie meinen, Ihre Erinnerungen?»

«Nein. Ich beobachte Leute. Indianer und Weiße. Ich kriege so einiges mit. Ich möchte, dass Sie mir das Ganze ins Reine schreiben.»

Er stand auf und ging in sein Schlafzimmer. Als er zurückkehrte, hielt er einen Stapel lose Blätter in Händen.

«Ich habe allerhand aufgeschrieben. Meine Enkelin meinte, ich sollte es veröffentlichen.»

Ich war perplex, aufgeregt, nervös. Ich wusste nicht, ob ich sein Manuskript wirklich sehen wollte. Möglich, dass der Alte ein Spinner war, der mit wilden religiösen Theorien hausieren gehen wollte. Dennoch bestand die kleine Chance, dass ich einem der wenigen Chronisten indianischen Lebens gegenübersaß, denen es gelang, den Atem ihrer Zeit plastisch und authentisch einzufangen.

Er reichte mir den Papierstoß. «Lesen Sie», sagte er.

Bereits nach zwei Seiten wusste ich, dass ich es mit einer außergewöhnlichen Persönlichkeit zu tun hatte. Der Alte war weder ein Spinner noch ein Chronist. Sondern ein Denker, der die Welt um sich herum lange und eingehend studiert hatte.

Seine Notizen waren nicht perfekt ausformuliert, nicht einmal vollständig. Vor mir lagen Seiten um Seiten unzusammenhängender Beobachtungen und langer Absätze ohne Interpunktion. Manche Gedanken hatte er auf Servietten und den Rückseiten von Briefumschlägen festgehalten.

Doch unter dem wirren Durcheinander lag eine Tiefe der Erkenntnis, so tief und klar wie ein Bergsee.

«Es wäre mir eine Ehre, Ihnen behilflich zu sein», sagte ich.

«Gut. Machen Sie was draus. Das muss richtig gut klingen.»

«Klingt es doch jetzt schon», erwiderte ich.

«Nee, nicht so, wie ich es haben will. Ich habe lange darüber nachgedacht. Es wird Zeit, dass ihr Weißen mal ein paar Dinge erfahrt. Aber was ich zu sagen habe, muss sich gut anhören, damit die Leute nicht abwinken, es wäre bloß das Geschwafel eines alten Indianers.»

Ich lachte. «Na ja, aber das sind Sie doch.»

Im selben Augenblick ging mir siedend heiß auf, dass ich einen Fehler begangen hatte. Er wandte sich ab und sprach langsam weiter, ohne mich eines Blickes zu würdigen. «Die Weißen haben immer wieder versucht, uns auf eine Stufe mit Tieren zu stellen. Sie behandeln uns wie Tiere in einem Zoo. Und wenn meine Sätze nicht so klingen, wie sich die Weißen das vorstellen, bin ich nichts weiter als ein weiteres Tier im Käfig.» Er stand auf und schlurfte zur Spüle. «Ich bin müde», sagte er, ohne sich zu mir umzudrehen. «Ich gehe jetzt schlafen.»

Meine Wangen brannten. Mir war klar, dass ich ihn verletzt hatte.

Einmal mehr hatte ich – wie so viele Weiße – einfach drauflosgeredet, statt erst mal zu überlegen. Doch hatte ich genug von seinen Notizen gesehen, um zu wissen, dass es hier um Wichtigeres als meine oder gar seine Gefühle ging.

Ich versuchte es noch einmal.

«Es tut mir leid», sagte ich. «Ich hoffe, ich habe Sie nicht beleidigt.»

«Gute Nacht.» Er ging in sein Schlafzimmer und schloss die Tür hinter sich.

Nichts war zu hören außer dem unregelmäßigen Summen der Neonröhre über mir. Ich saß da und überlegte, was ich jetzt tun sollte. Kurz spielte ich mit dem Gedanken, ihm eine Nachricht zu hinterlassen, aber irgendwie kam mir das dann doch blöd vor. Ich stand auf, klemmte mir das abgegriffene Manuskript des Alten unter den Arm, löschte das Licht und ging.

* * *

In jener Nacht bekam ich kein Auge zu. Das Motelbett war durchgelegen, und die auf dem Highway vorbeidonnernden Laster ließen die Wände erzittern. Doch war es meine eigene Scham, die mich wach hielt.

Ich hatte das Manuskript des alten Mannes einfach mitgenommen. Er hatte es mir nicht überlassen; schon dass er es mir überhaupt gezeigt hatte, kam einem Geschenk gleich. Ich war ein Dieb, hatte das Vertrauen eines Indianers zu meinem Vorteil missbraucht. Ich fühlte mich wie der schäbigste weiße Dreckskerl aller Zeiten.

Aber hinter meiner Aktion steckte mehr. Ich wollte dem Alten beweisen, dass er mir vertrauen konnte, und das ging nur, indem ich mir sein Vertrauen verdiente.

Die ganze Nacht brütete ich über seinen Notizen. Ich stellte Passagen um und korrigierte seine Grammatik, versuchte Leitmotive herauszuarbeiten und Themen zu verknüpfen. Dann machte ich mich ans Schreiben, versuchte die Stimme des alten Mannes nachzuempfinden. Um halb fünf Uhr morgens hatte ich ein Kapitel fertig, das den richtigen Sound zu haben schien. Ich schrieb es handschriftlich ins Reine und schlief ein, während die Morgensonne die Säume der Vorhänge zu färben begann.

Um halb acht wachte ich auf. Die Vorstellung, dass der Alte womöglich bereits entdeckt hatte, dass sein Manuskript verschwunden war, gefiel mir ganz und gar nicht. Ich zog mich an und fuhr zu ihm, verzichtete sogar darauf, unterwegs etwas zu frühstücken.

Vor dem Haus stand ein weiteres Auto.

Ich wartete bei meinem Wagen, bis jemand an die Tür kam. Es war eine junge Frau – die Enkelin des Alten. Sie winkte mich herein.

Der alte Mann saß am Küchentisch vor einem Teller mit Haferbrei und Speck. Ich legte die zerfledderten Seiten vor ihn hin. Er würdigte mich keines Blickes.

«Ich habe ein Probekapitel geschrieben», sagte ich zu der Frau. «Ich hoffe, es entspricht seinen Vorstellungen.» Fast verzweifelt wartete ich auf eine Reaktion, während ich mich mit jeder Faser meines Körpers danach sehnte, mich zu erklären, zu rechtfertigen. Doch war mir bewusst, dass ich mich zurückhalten musste.

«Lies es mir vor, Wenonah», sagte der Alte.

Schweigend hörte ich zu, während sie meine Worte mit leiser, melodiöser Stimme vorlas. Plötzlich hasste ich mein eigenes Geschreibsel – wie geschraubt klang das denn?

Als sie fertig war, pochte der Alte mit seinen verkrümmten Fingern auf den Tisch. «Kaffee?»

Um ein Haar hätte ich breit gegrinst. Ich wusste, dass ich eine Art Test bestanden hatte, aber nicht, wie oder warum.

Sie schenkte mir einen Becher aus der großen Emaillekanne ein.

«Genau das wollte ich von Ihnen», sagte der Alte. «So soll es klingen. Als hätte ich am Haskell studiert.»

2

RAUCHZEICHEN

Erst einige Monate später fand ich die Zeit, wieder zum Reservat des alten Mannes hinauszufahren. Ich war mit einem Stapel zerfledderter Heftseiten und mehreren Schuhkartons voller Notizen nach Hause zurückgekehrt; selbst auf Servietten und Kassenbons hatte er seine Gedanken festgehalten. Einer der Kartons enthielt ein Sammelsurium von Zeitungsausschnitten, die der Alte im Lauf der Jahre gesammelt hatte – Todesanzeigen von Freunden, Artikel über Politik und indianische Angelegenheiten, Kolumnen von einer Kummerkastentante, sogar die eine oder andere Werbeanzeige. Es war mir nicht gelungen, ein System dahinter zu entdecken; warum er all den Kram in einem Schuhkarton gesammelt hatte, war mir ebenso schleierhaft wie der Umstand, dass er mir das Konvolut mitgegeben hatte.

Aber ich hatte keine Fragen gestellt.

In den vergangenen Monaten hatte ich Stunden um Stunden damit verbracht, den Papierwust zu sortieren und nach Themen zu ordnen. Als ich nun den Pfad zu seinem Haus hinauffuhr, war ich gespannt, aber auch leicht beklommen. Ich hatte ein paar ganz ordentliche Kapitel zustande gebracht, die mir aber nach wie vor irgendwie künstlich und unbefriedigend vorkamen, da ich das Gefühl nicht loswurde, dass meine Stimme die seine überlagerte. Nun ja, mal sehen, wie er reagieren würde.

Fatback lag auf seinem Stammplatz vor der Haustür. Er bellte einmal und verzog sich dann in die Kuhle, die er sich unter der

Schrottkarre gegraben hatte. Aus dem Haus drang Gelächter an meine Ohren.

Kurz darauf erschien der Alte an der Tür und winkte mich herein. «Lange nicht gesehen», war alles, was er sagte. Er machte so wenig Aufhebens um mein Erscheinen, als wäre ich bloß eine Viertelstunde fort gewesen.

Am Küchentisch saßen drei Männer und spielten Karten. Alle waren nicht mehr ganz taufrisch, aber keiner so alt wie der Alte selbst. Zigarettenrauch waberte durch den Raum. In der Ecke plärrte der Fernseher.

Einer der Männer sah auf und sagte: «Wer ist das denn? Grizzly Adams?» Die Worte waren durchaus nett gemeint und an den Alten gerichtet, als wäre er dafür verantwortlich, meine Anwesenheit zu erklären, nicht ich. Die anderen Männer lachten, nickten und widmeten sich wieder ihren Karten. Davon abgesehen schenkte mir keiner von ihnen auch nur die geringste Beachtung. Der Alte stellte mich weder vor, noch bot er mir einen Platz an.

Einer der Männer warf drei Karten auf den Tisch. «Leck mich am Arsch», sagte einer der anderen, und dann brachen alle in Gelächter aus. Ich hatte wieder ein Päckchen Prince Albert für den Alten mitgebracht, aber das war sicher nicht der richtige Moment, es ihm zu überreichen. Meine Computerausdrucke in Händen, stand ich stumm da und lauschte dem Summen der Neonröhre über mir.

«Spielt der *Wasichu* Karten?», fragte einer der Männer den Alten. Das Wort kannte ich – Lakota für «Weißer».

«Keine Ahnung», erwiderte er. Er richtete die Glut seiner Zigarette auf mich. «He, Nerburn. Spielen Sie Karten?»

«Nein», sagte ich. «Hab ich nie richtig gelernt.»

Einer der Männer gab ein Grunzen von sich. Ich spielte keine Rolle mehr. Er teilte die Karten neu aus, während ich in der Tür stand wie bestellt und nicht abgeholt.

Plötzlich, als hätte er schon die ganze Zeit darauf gewartet, sagte der Alte: «Na, dann lesen Sie doch mal vor.» Die anderen unterhielten sich weiter und rauchten.

«Jetzt?»

«Ja. Morgen liege ich vielleicht schon unter der Erde.»

Die anderen lachten. Am liebsten wäre ich sofort wieder gegangen.

Ich trat zwei Schritte vor und blätterte in den ordentlich mit Heftklammern versehenen Kapiteln, versuchte eins zu finden, das ich für halbwegs gelungen hielt.

«Lesen Sie einfach», sagte der Alte. «Irgendwas.»

Ich nahm das zuoberst liegende – eins der schönsten, wie ich fand. Der Text hatte mich von Anfang an beeindruckt. Im Gegensatz zu den anderen Kapiteln war dieses fein säuberlich mit Kugelschreiber ins Reine geschrieben worden und hatte in einem separaten Umschlag gesteckt; ich war mir nicht mal sicher, ob er es allein geschrieben hatte.

Ich hatte die Grammatik auf Vordermann gebracht und das eine oder andere Wort ersetzt, an seinem Ton, seinem Rhythmus, seinen Gedanken aber nichts geändert.

Ich räusperte mich wie ein Schuljunge und begann:

«Hallo, meine Freunde.

Ich habe beschlossen, zu euch zu sprechen. Seit vielen Jahren schon trage ich mich mit diesem Gedanken.

Ich habe mich stets bemüht, dem Beispiel meiner Vorväter zu folgen. In meinen Ohren klingen die Worte Sitting Bulls noch nach, dass man den Weißen nicht trauen kann. Doch ebenso erinnere ich mich der Worte von Black Kettle, unsere Hand zum Frieden auszustrecken.

Ich trage beider Worte in meinem Herzen.

Und nun, da ich alt bin, will ich zu euch sprechen.

Viele von uns würden mich lieber schweigen sehen. Sie glauben, dass wir uns weiter vor den Weißen verstecken sollten. Sie sagen, dass wir es noch jedes Mal bitter büßen mussten, wenn wir ihnen die Hand gereicht haben.

Aber es gibt keinen Ort mehr, an dem wir uns verstecken könnten. Die Weißen kontrollieren die Luft, die wir atmen, das Wasser, das wir trinken. Sie gehören zu uns, im Guten wie im Bösen. Unsere Zahl ist gering, doch unsere Herzen sind stark. Wir müssen zusammenkommen, Rote und Weiße, ein letztes Mal, bevor es zu spät ist. Vielleicht wird unseren starken Herzen diesmal Gehör geschenkt werden. Und wenn nicht, so sei es drum. Dann ist unsere Zeit ohnehin abgelaufen.

Doch dieser Gedanke widerstrebt mir. Der Schöpfer hat unser Volk nicht geschaffen, um es zu vernichten und der Vergessenheit anheimfallen zu lassen. Wir sind Teil des großen Kreislaufs der Schöpfung. Die Stimme unseres Volkes muss Gehör finden.

Wenn ich schweige, fehlt uns eine Stimme. Und deshalb habe ich beschlossen, sie zu erheben.

Vergebt mir, wenn meine Worte zuweilen allzu zornig klingen sollten. Ja, ich bin voller Zorn. Niemand kann frei von Zorn sein, der das Leid unserer Kinder, die Tränen unserer Großmütter gesehen hat. Doch in meinem Herzen sehne ich mich danach zu vergeben, weil die Erde unsere Lehrmeisterin ist und uns gebietet zu vergeben.

Wenn die Berge vergeben können, dass die Weißen Stollen und Tunnel durch sie hindurchgetrieben haben, und in der Lage sind, ihre Narben mit frischem Sommergras zu bedecken, sollte es dann nicht auch uns gelingen, unsere Narben mit dem frischen Gras von Güte und Verständnis vergessen zu machen?

Wenn der Wald den Mord an all seinen Kindern überleben und trotzdem in all seiner Schönheit wiederauferstehen kann, sollte es dann nicht auch mir möglich sein, den Mord an meinem Volk zu überwinden und mein Herz wieder der Sonne zuzuwenden?

Es ist nicht leicht für einen Menschen, die Großmut eines

Bergs oder eines Waldes zu erlangen. Deshalb hat sie uns der Schöpfer als Lehrmeister zur Seite gestellt. Und nun, da ich ein alter Mann bin, strebe ich erneut nach ihrer Weisheit, statt die Wege der Menschen verstehen zu wollen.

Sie mahnen mich zur Geduld, sagen mir, dass ich am Bestehenden nichts ändern, nur auf die Zukunft hoffen kann. Lass Gras über deine Narben wachsen, sagen sie, lass Blumen auf deinen Wunden blühen.

Sollte ich zu viel geredet oder Falsches gesagt haben, mögen andere sprechen und die rechten Worte finden. Sollte ich aber wahr gesprochen haben, mögen andere meine Worte hören und beherzigen.

Ich bin nur ein Mensch. Ich war nicht dazu auserkoren, an der Spitze meines Volkes zu stehen, und ich wurde nicht dazu erzogen, für andere zu sprechen. Ich sage diese Dinge, weil ich glaube, dass sie gesagt werden müssen. Es mögen andere kommen, die bessere Worte finden. Dann werde ich beiseitetreten.

Aber nun, alt geworden, kann ich nicht mehr warten. Und daher habe ich beschlossen, das Wort zu erheben.

Ich werde nicht länger schweigen.»

Als ich fertig war, sah einer der anderen den Alten an. «Hast du das geschrieben, Dan?»

Der Alte zeigte keine Regung. «War doch okay», sagte er.

«Ist ja ein Ding», sagte der mit den Karten. «Was, zum Teufel, hast du vor?»

«Ach, ich habe bloß ein paar Sachen notiert.»

«Jesus Christus! Du schreibst ein Buch?»

«Verdammt gut, wenn ihr mich fragt», sagte der, der als Erster das Wort ergriffen hatte.

Der dritte Mann hatte bis jetzt geschwiegen. «Also, ich weiß nicht», sagte er jetzt. Wie auf ein unhörbares Stichwort erhob er sich, um zu gehen. Die beiden anderen standen ebenfalls auf.

«Vergiss nicht die Karte in deinem Ärmel», sagte der Alte. Die anderen lachten, und ein paar Sekunden später fiel die Tür hinter ihnen ins Schloss.

«Habe ich irgendwas falsch gemacht?», fragte ich.

Der alte Mann nahm sich eine Zigarette. «Nö. Sie wollten einfach nach Hause. Lassen Sie mich das noch mal hören.»

Ich las ihm das Kapitel noch einmal vor. Die Worte klangen seltsam und geschraubt in der von Zigarettenqualm erfüllten Küche. Der Alte sah meine Verwirrung.

«Ihr Weißen kapiert das nicht», sagte er. «Kommen Sie morgen früh wieder, dann zeige ich Ihnen was.» Er spuckte in die Kaffeedose neben seinem Stuhl. «Und bringen Sie mir Tabak mit.»

* * *

Der Morgen graute; die Luft war feucht und stickig. Moskitos summten gegen die Fliegentür, und über den Feldern vor dem Motelfenster waberte ein nebliger Dunst. Irgendwo in der Nähe befand sich ein Sattelschlepper mit laufendem Motor und brummender Kühlanlage; die schwere Dieselmaschine ließ die Motelwände erbeben.

Die seltsame Reaktion des Alten machte mich nervös. Ich hatte eine lange Autofahrt auf mich genommen, wünschte mir zumindest eine Geste, dass ich nicht umsonst hergekommen war – ein Dankeschön, einen Ausdruck der Begeisterung oder Freude, irgendetwas –, wurde aber lediglich mit Nicken und Grunzen von Leuten abgespeist, die ohne ersichtlichen Grund kamen und gingen.

Ruhe bewahren, sagte ich mir. Ich erinnerte mich an die Worte eines Stammesführers der lokalen Chippewa, den ich sehr schätzte. «Sie wollen wissen, was indianische Zeit bedeutet?», hatte er mir bei einem Seminar mit einheimischen College-

Studenten geantwortet. «Der Indianer definiert Zeit so: ‹Wann und wo, bestimme ich.›»

Der Alte richtete sich nach der indianischen Zeit. Ich richtete mich immer noch nach der Uhr und meinem Kontostand.

Ich duschte rasch, zog Jeans und ein T-Shirt an. Ich war in Sandalen hierhergefahren, doch jetzt kamen sie mir fehl am Platz, ja sogar schwer daneben vor. Ich nahm meine alten Arbeitsboots aus meiner Reisetasche und zog sie über ein Paar grauer Baumwollsocken. Ich warf einen kurzen Blick in den Spiegel. Mit meinen blonden Haaren und dem rapide ergrauenden Bart mochte ich für ältere Indianer tatsächlich wie Grizzly Adams aussehen. Sie hätten sich schlimmere Vergleiche ausdenken können.

Der Alte wartete schon, als ich ankam. Wieder bereitete ihm seine Enkelin das Frühstück. Ich fragte mich, ob sie das jeden Morgen machte. Sie briet Speckstreifen in einer alten Grillpfanne und goss das Speckfett dann in eine Schüssel mit Haferbrei.

«Haben Sie Hunger, Nerburn?», fragte sie, während sie das Fett mit einem großen Löffel unter den Haferbrei rührte. Ihr vertraulicher Tonfall erstaunte mich nicht weniger als das Frühstück, das sie da zusammenmengte.

«Ein paar Streifen Speck und eine Tasse Kaffee wären fabelhaft», erwiderte ich. Ich erinnerte mich an ihr Gebräu, das nicht ganz so schlimm wie das des Alten gewesen war, immerhin mehr nach Zweigen als nach Autoreifen geschmeckt hatte. Jedenfalls war ich bereit, so ziemlich alles über mich ergehen zu lassen, um nicht von dem Schierlingsbecher kosten zu müssen, der auf dem Herd köchelte.

Der Alte pochte mit einem verkrüppelten Finger auf den Tisch. «Haben Sie den Tabak mitgebracht?»

Ich nickte. «Ich hatte ihn schon gestern Abend dabei, aber ...»

«Kein Ding», sagte er. Seine Enkelin beäugte uns klammheimlich, wandte aber den Blick ab, als sie merkte, dass es mir nicht entgangen war.

Kurz darauf rumpelte ein weiterer Wagen die Einfahrt hinauf, Fatback schoss aus seiner Kuhle und begann zu bellen.

«Halt's Maul», war eine Stimme von draußen zu vernehmen. Drei Autotüren knallten, und dann ertönten auch schon Schritte auf den Stufen. Die Fliegentür wurde geöffnet, und die drei Kartenspieler vom Vorabend kamen herein. Sie nickten mir zu und zogen sich Stühle heran. Einer von ihnen legte den Arm um die Enkelin des Alten. «Dich würde ich auch gern mal heißmachen», gackerte er. Wenonah versetzte ihm einen spielerischen Knuff. «Dazu hast du nicht mehr genug Feuer in der Hose, Grover», gab sie zurück. Die anderen brachen in schallendes Gelächter aus.

Grover setzte sich an den Küchentisch. Ich hatte ihm am Vorabend keine große Aufmerksamkeit geschenkt, auch wenn mir aufgefallen war, dass ihm anscheinend nicht so recht gefiel, was ich zu Papier gebracht hatte. Er war etwa Ende fünfzig und hatte die drahtige Statur eines ehemaligen Sportlers oder harten Burschen, der auf der Straße groß geworden war. Er trug Jeans, Cowboystiefel und ein blütenweißes Hemd, das so aussah, als hätte er es gerade erst aus der Reinigung geholt; die Ärmel hatte er sorgfältig so hochgekrempelt, dass das Adler-Tattoo auf seinem rechten Bizeps zu sehen war. Sein aschefarbenes Haar war militärisch kurz geschnitten. Ich war mir sicher, dass er bei der Marine gewesen war; er hatte den wiegenden Gang und die charakteristische Haltung eines Seemanns.

Wenonah brachte mir einen Teller mit Speck und eine Blechtasse mit Kaffee. «Verwöhnst den weißen Knaben ja ganz schön, Wenonah», bemerkte Grover.

«Er ist eben nicht so ein alter Ziegenbock wie du.»

Grover ahmte das Meckern eines Bocks nach und lachte herzlich.

«Ihr wollt doch bestimmt auch was zu essen», richtete sie das Wort an die anderen Männer.

«Nerburn hat euch was mitgebracht», unterbrach der Alte. Er

sah mich an, wies mit einem Nicken auf meine Tasche. Hastig kramte ich den Tabak heraus.

«Hier.» Ich hielt Grover das Päckchen hin. «Mr ...» Ich wusste nicht, wie ich den Alten nennen sollte. Klar, er hieß Dan, aber das kam mir um einiges zu vertraulich vor. Und so mogelte ich mich drum herum. «Er hat mich darum gebeten, ihm mit seinem Buch zu helfen. Ich empfinde das als große Ehre und möchte das Beste daraus machen. Und es wäre mir eine zusätzliche Ehre, wenn ich auch auf Ihre Hilfe zählen könnte.»

Die Männer schwiegen; keiner zeigte eine Reaktion. Kein Wort fiel, minutenlang, so schien es mir. Die Atmosphäre im Raum hatte sich komplett verändert. Schließlich griff Grover nach dem Tabakpäckchen. «Wenn Dan meine Hilfe will, kein Problem.» Die anderen nickten zustimmend. Wenonah stand stumm mit dem Rücken zu uns.

Mit ernster, gedankenverlorener Miene blickte Grover zu Boden. Dann stand er auf und ging nach draußen.

Der Alte wischte den Rest seines Haferbreis mit einem Stück labbrigen Toasts aus der Schüssel. Die beiden anderen Männer saßen auf einem zerschlissenen geblümten Sofa an der Wand. Außer mir schien das Schweigen niemanden zu stören.

Grover sagte etwas durch die Fliegentür, das ich nicht verstand. Der Alte antwortete ihm in derselben Sprache, stand auf und ging ebenfalls nach draußen. Wenonah ließ zwei Scheiben Toast auf meinen Teller fallen. «Immer runter damit», sagte sie leise.

Einer der Männer auf dem Sofa stand auf und schaltete den Fernseher an. Eine aufdringliche Stimme pries die Vorzüge eines Geschirrspülmittels. Draußen unterhielten sich Grover und der Alte auf Lakota; ihrem Tonfall war nichts zu entnehmen.

Dann hörte ich die Fliegentür hinter mir. Der Alte trat zu mir und bedeutete mir mit einer Kopfbewegung, mit nach draußen zu kommen.

«Grover findet es zu weiß», sagte er. «So, wie Sie es geschrieben haben.»

Ich musterte ihn erstaunt. «Es sind Ihre Worte. Ich habe sie bloß ein bisschen aufpoliert.»

Mit einer unwirschen Handbewegung forderte er mich abermals auf, ihm hinaus zu folgen.

Grover hockte auf der Treppe, die Ellbogen auf die Knie gestützt. Er wölbte die Hände um seine Zigarette, um zu verhindern, dass sie zu schnell herunterbrannte, und sah stier geradeaus, weg von mir.

«Irgendwas stimmt nicht», sagte er.

Ich spürte, wie ich errötete. «Sie meinen, es klingt falsch?»

«Nee, so meinte ich's nicht. Das klingt schon gut. Aber irgendwie nicht echt. Mir klingt das zu sehr nach Filmindianern.»

«Wie meinen Sie das?»

Grover verlagerte sein Gewicht, sah den Alten an. «Erinnerst du dich an diese Tante aus New York?»

Dan lachte laut. «Teufel, ja. Du hättest sie fast zu Tode erschreckt mit deinem Gehuste.»

«Erzähl ihm die Geschichte.» Einmal mehr verblüffte mich der fast familiäre Umgangston.

Dan setzte sich auf einen ausrangierten Autositz neben den Stufen.

«Einmal war eine Frau aus New York hier. Sie arbeitete an einem Drehbuch über irgendeinen Weißen, der sich für die Indianer stark gemacht hatte – seinen Namen habe ich vergessen. Sie wollte mit Indianern sprechen, um zu hören, wie wir reden.

Sie war schwer aufgedonnert – neue Jeans, Cowboystiefel, Halstuch. Sie sah aus, als wollte sie auf Safari. Ihre Kleidung hatte wahrscheinlich mehr gekostet als mein Auto. Unfassbar – alles beäugte sie argwöhnisch, bevor sie sich irgendwo hinsetzte oder sonst was machte. Ihre größte Sorge war, sie könnte sich ihre Klamotten versauen.

Ein paar von uns erklärten sich bereit, mit ihr zu reden – na ja, wir dachten wahrscheinlich, es würden ein paar Dollar für uns herausspringen. Außerdem wollten wir ihr ein bisschen auf den Zahn fühlen. Seit *Der mit dem Wolf tanzt* waren Indianer ja wieder groß in Mode.

Wie auch immer, ich hatte ein paar Bücher dabei, eins von Ihren ‹Red Road›-Büchern und noch ein paar andere mit Stimmen von Zeitzeugen. Ich dachte, die würden ihr vielleicht was nützen.

Sie versuchte uns Fragen zu stellen, aber ich merkte, dass die anderen sie nicht leiden konnten und deshalb dichtmachten. Sie saßen einfach nur da und sahen zu, wie sie immer nervöser wurde. Das war schon lustig.

Ich gab ihr die Bücher, die ich mitgebracht hatte, aber sie überflog sie bloß und meinte, sie würden ihr nichts bringen, die Leute klängen ‹platt und uninteressant›. Original ihre Worte – ‹platt und uninteressant›.

Es waren die Stimmen echter Indianer, aber die waren ihr nicht gut genug. Weil sie nicht ihren Wünschen entsprachen. Ihr war schnurzegal, wie Indianer wirklich reden. Wir sollten so reden, wie sie sich das vorstellte.

Ich sagte ihr, vielleicht würde sie in Greenwich Village ja ein paar Indianer finden, mit denen sie mehr anfangen könne. Und als sie mich ansah, als wollte ich sie verarschen, erklärte ich ihr, dass New Yorker Indianer womöglich überzeugender klingen würden, weil sie der Irokesen-Konföderation angehört und mehr Erfahrung mit großen Reden hatten.

Sie schrieb sich alles auf und reiste wieder ab, anscheinend gottfroh, sich wieder aus dem Staub machen zu können. Grover räusperte sich in einem fort, und ihr ging wahrscheinlich die Muffe, er würde jede Sekunde in die Gegend rotzen oder so. Und je unruhiger sie wurde, desto lautstärker räusperte er sich. Seine Lunge rasselte so heftig, dass ich dachte, er würde jeden Moment ersticken. Ich bin schier geplatzt, so sehr musste ich mein Lachen unterdrücken.»

Grover nickte schweigend. Seine Zigarettenasche war beinahe drei Zentimeter lang. «Genau so ist es, Nerburn», sagte er. «Weiße wollen keine echten Indianer. Sie wollen Indianer aus dem Bilderbuch.»

Ich war beschämt und verletzt. «Ich hoffe, ich habe nicht versucht, auch ...» Ich hielt inne, weil ich immer noch nicht wusste, wie ich den Alten nennen sollte.

Doch der kam mir unerwartet zu Hilfe. «Himmel, Arsch und Zwirn, nennen Sie mich, wie Sie wollen. Ich heiße Dan, aber viele Leute nennen mich auch einfach nur den Alten oder Grandpa. Mir ist es wurscht.»

«Okay.» Ich wandte mich zu ihm. «Ich hoffe, ich habe nicht versucht, Sie wie einen Bilderbuch-Indianer klingen zu lassen. Aber Sie haben selbst gesagt, es soll sich anhören, als hätten Sie am Haskell studiert.»

Der Alte lächelte, wollte mir zu verstehen geben, dass er mit meiner Arbeit zufrieden war. Doch Grover hatte noch etwas auf dem Herzen.

«Ich sage Ihnen, was das Problem ist.» Grover sah mich an. «Was Sie geschrieben haben, war so weit in Ordnung ...»

«Ich fand's richtig gut», unterbrach ihn Dan.

«Ist es ja auch», gab Grover zurück. «Zu gut. Kannst du im Prinzip direkt an diese Tante aus New York schicken.»

Ich beobachtete den Alten ganz genau. Obwohl ich eigentlich nur unmaßgeblich beteiligt war, fühlte ich mich angegriffen, ja genötigt, die kleine Rede zu verteidigen, die ich für mehr als gelungen hielt. Doch der Alte runzelte nur die Stirn, lehnte sich zurück und zog heftig an seiner Zigarette.

«Also, ich seh's so», fuhr Grover fort. «Der Text ist gut. Aber auch brandgefährlich.»

«Gefährlich?», sagte ich.

«Ja. Mal 'ne Frage, wenn Sie erlauben. Was mache ich gerade?»

«Was meinen Sie? Was Sie mir eben zu erklären versucht haben?»

Er schüttelte den Kopf wie ein entnervter Lehrer. «Nein, nein. Ich meine, was mache ich gerade? Jetzt, in diesem Moment.» Er hielt mir seine Zigarette hin, als wäre ich ganz besonders begriffsstutzig.

«Sie rauchen eine Zigarette.»

«Erfasst. Und woraus besteht diese Zigarette?»

«Aus Tabak.»

«Sie sagen es. Und Sie wissen, dass uns Tabak heilig ist, richtig? Und Sie haben mir diesen Tabak geschenkt, stimmt's? Ist diese Zigarette also heilig?»

Dan grinste. Er ahnte offenbar, worauf Grover hinauswollte. Während ich nur Bahnhof verstand.

«Keine Ahnung», sagte ich.

Grover nahm den kurzen weißen Stummel aus dem Mund und drückte ihn theatralisch auf den Stufen aus. «Nein. Das war eine ganz schnöde Kippe.» Er griff in seine Brusttasche und zog das Päckchen Prince Albert heraus, das ich ihm geschenkt hatte. «Aber das hier ist trotzdem heilig. Weil Sie es mir mit einer heiligen Absicht gegeben haben. Können Sie mir folgen?»

Ich lächelte schwach, und er fuhr fort. «Mal sind Dinge heilig, mal nicht. Wenn mir der Verkäufer im Laden eine Packung Zigaretten über den Tresen schiebt, ist das nicht heilig, weil es eben nur ein Päckchen Zigaretten ist, verstehen Sie? Aber wenn Sie mir diesen Tabak geben, wird er heilig, weil Sie ihn mir schenken.»

«Okay», sagte ich. Der Zweck seiner Ausführungen war mir nach wie vor schleierhaft.

«Trotzdem bleibt es Tabak, stimmt's?»

«Ja», erwiderte ich, dankbar für eine Frage, die ich beantworten konnte.

«Mit Indianern verhält es sich genauso», stellte Grover fest, als läge der Vergleich auf der Hand. «Manchmal sind wir heilig, manchmal nicht. Aber wir bleiben immer Indianer. Wenn Sie nur den heiligen Kram aufschreiben, sind Sie wie diese Frau aus New York. Schreiben Sie *alles* auf. Der Alte wird versuchen, Sie auszutricksen, also bleiben Sie bloß auf der Hut.»

Dan schien sich prächtig zu amüsieren. Er schmauchte seine Zigarette und gab ein paar leise «He, hes» von sich, während Grover redete.

«Was wollen Sie damit sagen?», fragte ich, allmählich völlig verwirrt.

«Sehen Sie den alten Fatback da drüben? Schauen Sie genau hin, was er macht.»

Fatback schnüffelte im braunen Gras. Er nieste ein paar Mal, gähnte, kratzte sich, urinierte auf einen Busch, scharrte wild auf einem Stück Erde herum, drehte sich mehrmals um sich selbst und legte sich hin.

«Na, was haben Sie gesehen?», fragte Grover.

Ich sagte es ihm.

«Und?»

«Typisches Hundeverhalten, würde ich sagen.»

«Aber wenn Sie jetzt eine Hundegeschichte erzählen wollten, würden Sie doch alles so genau wie möglich beschreiben, oder?»

«Ja, schon. So viel wie nötig.»

«Gut. Und jetzt schreiben Sie eine Geschichte über Indianer. Aber Sie schreiben wie ein Weißer. Sie wollen alles schön ordentlich und akkurat. Hören Sie auf, irgendwas auszusparen. Schreiben Sie es so, wie es ist.»

Ich wandte mich zu Dan, der aber gerade mit einem Stock im Boden herumstocherte. Grover sprach weiter. «Der Alte hat 'ne Menge erlebt», sagte er mit Nachdruck. «Sie sollten alles aufschreiben, nicht bloß irgendwelche Vorträge.»

Ich hatte eine Ahnung, worauf er hinauswollte. Aber allmählich war ich sauer und frustriert. Ich hatte getan, worum der Alte mich gebeten hatte, und ich hatte weiß Gott keine schlechte Arbeit abgeliefert, und das auch noch ohne Aussicht auf Bezahlung; nicht mal ein Dankeschön war für mich drin gewesen. Dan war offensichtlich zufrieden gewesen, doch nun saß er schweigend da, während Grover mir vorhielt, was ich alles falsch gemacht hatte. Mittlerweile fühlte ich mich wie so viele Male zuvor, wenn ich mit Indianern zusammengearbeitet hatte. Nichts war je gut genug. Man ackerte sich blöde, bis jemandem irgendetwas nicht in den Kram passte, und dann konnte man seinen Hut nehmen. Ein Anflug von Entrüstung stieg in mir auf. Diesmal würde mir niemand die Tür weisen. Ich würde selbst gehen, wenn es so weit war.

Dan hob die Hand – eine bedächtige Geste, mit der er signalisierte, dass er etwas loswerden wollte. Sorgsam wählte er seine Worte. «Du hast recht, Grover», sagte er. «Die Weißen müssen alles immer beschönigen. Tja, sieht so aus, als wollte ich das Buch eines Weißen schreiben.»

Grover war zufrieden. Seine Message war angekommen. «Wenn am Ende alles so klingt wie das, was Nerburn vorgelesen hat», sagte er, «ist es wie die Klamotten der Lady aus New York – glatt gebügelt und porentief rein.» Er wandte sich zu mir. «Man darf keine Angst haben, sich schmutzig zu machen.»

Dan saß vornübergebeugt da, biss nachdenklich auf dem Ende seiner Zigarette herum und spie ein paar Tabakfasern aus. «Ja», sagte er gedehnt, während er noch überlegte. «Wir sollten es wohl doch besser auf die indianische Art machen.»

Ich verstand nicht recht, was er damit sagen wollte. Es klang vage und abstrakt, und ich hatte eine Menge Zeit auf den Schuhkarton und seinen Inhalt verwendet. Ich wollte protestieren, doch Dan gebot mir zu schweigen. Er wandte sich um und stieg die Stufen zur Tür hinauf. «Hören Sie auf Grover», sagte er.

Grover ließ sich nicht zweimal bitten.

«Vergessen Sie die Reden», sagte er. «Davon kriegen Sie noch genug zu hören. Der Alte hält ständig Vorträge, schon seit ich ihm das erste Mal begegnet bin. Konzentrieren Sie sich auf die anderen Sachen.» Er blieb auf der obersten Stufe stehen und spie in den Staub. «Denken Sie an Fatback.» Er nickte in Richtung des Hundes und grinste.

Fatback, offenbar mitten in einem Hundetraum, stieß mit den Läufen, gab ein feuchtes Schnauben von sich und schmiegte sich in seine Kuhle.

«Kleiner Tipp», sagte er. «Erzählen Sie einfach eine Geschichte.»

* * *

Ich brauchte eine Weile, um über Grovers großkotzige Missbilligung meiner literarischen Methode hinwegzukommen. Ich hatte zu lange und zu hart an den Texten des Alten gearbeitet, um Grovers Kritik so mir nichts, dir nichts wegzustecken. Dan hingegen, der Jahre um Jahre seine Gedankenfragmente gesammelt und in Schuhkartons verstaut hatte, schien ganz und gar nichts gegen unseren komplett neuen Ansatz zu haben. Aber wenn er offen dafür war, konnte ich mich der Idee auch nicht ganz verschließen, so redete ich es mir jedenfalls ein. Ich beschloss, ihn zu fragen, wie wir weitermachen sollten.

Die Gelegenheit ergab sich schneller als erwartet. Als ich am nächsten Morgen den Weg zu seinem Haus hinauffuhr, bemerkte ich einen dünnen Rauchschleier in der Luft. Kaum war ich um die Kurve gebogen, sah ich Dan auch schon. Er stocherte in einem kleinen Feuer herum, sang halblaut vor sich hin und warf dabei irgendetwas in die Flammen. Vorsichtig fuhr ich heran, aus Angst, ihn bei irgendeinem privaten Ritual zu stören. Aber er grinste und winkte mich mit einer nachdrücklichen Geste zu sich.

«Kommen Sie», rief er, als ich aus dem Pickup stieg. Ein süßer Duft wehte vom Feuer zu mir herüber. Er griff in einen Lederbeutel, den er in der Hand hielt, und nahm eine Prise irgendeines getrockneten Krauts heraus. «Werfen Sie das ins Feuer.»

«Was ist das?», fragte ich.

«Für die Pfeife kommen Sie zu spät. Die habe ich schon geraucht.»

Der schwere Duft des Krauts stieg empor, als er mehr davon in die Flammen streute.

«Das ist Bisongras, Nerburn. Schon mal gehört?»

«Ja», erwiderte ich, auch wenn ich nicht genau wusste, wofür es verwendet wurde.

«Der Schöpfer liebt den Duft von Bisongras. Wenn man raucht und betet und dann Bisongras ins Feuer streut, hört er einem zu.»

Ich wollte an seinem Ritual teilhaben, aber mir war nicht wohl bei dem Gedanken, in seine spirituelle Welt einzudringen.

«Ich mach das für Sie», sagte er.

«Für mich?»

«Ja. Damit Sie ein gutes Buch schreiben.»

Plötzlich dämmerte es mir. «Was verbrennen Sie da?», platzte ich heraus, unschlüssig, ob ich die Antwort wirklich hören wollte.

«Den ganzen Kram, den ich geschrieben habe.» Er blickte gen Himmel und stimmte abermals einen kleinen Gesang an.

«Die ganzen Notizen aus den Schuhkartons?»

«Ja, genau. Ein paar Ratgeberkolumnen habe ich aufgehoben, aber mein eigenes Zeug habe ich komplett verbrannt.»

Im ersten Moment glaubte ich, er würde sich einen Witz auf meine Kosten machen, vielleicht um mich auf die Probe zu stellen. Aber da war kein Augenzwinkern, keine Kunstpause, gar nichts. Er war völlig vertieft in seine Mission. «Kommen Sie», sagte er. «Hier.» Er streute noch eine Portion Bisongras auf das Feuer und bedeutete mir mit einer Handbewegung, dasselbe zu tun. «Sie werden die Hilfe brauchen, Nerburn. Los, machen Sie schon.»

Ich warf noch ein paar grüne Blätter ins Feuer. Die Flammen

leckten an ihnen, ehe sie in einer Wolke süßen Dufts aufgingen. Dan sang noch ein paar Worte, während ich einen Kloß in der Kehle spürte. Diese Notizen, diese Schnipsel waren mein Buch gewesen, das Projekt, in das ich meine ganze Hoffnung gesetzt hatte. Wie gelähmt starrte ich in das Feuer, als stünde ich vor den niedergebrannten Mauern meines eigenen Hauses.

Dan hingegen war bester Laune. «Sehr gut», sagte er. «Grover hatte recht. So wird das viel besser.»

Ich blieb stumm. Vor meinem inneren Auge blickte ich auf mehrere Monate vertaner Arbeit. Und, schlimmer noch, lastete nun das gesamte Projekt auf meinen Schultern. Dans Worte existierten nicht mehr; mir würde nichts anderes übrig bleiben, als sie ihm erneut zu entlocken und zu einem kohärenten Ganzen zusammenzusetzen.

Dan schien meinem Gedankengang zu folgen. «Das ist kein Weltuntergang, Nerburn. Sie sind ein guter Schreiber.» Er streute noch mehr Bisongras in die Flammen. Der Rauch, vom Wind in meine Richtung geweht, strich um meine Beine wie ein verspieltes Kätzchen. «Hier. Legen Sie nach. Wir brauchen ein starkes Gebet.»

Halbherzig streute ich noch mehr Bisongras in die ersterbenden Flammen, während mir abgedroschene Metaphern von erlöschenden Hoffnungsfunken durch den Kopf gingen.

«Sie denken, statt zu beten», zischte er mich an. Er erhob die Stimme zu einem lyrischen, rhythmischen Gesang. Schweigend sah ich zu, wie die Flammen an den zerknitterten Rändern einiger widerspenstiger Papierfetzen emporkrochen und sie in Asche verwandelten.

Ich wartete ein, wie ich hoffte, angemessenes Weilchen, bevor ich mich räusperte. «Und was machen wir jetzt?», fragte ich.

«Grover hat recht.» Er tippte sich an die Stirn. «Es ist alles hier drin. Wir machen es auf die indianische Art. Ich rede, und Sie spitzen die Ohren. Und dann schreiben Sie es einfach auf.»

«Oh.» Ich glaubte nicht, dass es so einfach werden würde. Doch Dan war unbekümmert wie ein Kind. Und plötzlich ging mir auf, welche Last die Kartons für ihn dargestellt haben mussten, angefüllt mit den umfassendsten, tiefgründigsten seiner Gedanken, versteckt in einem dunklen Winkel seines Hauses, den sie womöglich nie verlassen würden, verdammt dazu, am Ende in einem anonymen Feuer verbrannt zu werden, wenn er starb, ohne eine Möglichkeit gefunden zu haben, ihnen eine Stimme zu verleihen.

Nun hatte er sie selbst verbrannt. Nun war ich der Karton, den er von Neuem füllen würde.

3

HEILIGER BODEN

«Hier. Rauchen Sie mit mir», sagte Dan. Wir saßen auf der Treppe vor seinem Haus, lauschten dem Gesang der Lerchen und dem Wehklagen des Morgenwinds.

Ich hatte mich stets unwohl gefühlt, wenn Indianer mir die Pfeife anboten. Nicht, dass ich keine Lust gehabt hätte, mit ihnen zu rauchen. Ganz im Gegenteil. Aber irgendwie hatte ich das Gefühl, dass es mir nicht zustand. Tatsächlich fürchtete ich so sehr, als Möchtegern-Indianer zu gelten, dass ich mich immer vornehm zurückhielt, um nicht den Eindruck zu erwecken, mich gierig an den Futtertöpfen indianischer Werte zu laben, um meiner eigenen inneren Leere zu entfliehen.

«Hier», wiederholte er, hielt mir die Pfeife hin. Wir waren nur zu zweit. Es war ein privater, intimer Akt, und er hätte mir die Pfeife nicht anbieten müssen. Ich griff zu.

Ich zog ein paar Mal und tat es ihm nach, schloss die Hand um den Rauch und verteilte ihn gen Boden, gen Himmel und um meinen Kopf, bevor ich ihm die Pfeife zurückreichte.

Nachdem er noch ein paar Züge genommen hatte, erlosch sie.

«Ich bin Ihnen eine Erklärung schuldig, Nerburn», sagte er. Alle Unbekümmertheit war aus seiner Stimme gewichen. «Sie sind kein guter Lügner.»

«Nein. Das war ich noch nie.»

«Schon klar, so schlecht, wie Sie lügen.»

Ich spürte, wie ich errötete, während ich mich fragte, wann ich überhaupt gelogen haben sollte. Solche Bemerkungen erschreckten mich, gerade aus dem Mund alter Leute. Es war, als hätten sie ein zweites Gesicht, mit dem sie einem jederzeit auf die Schliche kommen konnten.

«Ich habe gelogen?»

«Nicht mit Worten. Nur durch Schweigen.»

«Durch Schweigen?»

«Genau. Schweigen ist die Lüge der Wohlmeinenden und der Feiglinge. Sie sehen etwas, das ihnen nicht gefällt, und schweigen.»

«Was meinen Sie?»

«Sie waren stocksauer gestern, als ich meine Notizen verbrannt habe. Auf mich, und auf Grover auch. Sie dachten, Sie hätten gute Arbeit geleistet. Und dass Grover keine Ahnung hätte.»

«Das stimmt», sagte ich. «Anscheinend bin ich leichter zu durchschauen, als ich glaubte.»

«Aber hallo. Also, lügen Sie mich nicht noch mal an.»

Sein Tonfall war entschieden, duldete keinen Widerspruch. Ich fühlte mich wie ein kleiner Junge, der gescholten wurde. Ich wartete, was noch kommen würde, doch er hatte offenbar alles gesagt. Das Echo seines Tadels hallte in meinen Ohren wider.

Er klopfte die Pfeife aus und zerlegte sie nach irgendeinem persönlichen Ritual. Mich schien er überhaupt nicht mehr wahrzunehmen. Ich hockte neben ihm und sah zu, wie er die Einzelteile behutsam in einem Lederbeutel verstaute.

«Wir haben zusammen geraucht», sagte er förmlich, als er fertig war. «Und das ist kein Scherz. Sie haben versprochen, nicht mehr zu lügen, weder mit Worten noch durch Schweigen. Das wird nicht einfach für Sie, da Sie sich nicht für einen Lügner halten. Passen Sie bloß auf. Dafür haben wir den Tabak. Er hilft uns bei der Suche nach der Wahrheit. Erinnern Sie sich, wie ich Sie gebeten habe, Grover den Tabak zu schenken? Haben Sie bemerkt, wie er sich verändert hat?»

«Ja.»

«Der Tabak war schuld. Tabak, das ist unsere Kirche. Wenn wir ihn darbringen, sagen wir damit unserem Gott, dass wir die Wahrheit sprechen. Als Grover den Tabak von Ihnen entgegengenommen hat, hat er damit dem Großen Geist gesagt, dass er sein Bestes tun will.

Wo Tabak dargeboten wird, ist alles *wakan* – heilig, oder von Kraft erfüllt. Als Sie Grover den Tabak gegeben haben, konnte er nicht mehr länger um den heißen Brei herumreden. Nun hat er dem Großen Geist gelobt zu helfen. Das hat mit Ihnen oder mir nichts zu tun. Es ist ein Versprechen, das er dem Schöpfer gegeben hat.

Und ob Ihnen sein Urteil über Ihre Arbeit gefällt oder nicht, spielt keine Rolle. Mir hat es auch nicht gefallen, und das war ihm ebenso klar. Aber es war ihm egal. Er hatte schließlich gelobt, die Wahrheit zu sagen.»

Ich kam mir töricht vor, ja fühlte mich beschämt. Die simple Aufrichtigkeit seiner Worte ließ meinen Frust wegen der vertanen Arbeit kleinlich und egoistisch erscheinen. Doch Dan hatte kein Interesse mehr daran, mir die Leviten zu lesen. Seine Gedanken hatten Flügel bekommen, und er grübelte über größere Dinge.

«Tja», fuhr er fort, «und das ist auch der Grund, warum wir Indianer schon früh mit der Lebensweise der Weißen in Konflikt geraten sind. Wenn wir ein Versprechen geben, dann geben wir es *Wakan Tanka*, dem Großen Geist. Ein solches Versprechen ist bindend, unabänderlich. Wir hatten uns mit einer ganzen Reihe von Versprechen an den weißen Mann gebunden und nahmen auch seine Versprechen für bare Münze. Aber da hatten wir uns geschnitten. Für die Weißen waren das alles bloß Deals.

Es war uns schlicht unbegreiflich, wie der weiße Mann all seine Versprechen brechen konnte, gerade weil so viele Priester und Gottesmänner daran beteiligt waren – die Schwarzröcke, wie wir sie nannten. Uns ist es unmöglich, ein Versprechen zu brechen. Wir konnten es einfach nicht.»

Er zupfte an einem losen Splitter an der Treppenstufe.

«Es ist fast schon komisch», fuhr er fort. «Nein, uns gefiel nicht alles an der Religion, die uns die Weißen brachten. Dennoch gab es einiges, was wir durchaus verstanden. So wie die Kommunion, durch deren Feier etwas Heiliges entstand – genauso wie bei unserem Tabak. Und die Gelübde, die abgelegt wurden, das Ehegelübde etwa. Auch wir hatten heilige Eide, für alles. Viele davon waren persönlich – wir brauchten keinen Priester dafür. Aber sie waren gültig, Versprechen dem Schöpfer gegenüber, die zwingend eingehalten werden mussten.

Wir gingen davon aus, dass es für die Weißen genauso war. Gerade wenn sie auf die Bibel oder im Namen Gottes schworen.

Aber anscheinend war es wie mit ihrer Kirche, die nur an bestimmten Tagen von Bedeutung war. Sonst spielte sie keine Rolle.»

Dan wiegte den Beutel mit der Pfeife wie ein Baby in seinem Schoß.

«Hören Sie, Nerburn. Ich will Sie und Ihr Volk nicht schlechtmachen. Ich versuche Ihnen nur zu erklären, wie es für uns war. Sie sind jetzt hoffentlich nicht sauer.» Meine mangelnde Aufrichtigkeit schien er völlig vergessen zu haben.

«Nein, Dan», erwiderte ich. «Ich bin nicht sauer. Ich höre Ihnen nur zu. Sie haben jedes Recht der Welt, wütend zu sein.»

«Sie sind ein guter Junge», sagte er. «Das ist das Problem. Ihr Volk hat unser Volk vernichtet. Aber es gibt auch gute Leute unter euch. Das war schon immer so. Wir haben den Siedlern geholfen. Und die Siedler uns. Wir dachten, wir könnten alle in Frieden zusammenleben. Aber wir waren zu verschieden.»

Leise Trauer mischte sich in die Stimme des Alten. Er betastete den Beutel mit der Pfeife in seinem Schoß und blickte an mir vorbei, während er weitersprach.

«Wenn ich ein Versprechen gebe, spüre ich, wie mir meine Vorväter dabei über die Schulter sehen. Breche ich mein Wort, entehre ich sie. Verstehen Sie, was ich meine? Wie könnte ich so etwas tun? Sie sind in der Welt der Geister, und mir obliegt es, sie hier zu vertreten. Deshalb will ich auch reden. Und genau da kommen Sie ins Spiel.

Ich will die richtigen Worte finden. Sie können wahrscheinlich nur schwer nachvollziehen, dass ich in der einen Minute mit Grover Witze reiße, aber in der nächsten dann über spirituelle Dinge rede. Aber das kann ich erklären. Mit Grover spreche ich ausschließlich über mich selbst. Aber wenn ich über die anderen Dinge rede, spreche ich für meine Vorväter. Ich spreche, wie sie es mich gelehrt haben.»

Ich schwieg, fragte mich, wie ich reagieren sollte. Ich wollte seinen Worten Ehre, den gebührenden Respekt erweisen. Er starrte mit leerem Gesichtsausdruck zu Boden, sah aus, als würde er jede Sekunde einnicken. Ich überlegte, ob ich den Beutel mit der Pfeife an mich nehmen sollte, ehe er ihm von den Knien fiel, doch urplötzlich reckte er das Kinn und wandte den Kopf, als würde er auf irgendetwas lauschen.

«Ich möchte Ihnen etwas zeigen», sagte er. «Haben Sie genug Benzin im Tank?»

«Ja.»

«Machen wir 'ne kleine Spritztour.» Er war bereits aufgestanden und schlurfte zu meinem Pickup.

«Wohin soll's denn gehen?», fragte ich.

«Werden Sie schon sehen. Und nehmen Sie Ihren Recorder mit.»

Ich half ihm in den Pickup und setzte rückwärts den Weg hinunter. Fatback war unter seiner Schrottkarre hervorgekrochen und hinkte winselnd neben uns her.

«Nehmen Sie ihn mit», sagte Dan. Der alte Hund wedelte fieberhaft mit dem Schwanz.

«Komm, Fatback», sagte ich und hievte ihn auf die Ladefläche. Er leckte mir mit seiner feuchten, übelriechenden Zunge übers Gesicht und machte es sich bequem.

«Fatback ist ein braver Kerl», sagte Dan, als ich wieder einstieg.

«Vielleicht sollte er sich öfter mal die Zähne putzen», erwiderte ich.

Dan gab ein fröhliches Gackern von sich und lehnte sich zurück. Er war wie ausgewechselt. Anstelle seiner Nachdenklichkeit, der stillen Trauer war feste Entschlossenheit getreten.

«Die Straße runter», wies er mich an. Die «Straße» war nichts weiter als zwei ausgefahrene Reifenspuren, die durch einen ausgetrockneten Creek und dann einen Hügel hinaufführten. Ein paar holprige Meilen später stießen wir auf zwei weitere Reifenspuren, die sich einen Bergkamm hinaufschlängelten.

«Links abbiegen.» Dan hielt den Beutel mit der Pfeife fest im Schoß.

Mein Pickup hatte Allradantrieb. Ich hatte den Wagen gekauft, um den Straßenverhältnissen im winterlichen Nord-Minnesota trotzen zu können, war aber weiß Gott kein Geländeexperte. Dan lachte. «Sie sind hier auf einem Reservats-Highway, Nerburn», sagte er. «Lassen Sie den Kühen wenigstens 'ne kleine Chance.»

Die Aufhängung des Pickups ächzte unter den ungewohnten Stößen, während wir den Kamm hinaufrumpelten. «Typische Weißbrotschleuder», sagte Dan. «Mein Wagen hat kein Problem mit unseren Straßen.»

Ich dachte an die aufgebockte Schrottkarre vor seinem Haus. «Ihrem Wagen fehlen bloß die Räder.»

Dan lachte leise. «Deshalb ist er ja jetzt auch 'ne Hundehütte.»

Ich knüppelte den ersten Gang rein, und wir erklommen Stück für Stück die letzte Steigung – steiler als alles, was ich je hinaufgefahren war. Trotzdem waren die Reifenspuren sichtlich ausgefahren und das Präriegras dazwischen plattgewalzt.

«Halten Sie hier», sagte Dan.

Ich parkte auf dem höchsten Punkt des Kamms. Der Wind rüttelte am Wagen, peitschte die Antenne hin und her. Im Westen bot sich ein Panorama sanfter Hügel und Täler. In der Ferne wogte Präriegras wie Meereswellen.

Dan stieg aus, trat vor den Pickup, förderte einen kleinen Wildlederbeutel zutage und begann, Tabak in alle vier Windrichtungen zu verstreuen. Ich hörte, wie er einen leisen, schwermütig klingenden Gesang anstimmte. Die Sprache verstand ich nicht, doch die Seele seines Gesangs war universell, bereitete mir eine Gänsehaut. Als er fertig war, ging er in die Hocke und blickte gen Westen. Plötzlich wirkte er irgendwie jünger, lebendiger, zuversichtlicher.

Fatback sprang von der Ladefläche und trottete zu ihm. Beiläufig strich Dan dem alten Hund über die Ohren. Ich hielt mich hinter ihnen, unsicher, ob ich die beiden stören würde. Schließlich räusperte sich der Alte. «Kommen Sie her, Nerburn. Wird Zeit, dass Sie mal was lernen.»

Zögernd trat ich zu ihm. «Setzen Sie sich», befahl er mit sanftem Nachdruck.

«Machen Sie den Recorder an», sagte er. «Ich werde Ihnen jetzt erzählen, wie wir das Land verloren haben. Die wahre Geschichte.

Die Weißen erwischten uns kalt. Unsere Brüder im Westen hatten von ihnen gehört, und einige von unseren Ältesten hatten ihre Ankunft prophezeit. Trotzdem waren wir nicht auf sie vorbereitet.

Wir hatten schon andere Fremde erlebt, aber eben nur Indianer von anderen Stämmen, Menschen wie wir selbst. Sie fragten uns vorher, wenn sie unsere Gebiete durchqueren wollten, und wenn wir einverstanden waren, ließen wir sie passieren. Wenn nicht, mussten sie umkehren.

Aber wir betrachteten das Land nicht als unseren Besitz. Es

war das Land, auf dem wir zur Jagd gingen, die Erde, in der unsere Vorfahren begraben lagen. Das Land, das uns der Schöpfer gegeben hatte, das Land unserer heiligen Legenden, unserer heiligen Orte, das Land, auf dem wir unsere Rituale abhielten. Wir kannten die Tiere und die Tiere uns. Dort hatten wir die Jahreszeiten kommen und gehen sehen. Das Land lebte, wie unsere Großeltern. Es gab uns alles für Körper und Seele. Wir waren eins mit dem Land.

Und so erlaubten wir anderen Stämmen, unser Land zu durchqueren, weil sie respektierten, dass es unser Gebiet war. Wir wollten nicht, dass sie dort jagten oder unsere heiligen Orte entweihten, aber wenn sie einen triftigen Grund hatten, durften sie unser Territorium betreten.

Es ist wichtig, dass Sie das begreifen. Wir betrachteten das Land nicht als unser Eigentum. Das Land war Teil von uns. Wir wussten überhaupt nicht, was es bedeutete, Land zu besitzen. Genauso könnten Sie behaupten, Ihre Großmutter zu besitzen. Man kann seine Großmutter nicht besitzen. Sie ist einfach nur Ihre Großmutter. Wie sollte jemand auf die Idee kommen, seine Großmutter besitzen zu wollen?

Nun ja, die Ersten ihres Volkes wollten nur freies Geleit durch unser Land. Wir fanden sie seltsam. Sie waren seltsam angezogen, rochen anders als wir. Aber sie besaßen viele Werkzeuge, die wir noch nie gesehen hatten, und wir glaubten, sie würden zum Plan des Schöpfers gehören. Es stand uns nicht zu, sie abzuweisen, weil wir nicht das Recht hatten, uns über sie zu stellen. Wir lebten nur unser eigenes Leben.

Sie schworen hoch und heilig, keinen Schaden anzurichten. Sie waren wie eine neue Art von Kriegern, hatten Gewehre und andere Waffen, die wir nicht kannten. Seltsam war auch, dass sie immer auf der Suche zu sein schienen. Wir nahmen sie bei uns auf, gaben ihnen zu essen, halfen ihnen. Wir dachten, sie würden so schnell wieder verschwinden, wie sie aufgetaucht waren.

Doch dann kamen die nächsten Fremden, diesmal ein wahrer Strom von ihnen. Sie kamen mit Pferden und Wagen. Sie zogen quer durch unser Land, und immer noch störten wir uns nicht daran, abgesehen davon, dass sie die Tiere verschreckten und nicht wussten, was uns heilig war. Aber uns war klar, dass sie Nahrung brauchten, und deshalb nahmen wir es hin, dass sie Büffel schossen.

Ich habe gehört, dass andere Stämme es genauso sahen. Auch sie versuchten den Fremden zu helfen. Zwar fürchteten wir, dass sie die Tiere vertreiben würden, aber die Gewehre der Weißen erleichterten auch uns die Jagd. Und so nahmen wir vieles billigend in Kauf.

Aber die Fremden töteten auch Tiere nur um des Tötens willen. Sie ließen sie einfach an den Wasserläufen liegen. Mit ihren Pfaden zogen sie Schneisen durch unsere Erde. Die Siedler waren wie ein Fluss, der unser Land zerteilte.

Sie taten Dinge, die uns im Leben nicht eingefallen wären. Für uns war die Erde lebendig. Einen Stein zu verrücken bedeutete, sie zu verändern. Wer ein Tier tötete, nahm ihr etwas weg. Man muss die Erde achten. Die Weißen fällten Bäume und ließen Tiere liegen, wo sie sie geschossen hatten. Sie waren laut und ungehobelt, trampelten auf unserem Land herum. Sie kamen uns wie Wilde vor. Das Ächzen ihrer Planwagen war bis ins nächste Tal zu hören.

Wir versuchten ihnen aus dem Weg zu gehen. Doch allmählich packte uns der Zorn. Sie erschwerten uns die Jagd. Sie stahlen unseren Kindern die Nahrung vom Mund. Wir wollten, dass sie wieder verschwanden. Aber noch bewegten sie sich auf schmalen Pfaden, und wir waren frei. Wir versuchten ihnen aus dem Weg zu gehen; nur einige junge Männer konnten ihre Wut nicht bezähmen.

Außerdem waren wir scharf auf ihre Gewehre.

Dann geschah etwas Seltsames. Die Neuankömmlinge fragten

nach unserem Land. Uns fehlten die Worte. Wie konnten sie nach unserem Land fragen? Sie wollten darauf leben und boten uns Geld dafür.

Aber unser Volk wollte das nicht. Es wäre nicht recht gewesen, Geld für unser Land zu nehmen, weder dem Schöpfer noch unseren Vorfahren gegenüber.

Und dann passierte etwas, das wir nicht verstanden. Die Neuankömmlinge sagten, dass wir nicht mehr hierhergehörten. Dass es in Washington, einer weit entfernten Stadt, einen Häuptling gebe, dem das Land gehöre, und er bestimmt hätte, dass sie hier leben konnten. Und deshalb für uns hier kein Platz mehr sei.

Wir dachten, sie wären irre geworden. Die Ältesten sagten, wir sollten vorsichtig sein, diese Leute wären gefährlich. Die meisten von uns lachten bloß – zumindest haben mir das die Ältesten so erzählt, als ich jung war. Die Fremden ritten quer durch unsere Gebiete, rammten irgendwo eine Flagge in den Boden und erklärten, dass jetzt alles ihnen gehören würde, angefangen bei dem Punkt, von dem sie aufgebrochen waren. Genauso gut hätten sie mit einem Boot auf einen See hinausrudern und dann behaupten können, all das Wasser würde ihnen von nun an gehören.

Es ist wichtig, dass Sie das begreifen. Wir dachten, diese Leute wären irre. Wir dachten, wir verstehen irgendetwas nicht richtig. Das ergab doch alles überhaupt keinen Sinn.

Tja, Folgendes war Sache. Sie sprachen von Besitz. Landbesitz. Verstehen Sie, worauf ich hinauswill? Ihre Leute kamen aus Europa, weil sie nach Besitz strebten, nach Land, das sie beackern, von dessen Ertrag sie sich ernähren konnten. Sie hatten für andere Leute geschuftet, denen alles gehörte, denen sie die Früchte ihrer Arbeit überlassen mussten. Sie hatten nie etwas besessen, und ihr größter Traum war es, eigenes Land zu besitzen. Und dieses Amerika jenseits des Ozeans bot ihnen die Gelegenheit, ihren Traum zu verwirklichen.

Ich weiß es nicht, aber vielleicht war ja auch Europa vor langer, langer Zeit ebenfalls einfach nur Land, so wie unseres. Aber das war so lange her, dass sich niemand mehr daran erinnerte. Alles war in Besitz umgewandelt worden. Jemand ohne Besitz war machtlos. Wer ein Stück Papier besaß, auf dem stand, dass ihm Land gehörte, bestimmte auch darüber, was auf diesem Land passierte, jedenfalls glaubten das diese Leute. Sie kamen hierher, um Besitz zu erlangen.

Wir hatten keine Ahnung davon. Wir wussten nicht mal, was ‹Besitz› war. Wir waren nur Teil des Landes. Sie wollten es besitzen.

Und da wäre noch etwas Wichtiges – eure Religion wurzelte nicht in der Erde. Ihr konntet eure Religion mit euch herumtragen. Ihr habt nicht begriffen, welche Bedeutung das Land für uns hatte. Eure Religion steckte in einem Kelch und einem Stückchen Brot. Beides konnten eure Priester in einem Kästchen mit sich herumtragen und eurem Glauben huldigen, wo immer sie wollten. Ihr habt nicht verstanden, dass die Erde selbst uns heilig war. Dort sind die heiligen Dinge geschehen, und dort sprechen die Geister zu uns.

Euer Volk wusste nicht, dass unser Boden heilig war, und uns war die Vorstellung, Land besitzen zu wollen, völlig fremd. Und miteinander reden konnten wir nicht, da wir uns nicht verstanden. Doch bald darauf war euer Volk kein Strom mehr, der sich durch unser Land wälzte, sondern ein riesiges Meer, das uns von unserem eigenen Land riss.

Einige Stämme wollten kämpfen, andere fliehen. Einige alte Häuptlinge sagten, wir sollten möglichst günstige Verträge schließen, um wenigstens unsere heiligsten Orte behalten zu können. Manche von uns ließen sich sogar von all den Dingen blenden, die die Weißen besaßen, und meinten, wir sollten unsere Lebensweise aufgeben, weil uns der Schöpfer einen neuen Weg gezeigt habe.

Wir waren ratlos. Und ihr wart überall. Ihr habt die Tiere

getötet. Die Büffel waren verschwunden, die Vögel ebenso. Ihr habt Schienen durchs Land gelegt, die der Büffel nicht überqueren wollte, und dann seid ihr in euren Zügen vorbeigefahren, habt sie abgeknallt und in der Sonne verwesen lassen. Uns habt ihr die Jagd verboten. Ihr habt uns Decken und Whiskey gegeben, der unsere Leute verrückt gemacht hat. Und die Flecken Land, auf denen ihr uns zusammengepfercht habt, waren wie winzige Inseln in eurem riesigen Meer.

Aber am schlimmsten war, dass ihr uns nicht zugehört habt. Ihr seid in unser Land eingefallen und habt es uns gestohlen, ohne uns auch nur einmal Gehör zu schenken. Jedes einzelne eurer Versprechen habt ihr gebrochen.

Zuerst habt ihr gesagt, wir könnten unsere heiligen Orte behalten, aber dann habt ihr sie euch doch unter den Nagel gerissen. Denken Sie nur an die Black Hills.

Dann hieß es, ihr würdet uns genug Land zum Fischen und Jagen überlassen. Doch wenn ihr selbst ein Auge darauf geworfen hattet, habt ihr es verkleinert oder uns plötzlich umgesiedelt.

Und dann hieß es wieder, wir könnten weiter auf dem Land fischen und jagen, das ihr uns gestohlen hattet, aber dann wurden wir wieder von irgendwelchen Neuankömmlingen verjagt.

Ihr habt uns etwas angetan, das wir nie für möglich gehalten hätten, nicht in einer Millionen Jahren. Ihr habt uns getötet, ohne uns das Leben zu nehmen. Ihr habt uns getötet, indem ihr unser Land in Papierfetzen, Decken und Mehlsäcke verwandelt habt, mit der Erklärung, das sei genug. Ihr habt uns die Orte genommen, an denen die Geister zu uns sprachen, und uns mit Säcken voller Mehl abgespeist.

Sie müssen das begreifen. Für uns war die Erde lebendig. Sie hat zu uns gesprochen. Wir nannten sie unsere Mutter. War sie zornig, hat sie uns die Nahrung verweigert. Wenn wir nicht mit anderen teilten, schickte sie uns vielleicht einen harten Winter oder eine Insektenplage. Wir mussten Gutes für sie tun, ein rechtes Leben in ihrem Sinne führen. Sie war die Mutter aller Wesen, die auf ihr lebten, und so waren all diese Wesen unsere Brüder und Schwestern – die Bären, die Bäume, die Pflanzen, die Büffel. Wenn wir sie schlecht behandelten, wurde unsere Mutter zornig. Und wenn wir ihnen Achtung und Ehre erwiesen, war sie stolz auf uns.

Für euer Volk war die Erde nicht lebendig. Für euch war das Land so etwas wie eine Bühne, auf der ihr Dinge errichten und euren Geschäften nachgehen konntet. Der Boden, die Bäume und das Wasser waren wichtig für euch, aber als Brüder und Schwestern habt ihr sie nicht angesehen. Ihr wart dazu auserkoren, das Land Früchte tragen zu lassen. Das hatte euch euer Gott aufgetragen.

Wie sollten zwei Völker je miteinander auskommen, wenn beide das Land mit völlig anderen Augen sehen? Es konnte nicht funktionieren, und so war es auch.

Aber ihr wart stärker. Ihr wart in der Überzahl, und deshalb habt ihr euch durchgesetzt. Ihr habt euch das Land genommen und in Besitz verwandelt. Und nun schweigt unsere Mutter. Aber wir lauschen ihrer Stimme immer noch.

Aber eins frage ich mich nach wie vor. Wenn sie uns im Zorn Krankheiten und harte Winter schickte – und wir waren ja gut zu ihr –, was wird sie euch als Antwort schicken?

Betet, dass euer Gott recht behält. Mehr habe ich nicht zu sagen.»

Wie erstarrt saß ich da. Seine Eloquenz, sein Schmerz hatten mich kalt erwischt. Ich spürte, dass mir Tränen in den Augen standen. Das war der Mann, der mir in den Notizen des Alten begegnet war.

Dan schwieg. Die ganze Zeit über hatte er mich kein einziges Mal angesehen. Nun stand er auf und schlurfte den Bergkamm entlang. Ich hörte, wie er abermals jenen seltsamen, zu Herzen gehenden Klagegesang anstimmte. Fatback hinkte keuchend hinter ihm her, bis ich die beiden nur noch als zwei Punkte vor dem Horizont wahrnahm und sein Lied eins mit dem Heulen des Winds geworden war.

4

EIN DURCHTRIEBENER ALTER INDIANER

In den nächsten Tagen sprach ich den Alten nicht noch einmal auf seinen Vortrag an. Ich ging davon aus, dass er mehr sagen würde, wenn die rechte Zeit gekommen war. Aber mittlerweile war mir klar, dass Grover richtiggelegen hatte. Dan besaß die Eloquenz eines geborenen Redners, eine Stimme, die sich nicht einfangen ließ, indem man Notizen aus einem Schuhkarton zusammenpfriemelte. Ich musste bei ihm bleiben, hier leben, ihm folgen, ihm zuhören. Mein Stift und mein Recorder würden meine wichtigsten Werkzeuge sein.

Dan verbrachte sein Leben tatsächlich wie Fatback. Er stand auf, wann es ihm passte, schlief, redete oder schwieg, wann er gerade wollte. Im Gegensatz zu Weißen erklärte er nie, warum er etwas machte, kündigte auch nichts an, egal wie überstürzt manche seine Aktionen zuweilen wirken mochten: Wenn ich etwa gerade mit ihm zusammensaß, stand er gelegentlich urplötzlich auf und ging ins Bett. Oder er hielt mitten in einem Satz inne und starrte in den Fernseher, der in der Ecke seiner Wohnstube ständig lief. Manchmal gab es einen Grund, doch meist konnte ich mir sein Verhalten nicht erklären. Offenbar folgte er irgendwelchen inneren Eingebungen, die mich nichts angingen.

So vergingen die Tage, entspannt, wenn auch ein wenig rätselhaft. Wir brachten wenig Konkretes zustande; die meiste Zeit fuhren wir in meinem Pickup durch die Gegend, saßen in seiner Küche oder auf den Stufen vor dem Haus.

Mir wurde zunehmend bewusst, wie alt und gebrechlich er war. Es war, als hätte er im Lauf der Jahre eine Kraft in seinem Körper gespeichert, auf die er bei Bedarf zurückgreifen konnte, aber man sah ihm die Anstrengung an, und manchmal dämmerte er langsam weg, ehe er schließlich einschlief. Wenn ich gerade etwas sagte, während er wegdöste, öffnete er die Augen und antwortete mir, doch sah ich genau, dass ich ihn von irgendeinem fernen Ort zurückrief. Bald lernte ich, mich still zu beschäftigen, während er ein Nickerchen machte.

Eines Tages fuhr Wenonah vor, während ich darauf wartete, dass der Alte wieder aufwachte. Sie winkte mich zu ihrem Wagen. «Sie müssen hier nicht die Stellung halten, Nerburn», sagte sie. «Ihn kümmert's nicht, wenn Sie gehen.»

«Ich fände es unhöflich zu gehen, wenn er einschläft», erwiderte ich.

«Machen Sie sich keine Gedanken. Bei uns spielt das keine Rolle. Wenn Sie da sind, sind Sie da, wenn Sie weg sind, sind Sie weg. Kein Problem, solange Sie wirklich hier sind, während Sie hier sind.»

«Klingt gut», sagte ich. «Wie eine Zen-Weisheit.»

Sie lächelte, zuckte mit den Schultern. «Er mag Sie. Das heißt, dass Sie tun und lassen können, was Sie wollen. Er wird es respektieren.»

«Ich bleibe lieber bei ihm sitzen. So fühle ich mich irgendwie wohler.»

Sie ging die Stufen hinauf, während ich mich wieder neben Dan setzte. «Ich mache ihm erst mal was zum Abendessen.»

Als die Fliegentür zufiel, schlug der Alte die Augen auf. «Hab schon auf dich gewartet», sagte er.

«Bist ein durchtriebener alter Indianer, Grandpa», gab sie

zurück. Er erwiderte etwas in seiner Muttersprache, und beide brachen in schallendes Gelächter aus.

Er stand auf und sah zu mir herunter. «Sie werden Fatback immer ähnlicher, Nerburn. Der hat hier anfangs genauso rumgelungert.»

«Vielleicht sollten Sie auch unter dem Wagen schlafen», sagte Wenonah. «Ist auf jeden Fall billiger als Ihr Motel.»

Die beiden lachten wieder. Dan schien hellwach und bester Laune, weshalb ich eine Frage einwarf. «Macht es Ihnen eigentlich etwas aus, als Indianer bezeichnet zu werden, Dan?» Die Frage erschien mir angebracht, nicht nur, weil seine Enkelin ihn gerade als solchen tituliert hatte, sondern weil diese Frage stets unter der Oberfläche schwelte, wenn ich Gespräche mit Indianern führte.

«Wie wollen Sie mich denn sonst nennen?»

«Ähm, amerikanischer Ureinwohner vielleicht? Keine Ahnung. Jedenfalls nicht ‹Indianer›.»

Der Alte holte tief Luft, als hätte er das schon tausend Mal erklären müssen.

«Mir ist es egal. Aber vielen unserer Leute geht es trotzdem gegen den Strich. Es gefällt ihnen nicht, dass unser Name auf einem Irrtum beruht. Weil Kolumbus glaubte, er hätte die Westindischen Inseln gefunden, heißen wir jetzt Indianer. Jedenfalls sind sie der Meinung, dass uns dieser Name unseren Stolz raubt – und unsere Identität.»

«Das kann ich verstehen», sagte ich, aber der Alte brachte mich mit einer Handbewegung zum Schweigen.

«Mich stört es nicht, weil wir den Namen übernommen und zu unserem gemacht haben. In unseren eigenen Sprachen haben wir immer noch unsere ursprünglichen Namen. Für gewöhnlich bedeuten sie ‹die ersten Menschen›, aber niemand würde uns je so bezeichnen. Also lassen wir uns ‹Indianer› nennen.» Er hielt eine Sekunde inne. «Na, verrät Ihnen das etwas über uns?»

Mir war nicht ganz klar, worauf er hinauswollte. «Dass Sie bereit sind, ein gewisses Maß an Ungerechtigkeit hinzunehmen?»

Er nickte nachdrücklich. «So ist es. Was wäre wohl los, wenn ihr die Schwarzen plötzlich Russen oder Chinesen nennen würdet? Glauben Sie, die würden das einfach so schlucken?» Er lachte bei der Vorstellung. «Die überlegen sich doch alle paar Jahre wieder, wie sie genannt werden wollen.

Aber ich verstehe sie durchaus. Die haben sich ja teilweise die übelsten Namen gefallen lassen müssen. Und nach einer Farbe benannt zu werden, ist fast genauso seltsam, wie wenn man nach einem Ort heißt, an dem man nie war. Aber unser Volk schert sich nicht groß um Namen, die meisten von uns jedenfalls. Wir sehen die Dinge eher locker.

Aber eins passt uns trotzdem nicht – nämlich wenn irgendwelche Sportteams ‹Cleveland Indians› heißen oder aller möglicher anderer Kram auf ‹indianisch› getrimmt wird. Wenn wir schon mit einem falschen Namen herumlaufen müssen, na schön, aber dann lasst ihn uns wenigstens, statt damit Bier und Eiscreme an den Mann zu bringen und uns wie Idioten dastehen zu lassen. Und kommt mir bloß nicht damit, das wäre so eine Art Ehre für uns. Was uns ehrt und was nicht, entscheiden wir immer noch selbst.»

Der Alte redete sich in Rage. Das Thema hatte offenbar einen wunden Punkt berührt.

«Ja», fuhr er fort, «und so war das schon immer, seit die Weißen unseren Grund und Boden betreten haben. Sie lassen uns nicht in Ruhe, akzeptieren uns nicht, wie wir sind. Erst haben sie uns gesagt, wer wir sind, dann haben sie uns vorgeschrieben, wie wir uns verhalten sollten. Und jetzt wollen sie uns auch noch diktieren, wie wir zu reagieren haben, wenn uns jemand irgendeinen Stempel aufdrückt. Wir werden nie gefragt. Uns schenkt niemand Gehör. Alle wissen, was sie wollen, und wir sollen sie gewähren lassen. Und wenn uns das nicht in den Kram passt, sind wir gleich Radikale oder Unruhestifter.

Wissen Sie noch, vor ein paar Jahren? Da wollten ein paar Indianer durchdrücken, dass wir künftig amerikanische Ureinwohner genannt werden. Es sprach nichts dagegen, und mehr Würde als ‹Indianer› hat der Begriff allemal. Aber es klingt genauso unecht, weil dieses Land für uns nicht Amerika ist. Das Wort ‹Amerika› hat sich irgendein Italiener einfallen lassen, der nach Kolumbus hierherkam. Warum also sollten wir uns als ‹amerikanische Ureinwohner› sehen, wenn der Name dieses Landes von irgendeinem dahergelaufenen Italiener stammt?

Das ist, als würde jemand dieses Land erobern, es, sagen wir, Grönland nennen und diejenigen, die schon vorher hier waren, als grönländische Ureinwohner bezeichnen. Und ihnen dann auch noch erzählen, damit wolle er ihnen Respekt erweisen. Würden *Sie* sich respektiert fühlen? Würden *Sie* groß was drauf geben, ob Sie nun so oder so genannt werden?

Und genau das mussten wir uns all die Jahre gefallen lassen. Jeden Tag werden wir aufs Neue mit diesem Mumpitz konfrontiert – damit, dass man uns irgendwelche absurden Namen gibt und uns dann fragt, welchen davon wir am besten finden. Ich meine, wen kümmert's? Wenn manche von uns amerikanische Ureinwohner genannt werden wollen, na schön, und dasselbe gilt, wenn andere lieber weiter Indianer heißen möchten. Klar, Sie macht das unsicher, weil Sie nicht wissen, wie Sie uns jetzt nennen sollen. Aber das finde ich sogar gut. Weil es Sie daran erinnert, wie wir uns fühlen – ihr habt uns unsere Identität geraubt, von jenem Moment an, als Kolumbus seinen Fuß in unser Land gesetzt hat.»

Der Alte wandte sich zu Wenonah. «Hol mir mal die Zeitschrift mit der Landkarte.» Wenonah ging ins Schlafzimmer und kam mit einer alten *National-Geographic*-Ausgabe zurück. Er blätterte kurz, bis er die Doppelseite gefunden hatte, nach der er suchte. «Sehen Sie sich das an», sagte er. Es war eine Karte, die die Gebiete verschiedener nordamerikanischer Stämme zeigte. Er tippte mit dem Zeigefinger auf die Beringstraße. «Hier, das ist das Problem.»

Ich zuckte mit den Schultern und bedeutete ihm, fortzufahren. Aber er wollte eine Antwort von mir. Abermals tippte er auf die Karte. «Was sind eigentlich Indianer? Erklären Sie's mir, Nerburn.»

Ich war auf der Hut. Ich wollte ihn nicht noch mehr verstimmen, aber mir war bewusst, dass ich um eine Antwort nicht herumkam.

«Das sind die Völker, die ursprünglich hier gelebt haben.» Mir war klar, dass es keine sonderlich erschöpfende Antwort war.

«Okay. Und wo kamen wir her?»

«Viele sagen, sie wären Teil einer Völkerwanderung über die Beringstraße gewesen.»

«Ha!», stieß er hervor. «Sehen Sie, Sie haben auch keine Antwort. Sie trauen sich nicht zu sagen, dass wir von Anfang an hier sind, dass uns der Schöpfer hier geschaffen hat. Stattdessen kommen Sie mir mit dieser hirnrissigen Beringstraße an, genau wie diese Zeitschrift.»

«Na ja», sagte ich. «Nichts Genaues weiß man nicht.»

«Und ob. Wir wissen es. Aber uns glaubt ja niemand. In unseren Herzen wissen wir, woher wir stammen. Und aus den Geschichten unserer Vorväter. Aber wir können eben nichts beweisen. Wenn wir sagen, dass wir die ersten Menschen hier waren, meldet sich garantiert sofort irgendein Archäologe zu Wort, um uns weiszumachen, dass wir über eine Landbrücke aus Alaska gekommen wären. Denen geht's doch nur darum, uns ebenfalls zu Einwanderern zu machen – Einwanderern, die eben ein bisschen früher da waren.

Wenn wir sagen, wir wüssten von unseren Ahnen, dass wir schon immer hier waren, dann zupft irgendein Anthropologe an seinem Zauselbart und versucht uns zu verklickern, das wäre alles nur eine Legende.

Selbst wenn wir versuchen, unsere Herkunft außen vor zu lassen, einfach nur sagen, wir seien Teil eines Stammes, werden schon wieder Beweise gefordert. Sagen wir, unsere Geschichten seien der Beweis, ist das natürlich nicht gut genug. Sie wollen keine mündlichen Überlieferungen, sondern alles schriftlich. Aber diejenigen, die über unsere Stämme geschrieben haben, waren entweder Weiße oder Indianer in Diensten von Weißen, und ihre Schriften strotzen nur so vor Fehlern.

Und was ist mit den Indianern, deren Stämme vernichtet wurden und nicht mehr existieren? Sind das jetzt keine Indianer mehr, weil sie keinem Stamm angehören, den die Regierung anerkennt?

Na, kapieren Sie jetzt? Wir haben einen falschen Namen, und irgendwelche Fremden belehren uns über unsere eigene Geschichte. Und die Regierung definiert nach Gutdünken, wer wir sind und wer zu uns gehört.»

«Wie bedauerlich», sagte ich.

«Bedauerlich? Das kann man wohl sagen. Und noch was. Es gab Zeiten, da hat die Regierung geduldet, dass Weiße unser Land besiedelten und es zu ihrem Besitz erklärten. Weiße über Weiße rissen sich unser Land unter den Nagel, und wenn wir dann später Abfindungen erhalten sollten, behaupteten sie selbst, sie wären Indianer, um einen Teil davon kassieren zu können.

Viele Weiße heirateten Indianerinnen, andere wiederum wurden Opfer von Vergewaltigungen – tja, und jetzt weiß niemand mehr so recht, wer Indianer ist oder nicht, geschweige denn, was das überhaupt bedeutet.»

Wenonah hatte uns schweigend zugehört. Ganz offensichtlich genoss sie es, ihren Großvater so zu sehen. Sie stellte eine Tasse Kaffee vor ihn hin und zwinkerte mir zu. «Reg dich nicht so auf, Grandpa», sagte sie. «Kriegst sonst noch einen Herzinfarkt.»

Der Alte scheuchte sie fort. «Herzinfarkt? Na wenn schon. Das musste einfach mal gesagt werden!»

Er wandte sich wieder zu mir. «Schreiben Sie das lieber mal auf.»

Ich deutete auf den Recorder, und er nickte zufrieden.

«Manchmal wissen wir nicht mehr, ob wir Männlein oder Weiblein sind, Nerburn. Die Europäer haben uns wirklich ausgelöscht, nach allen Regeln der Kunst. Mit Waffen, mit Gesetzen, mit allen möglichen Volkszählungen und Vorschriften – danach war von unserer Identität nicht mehr viel übrig.

Sie haben unsere Rasse mit Weißen vermischt. Sie haben uns unsere Sprache gestohlen. Sie haben unsere Kinder in Schulen gesteckt, ihnen die alte Kultur vorenthalten. Sie pferchten uns in Reservaten zusammen und belohnten Indianer, die sich wie Weiße verhielten. Sie schufen eine Generation von Indianern, die nichts mehr von ihren Wurzeln wusste.»

Er beugte sich so nah zu mir, dass ich seine Lunge pfeifen hörte. «Verstehen Sie mich nicht falsch, aber Sie müssen wissen, dass wir uns immer noch im Krieg befinden. Nicht dass wir Krieg gegen Amerika oder die Amerikaner führen würden, aber unser Erbe verteidigen wir nach wie vor. Wenn wir nicht für das kämpfen, was wir sind, sehen wir unserem endgültigen Untergang ins Auge – vernichtet von falschen Vorstellungen, Indianer-Attrappen und den guten Absichten von Menschen, die meinen, uns zu helfen, indem sie uns zu Weißen abrichten.»

«Grandpa», fiel ihm Wenonah ins Wort.

Der Alte schüttelte den Kopf. «Nein. Lass mich ausreden. Ich bin fast fertig.

Und mal 'ne Frage. Haben Sie je irgendeinen Weißen sagen hören, er habe schwarzes oder mexikanisches Blut in sich? Im Leben nicht. Aber die Welt ist voller Leute, die von sich behaupten, sie seien indianischer Abstammung. Für gewöhnlich berufen sie sich auf ihre Großmutter oder Urgroßmutter. Auf einen Großvater aber nie – wer will schon einen Indianer in der Familie, einen, der womöglich noch den Tomahawk geschwungen hat? Nee, nee, lieber eine Indianerin mit Folkloredecke, die weise Ahnin der Familie. Aber keine Potawatami, Chiracahua oder Tlingit – gemeinhin muss es schon eine Cherokee sein. Offenbar haben Cherokees irgendwas Romantisches an sich. Ich habe bestimmt hundert Weiße kennengelernt, die eine Cherokee-Großmutter hatten. Und wissen Sie was? Die glauben das ernstlich! Sie wünschen es sich so sehr, dass sie selbst dran glauben!

Die meisten belassen es dabei, aber für manche ist da noch lange nicht Schluss. Sie flechten sich Zöpfe, gehen zu Powwows, machen einen Kurs bei irgendeinem selbsternannten Medizinmann, und, schwupp!, schon haben wir einen neuen Indianer, der dann Indianerweisheiten verbreitet und die allgemeine Vorstellung von unserem Volk noch weiter verzerrt.

Auf eins können Sie sich verlassen, Nerburn. Es ist alles andere als leicht, ein Indianer zu sein. Viele Jahre lang wollte uns Amerika einfach nur vom Erdboden tilgen, und jetzt sind wir plötzlich schwer angesagt. Haben Sie 'ne Idee, woran das liegen könnte?»

Ich hatte keine Erklärung parat.

«Ich sag Ihnen, was ich glaube. Die Weißen haben erkannt, dass wir etwas Authentisches haben, dass wir hier einst so gelebt haben, wie es der Schöpfer wollte. Und genau darauf sind sie scharf. Sie spüren, dass sie auf dem Holzweg sind. Und wenn sie behaupten, sie hätten Indianerblut in sich, können sie an unserer Lebensweise teilhaben.»

Wenonah hatte unsere Unterhaltung wortlos verfolgt, ständig ein Auge auf ihren Großvater gehabt, aufgepasst wie eine Krankenschwester, dass seine Erregung nicht überhandnahm. Es war klar zu sehen, dass sie ihn über alles liebte. Ich überließ ihr die Entscheidung, wie es weitergehen sollte.

Kurz darauf trat sie hinter ihn und schlang die Arme um

seinen Hals. Sie schmiegte ihre Wange an die seine und sprach leise in sein Ohr. «Schluss jetzt, Grandpa. Genug für heute.»

Der Alte nickte. Jede Regung wich aus seinem Gesicht, während er auf seinem Stuhl zurücksank. Wenonah nahm die *National-Geographic*-Ausgabe vom Tisch und brachte sie ins Schlafzimmer zurück. Aus dem Halbdunkel sah sie zu mir und legte den Finger an die Lippen, wie um zu wiederholen: «Genug für heute.»

Die Erschöpfung des alten Mannes war augenfällig. Er schien vor meinen Augen zu versteinern; sein Blick blieb starr, und er regte keinen Muskel. Es war, als hätte er sich in sein Innerstes zurückgezogen, an einen Ort der Tränen und der Erinnerung.

«Ich komme morgen wieder», sagte ich. Wenonah nickte, sichtlich erfreut, dass ich ihren Wink verstanden hatte. Als ich die Fliegentür öffnete, warf ich einen letzten Blick auf den Alten. Wenonah stand hinter ihm, strich mit dem Handrücken über sein Haar und summte sanft, so wie eine Mutter für ihr Kind.

5

LAND DER TRÄUME UND TRUGBILDER

Seit meiner Ankunft im Reservat waren mehrere Wochen vergangen. Langsam, aber sicher wurde es Herbst. Große, sich türmende Kumuluswolken zogen gemächlich über den Himmel. Das Licht wirkte dunstig, die Tiere lebhafter.

Als Kind der Wälder hatte ich mit den Prärieebenen nie viel anfangen können. Nun aber, während die Tage vergingen, zog mich die hypnotische Kraft des Landes in ihren Bann. Ich fühlte mich wie ein Mann auf hoher See. Die wogenden Präriegräser waren wie eine an- und abschwellende Symphonie; der Spielmannszug der Wolken fesselte den Blick. Alle Geräusche waren verstärkt, als hallten sie von einem gewaltigen Himmelsgewölbe wider. Jenseits des Horizonts war Donnergrollen zu hören; das Summen der Insekten schien sich in meinem Kopf fortzusetzen. Es war ebenso friedlich wie furchteinflößend, ein Land der Träume und der Trugbilder.

Gelegentlich rollte ich meinen Schlafsack auf der Ladefläche meines Pickups aus und beobachtete, wie ferne Blitze das Innere riesiger, düster dräuender Gewitterwolken in sechs oder sieben Meilen Höhe illuminierten. Die Erde selbst spielte in meinem Bewusstsein nur noch eine sekundäre Rolle. Dies war ein Land des Himmels, und jede Biegung, jeder Handgriff lenkte den Blick nach oben.

Dan hatte meine wachsende Faszination bemerkt. Fast jeden Tag fuhren wir zu seinem Lieblingshügel hinaus. Er sagte nie etwas, aber ich spürte, wie er mich beobachtete, während ich den Blick über die Plains schweifen ließ. So verharrten wir manchmal stundenlang, ohne ein Wort zu reden; nichts war dann zu hören als das Rauschen des Windes und dem Rascheln und Schnuppern von Fatback, der im hohen Präriegras herumstöberte.

Zuweilen machte der Alte eine beiläufige Bemerkung; einmal erzählte er mir, dass ihm sein Vater diesen Ort gezeigt hatte, als er noch ein Kind gewesen war, und ihm hier vieles widerfahren sei, über das er nicht sprechen könne. Und manchmal begann er zu singen, so leise und verhalten, als wolle er nicht, dass ihn irgendjemand hörte. Einmal sah er mich an und nickte. «Ihr Blick hat sich verändert, Nerburn», sagte er. «Sie sehen weiter als früher.» Dabei beließ er es, äußerte sich nicht weiter, doch seine kryptischen Worte ermutigten mich mehr als alles andere, was ich je von ihm gehört hatte.

Wenn wir auf dem Hügel waren, vertrieb ich mir die Zeit, indem ich an meine Familie dachte, über Gott oder alle möglichen anderen Themen nachsann, die einen angesichts der Weite der Natur unweigerlich beschäftigen. Die Mannigfaltigkeit winziger Blumen und Pflanzen, an denen Dan sich augenscheinlich nicht sattsehen konnte, fand ich wenig aufregend. Für mich war es ein Land der Poesie – karg und einzigartig, ein Land, in dem der Wind gleichsam Dichtung und Wahrheit mit sich zu tragen schien.

Eines Tages überraschte mich Dan mit zwei vollständigen Sätzen. «Sie werden besser», sagte er. «Allmählich fällt Ihnen das Schweigen nicht mehr so schwer.»

«Ja?»

«Ich beobachte Sie.»

«Habe ich bemerkt.»

«Sie lernen. Das merke ich an Ihrem Schweigen.»

Ich spürte, dass er etwas loswerden wollte. Mit Konversation hatte Dan nichts am Hut, wenn er auf seinem Hügel war.

«Wir Indianer kennen uns mit Schweigen aus», sagte er. «Wir haben keine Angst davor. Für uns ist es mächtiger als Worte.»

Ich nickte zustimmend.

«Unsere Alten wurden in der Kunst des Schweigens unterrichtet, und ihre Kenntnisse haben sie an uns weitergegeben. Beobachte, lausche, handle. Das haben sie uns gelehrt – so soll man sein Leben führen.

Beobachte die Tiere, wie sie für ihre Jungen sorgen. Beobachte die Alten, mit welchem Beispiel sie vorangehen. Beobachte die Weißen, um zu erfahren, was sie im Schilde führen. Du lernst, indem du zuerst stets beobachtest, mit ruhigem Herzen und Verstand. Und wenn du genug beobachtet hast, kannst du handeln.»

Er schwieg.

«Bei uns läuft das ein bisschen anders», sagte ich in der Hoffnung, ihn dadurch zum Weiterreden zu animieren.

«Wohl wahr», erwiderte er. «Ihr macht das genaue Gegenteil. Ihr lernt durch Reden. Ihr belohnt die Kinder, die sich in der Schule am häufigsten zu Wort melden. Auf euren Partys wird gequatscht, gequatscht, gequatscht. Bei der Arbeit habt ihr dauernd Konferenzen, bei denen alle ununterbrochen palavern und jeder von jedem unterbrochen wird. Ihr behauptet, so würdet ihr Probleme lösen, aber für uns seid ihr bloß ein Haufen Leute, die mit allem herausplatzen, was ihnen gerade in den Kopf kommt, und dann versuchen, ihrem Gerede irgendeinen Sinn abzuringen.

Wir Indianer wissen das schon lange. Deshalb lassen wir euch auch unser Schweigen spüren. Wir wissen, dass es euch nervös macht. Ihr müsst die Stille mit Worten füllen. Und deshalb redet ihr, bevor euch überhaupt klar ist, was ihr eigentlich sagen wollt.

Unsere Alten haben uns gelehrt, das sei die beste Methode im Umgang mit Weißen. Schweigt, bis sie nervös werden, dann fangen sie automatisch an zu reden, und wenn ihr weiter schweigt, werden sie sich über kurz oder lang verraten. Und dann könnt ihr in ihre Herzen blicken und wisst, was sie wirklich vorhaben.»

«Jede Wette, dass das funktioniert», sagte ich. Und ob, wie ich wusste; den Trick hatten meine Schüler des Öfteren bei mir angewandt, und ich hatte Monate gebraucht, bis ich ihnen auf die Schliche gekommen war.

«Durchaus», sagte der Alte. «Aber es kann auch zu Problemen führen. Wenn mich die Lehrerin damals in der Schule aufgerufen hat, wollte ich manchmal erst mal in Ruhe nachdenken. Aber dann wurde sie nervös, klopfte mit dem Lineal auf ihr Pult. Und schließlich wurde sie sauer und fragte, ob ich sie nicht verstanden oder meine Zunge verschluckt hätte.

Und wie hätte mir da eine Antwort einfallen sollen, während sie immer fickriger wurde und ich genau wusste, dass ich sie nur noch mehr verärgern würde, je länger ich mit meiner Antwort wartete. Und so sagte ich dann einfach ‹Ich weiß nicht›. Ich hätte alles gesagt, nur damit sie mich endlich in Ruhe ließ. Tja, und bald darauf hieß es, ich wäre zurückgeblieben.

Ich weiß noch, wie mir eine Lehrerin mal sagte, ich müsse endlich denken lernen. Wobei ihr völlig egal war, was in meinem Kopf vorging. Sie wollte einfach bloß, dass ich rede. Sie glaubte, Reden und Denken wären dasselbe. Die Enttäuschung stand ihr ins Gesicht geschrieben, plapperte ich nicht sofort los, wenn sie mich aufrief. Und je länger ich redete, desto zufriedener war sie. Es war völlig egal, was ich sagte – Hauptsache, ich redete.

Aber ich spielte nicht mit. Ich fand es ungehörig zu sprechen, wenn ich nichts zu sagen hatte. Worauf ich als schlechter Schüler galt. Als Blödian.

Und dasselbe widerfährt jetzt meinen Urenkeln. Weil sie ihren

Lehrern nicht ständig in die Augen sehen, wird ihnen unterstellt, sie würden nicht aufpassen. Und weil sie nicht ständig reden, heißt es, sie wären nicht besonders intelligent.

Aber tatsächlich sehen sie den Lehrern nicht in die Augen, weil sie ihre Gedanken zu ordnen versuchen. Sie erweisen ihnen Achtung, weil sie von uns gelernt haben, dass man die Augen niederschlägt, wenn eine Respektsperson vor einem steht. Würden ihnen die Lehrer ausreichend Zeit geben, ihre Gedanken zu sortieren, würde sich herausstellen, dass meine Urenkel ausgesprochen klug sind. Aber diese Lehrer denken nicht so wie wir. Alle sollen sich ständig in die Augen blicken und reden, reden, reden.

Und das ist einer der Gründe, warum wir Indianer Weiße so nervös machen, Nerburn. Weiße streiten gern, lassen sich gegenseitig nicht mal ausreden. Dauernd unterbrechen sie sich – ‹Ja, aber, aber, aber …›

Indianer empfinden das als respektlos und töricht. Wenn Sie reden, werde ich Sie nicht unterbrechen, sondern Ihnen zuhören. Möglich, dass ich Ihnen kein Gehör mehr schenke, wenn mir nicht gefällt, was Sie von sich geben. Aber ich werde Sie nicht unterbrechen.

Wenn Sie ausgeredet haben, werde ich mir ein Urteil über das Gesagte bilden. Falls ich anderer Meinung als Sie bin, werde ich es Ihnen nicht sagen, es sei denn, es wäre wichtig. Anderenfalls werde ich den Mund halten und gehen. Ich kenne Ihren Standpunkt, und mehr gibt es nicht zu sagen.

Aber die meisten Weißen geben sich nicht damit zufrieden. Sie wollen wissen, wie ich zu ihrer Meinung stehe, und wenn sie mit mir uneins sind, wollen sie weiterreden, um mich doch noch zu überzeugen.

Mit derartigen Diskussionen aber kann man niemanden überzeugen. Entscheidungen werden im Herzen getroffen, und Worte berühren mein Herz nicht.

Jedes Wort ist wie ein Samenkorn. Man sollte es einpflanzen

und in Ruhe wachsen lassen. Unsere Alten haben uns gelehrt, dass die Erde zu uns spricht, wir aber still sein müssen, um sie hören zu können.

Das habe ich stets versucht. Und meine Kinder habe ich auch in diesem Sinne erzogen.»

Er deutete auf das Panorama vor uns. «Hören Sie die Stimme der Prärie? Sie ist wunderschön, aber wenn ich rede, kann ich sie nicht hören.

Neben unseren Stimmen gibt es noch viele andere, Nerburn. Viele, viele andere.»

Ich lächelte über seine sanfte Belehrung. «Weise Worte, alter Mann», sagte ich. Er nickte in stummem Einverständnis. Ich glaube, wir waren beide stolz auf unsere Fortschritte.

Er nahm eine Handvoll Erde und hielt sie mir hin. «Worüber denken Sie nach, wenn wir hier oben sind, Nerburn?»

«Oh, über meine Familie. Manchmal spreche ich kleine Gebete, oder ich überlege, welche Dinge ich in den Wolken erkennen kann. Die meiste Zeit über träume ich aber einfach nur vor mich hin.»

«Soll ich Ihnen sagen, was ich mache?», fragte er. «Ich lausche den Stimmen. Dieser Hügel ist so voller Leben, dass man nie still genug sein kann, um sie alle zu hören.»

Ich wollte mehr erfahren, aber ich musste behutsam vorgehen, um den Bann nicht zu brechen. «Meinen Sie richtige Stimmen oder eher spontane Sinneseindrücke, die zu Ihnen zu sprechen scheinen?»

«Richtige Stimmen. Es sind nicht alles menschliche Stimmen, und sie sprechen nicht alle unsere Sprache. Aber es sind Stimmen. Hören Sie?»

Ich hörte das Zirpen der Heuschrecken, den fernen, wiederkehrenden Ruf eines Vogels.

«Hören Sie den Vogel?», fragte Dan.

Ich bejahte.

«Wissen Sie, was er sagt?»

«Ich spreche die Sprache der Vögel nicht», erwiderte ich.

«Sollten Sie aber.» Er zwinkerte mir zu. «Sehr lehrreich. Die Vögel sind Zweibeiner, so wie wir. Sie sind mit uns verwandt. Er spricht mit einem anderen Vogel. Er ruft, dass es bald regnet.»

«Tatsächlich?»

«Ja. Außerdem dreht der Wind nach Norden, und bald wird es kälter.»

«Woher wollen Sie das wissen?»

«Ich weiß es eben», gab er vage zurück. «Die Stimmen sagen es mir. Die Stimmen der Bäume, des Windes, der Tiere, der Insekten. Und die Farbe des Himmels. Alles spricht zu mir.»

«Da drüben.» Er deutete auf einen Flecken kümmerlichen Grases in der Ferne. «Was sehen Sie dort?»

«Der Hügel ist ein bisschen grüner als die anderen», sagte ich. «Teilweise zumindest.»

«Gut. Und warum?»

«Keine Ahnung.»

«Sehen Sie genau hin.»

Ich kniff die Augen zusammen, doch außer dem kurzen grünen Gras konnte ich nichts erkennen.

«Ich seh nichts», sagte ich.

«Noch genauer.»

Abermals kniff ich die Augen zusammen, und nun meinte ich eine winzige Bewegung ausmachen zu können, von was auch immer.

«Da bewegt sich was», sagte ich.

«Gut. Und wissen Sie auch, was?»

Ich schüttelte den Kopf.

«*Pispiza.* Ihr nennt sie Präriehunde.»

«Aha.»

«Und deshalb ist das Gras so grün. Unsere Brüder, die Präriehunde, graben sich Erdhöhlen, in denen sie wohnen. Dort, wo sie die Erde aufgewühlt haben, sickert der Regen tiefer ein, und so kann das Gras besser wachsen.

Und dort, wo das Gras üppiger wächst, fressen die größeren Tiere. Die Gabelböcke kommen morgens, wenn sie Hunger haben, und dann können wir sie jagen. Das verdanken wir unserem Bruder, dem Präriehund. Wo es ihm gut geht, geht es auch uns gut.

All das sehe ich, wenn ich hier draußen bin. Meine Großväter haben mich das gelehrt. Und sie höre ich auch. Ich höre ihre Gebeine in der Erde.»

Ich warf einen Blick auf die staubige Erde in seiner Hand.

«Sie halten mich für einen Lügner, was? Oder einen verkalkten alten Narren. Ich kann's Ihnen nicht erklären, aber ich weiß, wo die Toten liegen. Ich kann sie hören. Sie sprechen zu mir, in einer uralten Sprache. Das ist meine Gabe.

Haben Sie mal von diesen Leuten gelesen, die Wasser mithilfe einer Astgabel finden können? Sie gehen durchs Gelände, halten den Ast über den Boden, und stehen sie über einer Wasserader, schlägt die Rute aus.

Und so ähnlich ist es bei mir. Gehe ich über ein Grab, verspüre ich einen Schauder. Bei meiner Großmutter war es genauso. Sie hat mir gesagt, unsere Ahnen hätten uns diese Gabe verliehen. Dass ich stets auf sie lauschen solle.

Deshalb komme ich hier herauf, Nerburn. Da draußen liegen meine Leute begraben. Ich komme hierher, um zu lauschen.»

«Ich glaube Ihnen, Dan», sagte ich. Und das stimmte auch. Einmal, viele Jahre zuvor, hatte ich eine größere Menge Peyote zu mir genommen. Damals hatte ich mir nichts dabei gedacht – so lief das einfach in den Sechzigerjahren. Und so hatte ich dann auf dem Rücken unter dem nächtlichen Firmament gelegen und dem Sprudeln der unterirdischen Quellen gelauscht, einem Rauschen, das sich anhörte, als würden sie sich miteinander unterhalten, wie ein Gespräch, das tief im Innern der Erde gehalten wurde. Später, auf dem Weg zu einer Art Plateau, das auf ein Tal hinausging, war mir plötzlich ein kalter Schauder über den Rücken gelaufen, im instinktiven Wissen, dass sich in unmittelbarer Nähe Gräber befanden. Ich war fest davon überzeugt gewesen, auch wenn ich bis heute nicht wusste, ob es am Peyote gelegen hatte oder ich tatsächlich in eine tiefere Dimension vorgedrungen war. Ich hatte den Augenblick nie vergessen, auch wenn ich mich nur selten jemandem gegenüber darüber ausließ.

Und nun erzählte mir dieser alte Mann von derselben Erfahrung, mit dem kleinen Unterschied, dass er keine Drogen brauchte, um sie herbeizuführen; für ihn war es alltägliche Realität. Einen Moment lang fragte ich mich, wie es wohl sein mochte, mit einer solchen Fähigkeit gesegnet zu sein.

Er bemerkte meine Neugier. «Hier», sagte er. «Ich zeig Ihnen was.» Er ging in die Hocke und umschloss seine Knie mit den Händen. Schweigend setzte ich mich neben ihn, gespannt, was er mir vorführen wollte. Plötzlich raschelte es, und Fatback kam schwanzwedelnd zu uns gelaufen.

«Braver Hund», sagte er und kraulte Fatbacks Nacken. Fatback wedelte freudig und verschwand wieder im hohen Gras.

Ich zog die Augenbrauen hoch und lächelte vage.

«Na?», sagte er.

«Sie haben Fatback zu uns gerufen?»

«Soll ich's noch mal machen?»

«Nein», erwiderte ich, obwohl ich ihm nur allzu gern auf den Zahn gefühlt hätte. Doch war mir bewusst, dass er mich auf irgendeine Art von Probe stellte, und ich wollte nicht allzu skeptisch erscheinen. Meine Aufgabe war es, minutiös und seinen Vorstellungen entsprechend festzuhalten, was er mir zeigte und erzählte, und nicht, mich als Hobby-Anthropologe zu betätigen. Mir kamen die Worte einer resoluten alten Dame in den Sinn, der ich im Zuge meines Zeitzeugen-Projekts im Red-Lake-Reservat begegnet war. Ich war in ihrem Büro gewesen und hatte sie um eine Liste von Ältesten gebeten, die womöglich geneigt waren, an meinem Projekt teilzunehmen, und sie hatte mich mit kaltem Blick gemustert. «Wenn Sie glauben, Sie könnten mal eben so hier heraufkommen und eins von Ihren verdammten weißen Anthropologieprojekten durchziehen, können Sie gleich wieder auf Ihren Gaul steigen und heimwärts traben.» Und damit hatte sie sich wieder wortlos ihrer Perlenstickerei zugewandt und kein Wort mehr von sich gegeben.

Und so gern ich den Beweis gehabt hätte, dass Dan Fatback tatsächlich ohne Worte zu sich gerufen hatte, roch mir das doch zu sehr nach «verdammtem weißen Anthropologieprojekt». «Hat offenbar ein gutes Gehör, der Hund», sagte ich deshalb nur und beließ es dabei.

Dan gab ein leises, wissendes Lachen von sich. «Sind ein anständiger Kerl, Nerburn. Und jetzt lassen Sie uns erst mal was zu Mittag essen.»

6

AUTOWRACKS UND BÜFFELKADAVER

Auf dem Rückweg schlug Dan vor, auf einen Sprung bei Grover vorbeizusehen. «Er macht echt bombige Fleischwurst-Schnitten», sagte er.

Mir war es recht. Ich hatte Grover sehr zu schätzen gelernt. Er war ein rauer, bärbeißiger Bursche, aber mir gefiel, dass er mit seiner Meinung nicht hinter dem Berg hielt. Seit ich ihm den Tabak geschenkt hatte, nahm er Dan gegenüber so etwas wie eine Beschützerrolle ein. Er traute mir nach wie vor nicht völlig über den Weg. Er hatte genug Wasichus kommen und gehen sehen, Schwärmer, Speichellecker und Typen, die nur auf ihren eigenen Vorteil aus waren. Irgendeinem Weißen den roten Teppich auszurollen, kam für ihn nicht in Frage. «Die meisten von euch wissen nicht mal, was sie überhaupt wollen. Aber ihr wollt etwas und benutzt uns, um es zu kriegen.»

Bis zum Beweis des Gegenteils stand ich für ihn in einer langen Reihe von Ausbeutern, die unter Indianern irgendein persönliches, spirituell, materiell oder sonst wie geartetes Anliegen verwirklichen wollten. Er wusste aber auch, dass der Alte meine Hilfe erbeten hatte, weshalb er zur Zusammenarbeit bereit war. Er wollte nur sichergehen, dass mir nicht verlorenging, was er «ein gutes Herz» nannte.

Grovers Haus lag auf der anderen Seite des Dorfs. Ich selbst war noch nicht dort gewesen; Dans Behausung lag näher am Highway. Der Besuch bei Grover würde mir Gelegenheit geben, mehr vom Reservat zu sehen, ohne mich dabei wie ein Eindringling zu fühlen.

Wir holperten den Hügel hinunter und bogen dann in eine Schotterstraße ein, die an einem staubigen, bernsteinfarbenen Creek vorbeiführte. Die Häuser standen ein wenig abseits der Straße und lagen jeweils etwa eine halbe Meile auseinander, Fertighaus-Bungalows aus der Nachkriegszeit, die ihre beste Zeit längst hinter sich hatten. Türen hingen nur noch an einer Angel, Fenster ohne Fliegengitter waren mit Decken verhängt. Die Vorgärten konnte man kaum so nennen, verdreckte Flächen, auf denen Kinderfahrräder und ausrangierte Elektrogeräte lagen.

Das ganze Gerümpel schien dort schon seit Ewigkeiten zu liegen; irgendeine Form von Ordnung war nirgends zu erkennen, nicht der Hauch eines Bemühens, etwas sauber zu halten. Vor einem der Häuser erblickte ich eine alte hölzerne Kabeltrommel, auf der sich ölverschmierte Autoteile stapelten, vor einem anderen einen rostigen, beigefarbenen Chevrolet auf zwei massiven Holzblöcken unter einem aus Telefonmasten zusammengezimmerten Gestell, von dem an einer schweren Kette der Motorblock baumelte wie ein gezogener Zahn.

Es war eine Welt der halben Sachen, eine Welt, in der nichts zu Ende gebracht worden war. Das einzige Zeichen von Gründlichkeit waren die unvermeidlichen Wäscheleinen hinter den Häusern, an denen weiße Laken in der unablässigen Präriebrise flatterten; sie wirkten wie trotzige Flaggen auf einem Terrain des Elends.

Es war mir schon immer ein Rätsel gewesen, wie Menschen im tiefsten Dreck leben konnten, wenn es sie nur ein paar Handgriffe gekostet hätte, Klarschiff zu machen. Schließlich aber hatte ich mich mit dem alten Soziologen-Nonsens abgefunden, dass es sich um einen Ausdruck mangelnder Selbstachtung und allgemeiner Hoffnungslosigkeit handelte.

Doch insgeheim war mir klar, dass das zu einfach gedacht, die Perspektive der Etablierten war, auch wenn sie ohne Zweifel früheren Erklärungen vorzuziehen war – nämlich dass Menschen, die so lebten, schlicht faul und antriebslos waren. Gern hätte ich Dans Meinung dazu gehört, zögerte aber: Die Frage berührte einen zentralen Punkt modernen indianischen Lebens.

Aber ich hätte mir keine Gedanken zu machen brauchen. Der Alte kam von selbst auf das Thema, als er bemerkte, wie ich mich umsah.

«Der Anblick bedrückt Sie, stimmt's?»

Wir fuhren an einem Haus vorbei, in dessen Vorgarten ein ausgebrannter Kombi stand.

«Ich fürchte ja», sagte ich. «Ich versteh's einfach nicht.»

«Sie hätten ja mal fragen können. Oder glauben Sie, ich lebe ewig?» Er schlug mir freundschaftlich auf die Schulter. «Ich bin fast achtzig, Nerburn. Sie sollten mal den Turbo anwerfen.»

Ich grinste. «Sorry, Dan. Ich ticke nach der Uhr der Weißen.»

Er lachte in sich hinein und deutete auf ein weiteres Haus. Aus fast meterhohem Gestrüpp ragte das Dach eines alten Plymouth. «Was geht Ihnen durch den Kopf, wenn Sie das sehen?»

«Wollen Sie das wirklich wissen?»

«Ich habe Sie gefragt, oder etwa nicht?»

«Dafür, dass euch das Land so heilig ist, geht ihr erstaunlich achtlos damit um.»

«Sie meinen, Sie sehen hier nichts weiter als eine Müllhalde, stimmt's?»

Seine Offenheit war befreiend. «Ja.»

«So sehen das alle Weißen. Ihr fahrt durch unsere Reservate und sagt, ‹Was ist denn hier los? Nichts als Schrottkarren und Müll ohne Ende.› Aber was denken wir, wenn wir durch eure Städte fahren – was glauben Sie?»

«Ich habe nicht die geringste Ahnung.»

«Wir sagen dasselbe. Nur weil bei euch alles geschrubbt und

gewienert ist, heißt das noch lange gar nichts. Was ist denn der größere Müll – eine Schrottkarre oder ein Parkhaus? Die Schrottkarre können wir abschleppen. Aber ein Parkhaus muss mit Bulldozern und Seilbaggern abgerissen werden. Ihr betrachtet es nur nicht als Müll, weil es noch benutzt wird. Aber wenn ihr ein Gebäude nicht mehr braucht oder die Renovierung zu teuer wäre, dann kann es plötzlich weg. Wie auch immer, für uns sieht es von vornherein wie ein Haufen Müll aus.

Fatback wohnt in meinem Auto – und für euch ist es Müll? Doch nur deshalb, weil es nicht mehr seinen ursprünglichen Zweck erfüllt. Ist ein Wagen neu und auf Hochglanz poliert, ist er für euch kein Schrott. Wenn er alt ist und nicht mehr fährt, dann aber doch. Aber ob sich die Karre nun bewegen lässt oder nicht, macht letztlich keinerlei Unterschied. Ihr glaubt das bloß. Die Erde holt sich zurück, was ihr gehört – und irgendwann ist jeder noch so neue Schlitten derselbe Haufen Schrott wie die Blechkiste vor meinem Haus.»

«Trotzdem wäre es kein großer Akt, den Kram wegzuschaffen.»

«Vielleicht wird er ja noch gebraucht. So haben wir es immer gemacht. Wir haben jeden Teil des Büffels verwertet, aus seinem Haar Seile geflochten, aus seinem Schwanz Trommelstöcke gemacht. Manche von uns schlachten die alten Karren aus. Und meine alte Mühle habe ich zur Hundehütte umfunktioniert.»

So nahe waren wir einem Streit noch nie gekommen. Bis jetzt hatte ich seinem Standpunkt so gut wie immer zugestimmt, doch diesmal wollte ich ihn ein bisschen kitzeln und sehen, was dabei herauskam.

«Schrottkarren sind aber keine Büffel.»

«Kein Unterschied.»

«Das ist Unsinn.»

«Unsinn?», explodierte er. «Ich sag Ihnen, was Unsinn ist! Eure Einstellung zu Besitz ist Unsinn!»

«Tatsächlich?», sagte ich. «Und warum?»

Er drehte sich zu mir und funkelte mich an, die Augen zu Schlitzen verengt. «Den Weißen geht es immer nur um Haben, Haben, Haben. In jedem Werbespot wird mir um die Ohren gehauen, es gäbe schon wieder etwas ‹Neues› – und ich soll es kaufen, weil mein Kram alt ist und ihr Schamott neu. Aber es gibt keinerlei Grund, etwas zu kaufen, nur weil es neu ist. Ihr habt die falsche Einstellung – und schon gar nichts Besseres zu bieten.

Vom ersten Tag an wird euch beigebracht: ‹Das ist meins, das ist deins›, ‹Lass die Finger davon, das gehört dir nicht›. Ihr lernt, dass man anderer Leute Eigentum in Ruhe lässt – aber ihr tut es nicht aus Respekt, sondern weil es euch so eingetrichtert worden ist. Früher haben wir unsere Haustüren nie abgeschlossen. Gestohlen wurde grundsätzlich nichts, aber wenn jemand Hunger hatte, konnte er sich jederzeit etwas zu essen holen. Und warum hat niemand etwas mitgehen lassen? Eben. Aus Respekt.

Ihr baut Zäune um eure Häuser und lasst eure Grundstücke ausmessen, damit der Zaun eures Nachbarn bloß nicht drei Zentimeter zu nah an eurem Haus ist. Ihr gebt nichts her, wenn ihr nichts dafür bekommt. Alles wird aufgerechnet.

Und eure Mächtigen halten nicht mal hinter dem Berg damit. Wenn man um etwas bittet, zählt für sie nur die Frage, was für sie drin ist.»

«Ich fürchte, das ist Amerika, Dan», sagte ich.

Er ballte die knorrige Faust und boxte damit in die Luft.

«Schon klar. Und viele unserer Leute haben inzwischen auch damit angefangen. Nicht alle, aber genug. Und das ist das Ende unserer Lebensweise, nach der alles geteilt wurde. Wir glaubten, dass die Dinge, die wir besaßen, Geschenke waren, und dass anständige Menschen ihre Geschenke mit anderen teilen. Neben Mut und Tapferkeit war Großzügigkeit für uns die wichtigste Charaktereigenschaft.

Und jetzt hat man uns gehirngewaschen. Wir denken wie die

Weißen, glauben, dass Güte belohnt werden muss. Verstehen Sie nicht, um wie viel besser es war, als Geben noch mehr zählte als Nehmen?

Ob Menschen arm oder reich waren, spielte für uns keine Rolle. Wie auch? In guten Zeiten waren wir alle reich, in schlechten Zeiten gemeinsam arm. Für uns zählte, ob jemand teilte.»

«Das glaube ich Ihnen», sagte ich. «Ich bewundere diese Lebensphilosophie sogar. Aber was hat das mit irgendwelchen fahruntüchtigen Schrottmühlen zu tun?»

«Das versuche ich Ihnen ja gerade zu verklickern», sagte der Alte. «Aber Sie unterbrechen mich ja ständig. Lassen Sie mich endlich mal ausreden.»

Ich lehnte mich zurück und konzentrierte mich auf die Straße vor uns. Dan schwieg einen Moment, um seine Gedanken zu ordnen. Er war immer noch gereizt und sauer. Dann fuhr er fort:

«Sehen Sie sich doch an, was aus meinem Volk geworden ist. Inzwischen gibt es Indianer, die so reich sind, dass sie nicht mehr wissen, was sie mit all dem Geld anfangen sollen. Sie scheffeln immer mehr und bunkern die Kohle. Sie kaufen sich vielleicht ab und an mal einen neuen Wagen oder ein gutes Gewehr, aber nicht jede Woche einen neuen Anzug oder eine neue Villa. Nehmen Sie unser Reservat. Hier leben Menschen, die weit mehr Geld haben als andere, und dennoch führen sie nach wie vor ein ganz einfaches Leben, weil ihnen die Idee von Besitz so fremd ist.

Und ich sag Ihnen auch, woran das liegt, Nerburn. Weil uns Dinge nur dann wichtig sind, wenn wir sie brauchen. Brauchen wir sie nicht, haben sie keine Bedeutung. Ja, ja, Sie glauben jetzt wahrscheinlich, das wäre die übliche Früher-war-alles-besser-Leier. Aber vergessen Sie das ganz schnell. Ich habe lange darüber nachgedacht.»

Er deutete auf einen von Gestrüpp überwucherten Hügel. «Sehen Sie das Fahrrad da drüben?»

Ich erspähte ein schwarzes Mountainbike, das mitten in der Pampa lag. Weit und breit war niemand zu sehen.

«Und? Nach was sieht das für Sie aus?»

«Nach einem Rad, das ein Kind da vergessen hat. Vielleicht spielt es irgendwo in der Nähe. Keine Ahnung.»

«Sie haben den Blick eines Weißen, Nerburn. Der Junge hat es wahrscheinlich dort liegenlassen, so sehe ich das jedenfalls. Ich kenne unsere Kids. Sie kriegen ein Fahrrad geschenkt und fahren eine Weile damit, und dann lassen sie es irgendwo liegen. Ihr Weißen nennt so was verantwortungslos, aber sie machen nichts anderes als ihre Vorfahren, die glaubten, dass einem nur so lange etwas gehört, wie man es auch braucht. Benötigten sie etwas nicht mehr, überließen sie es einem anderen.

Wenn Wenonahs Kleiner aus der Schule kommt, rufen alle naselang irgendwelche Lehrer an, er hätte irgendein Buch irgendwo liegenlassen oder seinen Bleistift vergessen. Ich versuche ihnen immer wieder zu erklären, dass er das Buch gerade nicht braucht und sich demnächst ein neues besorgt, wenn der Unterricht es verlangt, aber das kapieren sie nicht. Sie wollen, dass er auf seinen Kram aufpasst wie ein Schießhund. Sie wollen, dass er seine Klassenarbeiten aufhebt. Alles, alles soll er aufbewahren.

Kein Wunder, dass Weiße so große Häuser brauchen. Aber das sind keine Wohnungen, das sind Lagerhäuser. Ich bin schon in Häusern gewesen, in denen die Schränke so groß wie ganze Zimmer waren. Wenn man alle Gebäude und Räume, die ihr für euren Plunder braucht, für Menschen verwenden würde, hätte jeder arme Tropf auf dieser Welt ein Dach über dem Kopf.»

«Büffelkadaver und Autowracks, Dan», bohrte ich nach.

«Sie treiben mich noch auf die Palme, Nerburn», gab er zurück. «Ich weiß, was Sie im Schilde führen.» Er beugte sich zu mir und senkte die Stimme. «Okay, ich verrate Ihnen ein Geheimnis. Ich bin stolz darauf – auf die Schrottkarren und den ganzen anderen Krempel.»

«Stolz?»

«Ja. Weil sie dafür stehen, dass unsere Tradition nicht tot ist.»

Der Ärger war aus seinem Gesicht gewichen, und plötzlich spielte ein zufriedenes Lächeln um seine Lippen. «Wir haben keine andere Wahl, als uns mit dieser Welt zu arrangieren. Die Europäer haben all die Tiere getötet und uns unser Land genommen. So wie früher können wir nicht mehr leben. Wir müssen leben wie ihr. Bei uns hatte alles seinen Zweck, bevor es wieder zu Erde wurde. Wir hatten hölzerne Schalen und Becher oder Dinge aus Ton. Wir ritten oder gingen zu Fuß. Die Erde gab uns, was wir benötigten, und wenn wir es nicht mehr brauchten, gaben wir es ihr zurück.

Und heute? Heute lassen unsere Kinder überall Coladosen herumliegen, und in unseren Gärten stapelt sich der Müll. Früher wären es Löffel aus Knochen und Becher aus Horn gewesen und statt der Schrotthaufen Pferde- oder Büffelskelette, die wir verbrennen oder verrotten lassen konnten. Aber das geht jetzt nicht mehr.

Wir leben so wie früher, aber die Welt um uns herum ist eine völlig andere. Wir werden eure Lebensweise schon noch begreifen, aber ihr versteht die Dinge trotzdem nicht besser. Euch interessiert nur eure Ordnung, schön gepflegt soll alles aussehen. Eine Coladose am Wegesrand findet ihr schlimmer als die Highways, mit denen ihr das Land zubetoniert, eine Mülltüte im Wald schlimmer als eure verdammten blitzblanken Einkaufszentren.

Haben, Haben, Haben, darauf läuft alles für euch hinaus. Alles wollt ihr besitzen – findet ihr prima, solange ihr den ganzen Mist peinlich genau in Kisten und Kästen, Schränken und Häusern verstauen könnt. Wir dagegen besitzen lange nicht so viel, und wenn wir etwas nicht mehr brauchen, wird es ausrangiert, kann es jemand anderer haben.

Würde ich in einem Riesenhaus mit tausend Sachen leben, hätte ich dicke Autos und eine Bibliothek und würde ich alle

Blumen und Heilkräuter aus meinem Garten reißen und stattdessen einen manikürten Rasen anlegen, würden jede Menge Leute sagen, ich wäre ein ‹guter› Indianer. Aber tatsächlich wäre ich nur ein Indianer, der alle möglichen Besitztümer angehäuft hätte, so wie ihr Weißen. In euren Augen wäre ich natürlich ein hoch angesehener Mann – geben Sie's schon zu.

Ab und an müsste ich zu einem Powwow gehen oder Federschmuck anlegen, damit ich überhaupt als richtiger Indianer durchgehen würde. Aber davon abgesehen würdet ihr mich natürlich für intelligenter und wichtiger halten, wenn ich in einem großen Haus mit lauter teuren Sachen leben würde. So denkt ihr Weißen eben. So habt ihr das gelernt.»

Er deutete nach rechts. «Hier abbiegen!», sagte er. Ein zerfurchter Pfad führte eine kleine Anhöhe hinauf zu einem beigefarbenen Trailer. «Da wohnt Grover.»

Der Trailer stand einsam und allein auf einem baumlosen Hügel. Links neben der Behausung befand sich ein fein säuberlich aufgeschichteter Holzstoß; die Scheite waren allesamt auf dieselbe Länge zugesägt und kreuzweise gestapelt.

Eine kleine Stelle rechts neben der Treppe war von Gestrüpp befreit und glatt gerecht worden. Vor dem Trailer standen zwei akkurat ausgerichtete Gartenstühle. Weit und breit gab es keine Autowracks, keine Motorteile, keine Kinderfahrräder – nur Grovers alten Buick, der auf einem penibel mit faustgroßen Steinen markierten Parkplatz stand.

Dan sah zu mir. In seinen Augen funkelte es wieder. «Verdammter Reservatsindianer», murmelte er. «Da geht sie hin, unsere Kultur.»

Dann lehnte er sich zurück und stieß ein langgezogenes, kehliges Lachen hervor. Es klang wie Präriedonner, der vom Anbeginn der Zeit zu kommen schien.

7

COWBOYS ANFEUERN

Grover saß in seinem Wohnzimmer auf einem alten braunen Sofa und sah sich einen alten Schwarz-Weiß-Western im Fernsehen an. Er drehte nicht mal den Kopf, als Dan die Tür öffnete.

«He, Grover», rief er. «Wieso steht bei dir eigentlich kein Schrotthaufen vor dem Haus?»

Grover verzog keine Miene. «Hab keinen Hund», sagte er. Die beiden Männer lachten schallend, als wäre das ein alter Joke zwischen ihnen.

Grover machte eine Riesenshow daraus, aus dem Fenster nach der Sonne zu blicken. «Muss gegen Mittag sein.»

Er sah mich an und deutete auf einen braunen Holzstuhl mit grünem Tweedbezug. Mit der schrägen Lehne und den plattgesessenen Schaumgummipolstern erinnerte er mich an die Sitzgelegenheiten in billigen Motels. Ich setzte mich. Dan war bereits am Kühlschrank.

Ich starrte auf die flimmernden Bilder auf dem Fernsehschirm. Eine Gruppe Cowboys preschte in höllischem Tempo durch eine karge Landschaft. Sie beugten sich nach vorn und schwenkten beim Schießen ihre Waffen, als würden sie die Kugeln aus den Läufen schleudern. Der blecherne Soundtrack, Hufdonner und Schüsse hallten von den Trailerwänden wider. Am liebsten hätte ich den Fernseher leiser gedreht, traute mich aber nicht.

Dan schlurfte mit einem Laib Weißbrot, einer halben Fleischwurst, einem Glas Miracle Whip und einer Flasche Ketchup zu uns. Grover stellte drei lindgrüne Plastikteller auf den Wohnzimmertisch vor dem Fernseher und legte ein Buttermesser dazu. Dan mühte sich ein paar Sekunden mit dem Verschlussclip der Brotverpackung ab, ehe es ihm gelang, ihn zu öffnen. Dann fingen die Männer an, sich Sandwiches zu machen.

«Legen Sie mal ein bisschen Tempo vor, Nerburn», sagte Grover. «Der Alte frisst Ihnen sonst alles weg.»

Dan grunzte beifällig und packte sich eine dritte Scheibe Wurst auf sein Brot. Dann hämmerte er auf dem Boden der Ketchupflasche herum, bis ein fetter Klecks auf die Wurst platschte.

«Leck mich fett», sagte Grover. «So möchte ich auch zulangen können, wenn ich achtzig bin.» Er beugte sich über den Tisch und drehte den Fernseher leiser.

«He, seht mal hin. Jede Wette, dass sie gleich an einem Felsen vorbeikommen, von dem ein Indianer auf sie springt.»

Die Cowboys galoppierten weiter, Staub wirbelte auf, die Musik dröhnte. Die Kamera schwenkte auf eine Felswand; die Musik wechselte zu einer pseudo-indianischen Melodie mit dumpfem Tom-Tom-Rhythmus, und eine Gruppe verdächtig italienisch anmutender Indianer materialisierte sich auf einem Plateau – barbrüstig unter ihren ärmellosen Westen, breite Bänder um die Stirn.

«Zu hoch», sagte Dan. «Von da oben springen die im Leben nicht.»

Er hatte recht. Die Indianer sahen die herangaloppierende Meute und wechselten ein paar Worte in einem kehligen Fake-Indianisch. Sie liefen zu ihren Pferden – alles Pintos –, sprangen über die Kruppe auf wie Turner beim Bockspringen und jagten mit lautem Kriegsgeheul davon.

Schnitt zurück auf die Cowboys. Einer von ihnen hob die Hand, und die anderen zügelten ihre Pferde. «Da!», rief der Anführer. «Komantschen!» Und schon ertönten von Neuem

Schüsse, als sie den Indianern mit donnernden Hufen hinterhersetzten.

«Du liebe Güte», sagte ich. «Wie können Sie sich so was ansehen? Macht Sie das nicht verrückt?»

«Von wegen», gab Grover zurück. «Wenn ich als Kind im Kino war, habe ich immer die Cowboys angefeuert. Den Western hier habe ich garantiert schon mal gesehen.»

«Genau», sagte Dan. «Früher haben im Kino alle mitgejubelt oder gebuht. Die Indianer haben wir ausgepfiffen, und wenn die Kavallerie kam, waren wir völlig aus dem Häuschen. Ich war ein Riesenfan von John Wayne.»

Diese Geschichte hatte ich schon viele Male von älteren Indianern gehört und mich stets darüber gewundert. Die Antwort war immer dieselbe gewesen: Wir sahen diese «Indianer» nicht als unseresgleichen. Wir jubelten den Cowboys zu und buhten die Rothäute aus, so wie die weißen Kids auch.

«Es stört Sie also nicht?»

«Mich stört so allerhand», erwiderte Grover. «Aber in dem Fall lohnt es sich einfach nicht.»

«Mich stört es heute erheblich mehr als damals», sagte Dan.

Ich belegte meine Schnitte mit einer gummiartigen rosa Scheibe Fleischwurst. «Warum?»

«Nun ja», sagte Dan, «als Kinder hatten wir kaum Kontakt zu weißen Kindern. Die, die wir kannten, waren bettelarm, Kids, die im Dreck spielten, genau wie wir. Mag sein, dass ihre Eltern besser dran waren als unsere, aber die Kinder schienen sich von uns nicht groß zu unterscheiden. Cowboy und Indianer war nur ein Spiel, so wie Räuber und Gendarm. Mit unserem wirklichen Leben hatte das nichts zu tun.

Damals hatte niemand ein Auto. Eine größere Stadt sahen wir vielleicht ein, zwei Mal im Jahr. Es gab kein Fernsehen. Erst nach dem Krieg, als die Soldaten zurückkehrten, erfuhren wir überhaupt, dass es Menschen gab, die anders lebten als wir.»

«Ja, genau so war's», sagte Grover. «Als ich aus Korea zurückkam, ist mir zum ersten Mal ein Licht aufgegangen. Die anderen Jungs in meiner Einheit nannten mich immer ‹Chief›, und das fand ich ziemlich cool. Aber als ich nach meiner Rückkehr eine Weile in der Stadt lebte, hörte ich zum ersten Mal, wie Weiße über Indianer sprachen – was für ein Dumpfbackengesülze. Und plötzlich sah ich auch die Cowboyfilme mit anderen Augen.

Wie die Indianer in den Western dargestellt wurden, hatte mich nie gestört. Aber plötzlich ging es mir schwer gegen den Strich, welches Bild von uns sie den Weißen präsentierten – eine Horde kriegslüsterner Wilder, deren Geheul einem durch Mark und Bein ging. Klar, dass uns die Weißen verachteten.»

Dan schluckte einen Bissen von seinem labbrigen Sandwich. Im Hintergrund knallten abermals Schüsse aus dem Fernseher.

«Und wissen Sie, wer mit dem ganzen Quatsch angefangen hat?», fragte er mich.

Ich hatte einiges zu dem Thema gelesen, schwieg aber, weil ich hören wollte, was er zu sagen hatte.

«Buffalo Bill. Mit seiner Wildwest-Show. Schon mal gehört?»

«Ja.»

«Gut», sagte Dan. «Dann wissen Sie ja schon ein bisschen. Buffalo Bill hatte eine Truppe, mit der er herumreiste, nach New York, Europa, überallhin. Er hatte sie gegründet, nachdem er alle Büffel getötet und die Armee uns so gut wie ausgerottet hatte. So konnte er immer noch mit Indianern Kohle machen. Das war, kurz nachdem wir General Custer besiegt hatten und die ganzen Zeitungen uns zu blutrünstigen Killern abstempelten. Jedenfalls kam Buffalo Bill auf die Idee, die Leute würden gern leibhaftige Indianer sehen.»

«So wie Tiere in einem Zirkus», warf Grover ein.

«Genau», sagte Dan. «Nur dass wir die Tiere waren. Buffalo Bill Cody hat diese Show auf die Beine gestellt, und sogar Sitting Bull trat eine Zeit lang darin auf, warum, weiß der Teufel. Wie auch immer, in der Show gab es Kriegsgeheul, wilde Ritte und mordende Indianer, alles, was das Weißenherz begehrte. Die Leute kamen von weit her, um die Vorführungen zu sehen – selbst die Queen von England, wenn ich mich recht entsinne. Ein paar von den Indianern wurden sogar dem Präsidenten vorgestellt, war alles groß in den Zeitungen.»

«Ja», sagte Grover. «Alles, was die Leute über Indianer wussten, hatten sie aus Buffalo Bills Shows und den Gazetten.»

«Nein, da war noch was», erwiderte Dan. «Das Gedicht über Hiawatha. ‹An den Ufern des Gitchi-gumi›. Wo, zum Teufel, liegt der Gitchi-gumi überhaupt?»

«Ich glaube, das ist der Obere See», sagte ich. «Ich wohne nicht weit davon.»

«Möglich», fuhr der Alte fort. «Jedenfalls verdankt sich diesem Gedicht die andere Vorstellung, die sich die Weißen von uns machten. Die von Mokassin-Indianern, die durch den Wald pirschen und mit Kanus herumpaddeln. Einerseits gab es also die Waldindianer in ihren Lederklamotten, andererseits uns, die Krakeeler mit Kriegsbemalung.

So sahen uns die Weißen. Und als dann später Film und Fernsehen aufkamen, beließen sie es dabei. Es kam vor, dass man in der einen Szene einen Indianer in Lederfransenmontur durch die Botanik stiefeln sah, und beim Umschalten ritt er dann halbnackt mit Kriegsbemalung und Stirnband auf einem Gaul und feuerte Pfeile auf irgendwelche Weiße ab. Nicht zum Aushalten war der verdammte Stuss.»

«Da!», unterbrach Grover. Die italienischen Indianer – sie trugen Wildlederleggings – preschten auf ihren Pintos durch die Landschaft, ließen Pfeile zischen und schwangen Tomahawks.

«Wenigstens tragen sie ausnahmsweise mal keine Lendenschurze», sagte Dan. «Sie leben doch oben in den Wäldern, Nerburn. Da müssten Sie doch eigentlich wissen, wie so was ist. Ich meine, kommen die Leute aus New York oder Kalifornien je hier in den Norden? Würden die einen Film über die Gegend machen, aus der Sie kommen, würde dabei derselbe Witz rauskommen.»

«Haben sie schon», erwiderte ich. «Und der Witz war nicht zum Lachen.»

«Dann versetzen Sie sich mal in uns hinein. Wir sind Indianer, leben hier draußen im Land der Büffel. Fremde kriegen wir hier nicht zu sehen – nur die Flieger am Himmel, die zwischen New York und Kalifornien unterwegs sind. Hier landen sie nicht. Diese Leute wollen hier auch gar nicht haltmachen.»

«Außer dieser Frau aus New York», sagte Grover.

Dan nickte. «Und so war es schon immer. Die Siedler ließen sich entweder gleich im Osten nieder oder zogen direkt nach Kalifornien, während die meisten von uns irgendwo in der Mitte hängenblieben, dort, wo niemand anders leben wollte. Deshalb durften wir ja auch hierbleiben.

Aber die ganzen Filme und Bücher kamen entweder aus Kalifornien oder aus dem Osten, weshalb niemand auch nur einen blassen Schimmer von Indianern hatte, und das ist bis heute so geblieben. Mit dieser Tante aus New York war es auch nicht anders, sie war bloß eine moderne Ausgabe von all den anderen. Wahrscheinlich arbeitet sie gerade an einem Drehbuch, in dem alle Indianer reden, als hätten sie die Weisheit mit Löffeln gefressen. Sie wird irgendeinen Co-Autor finden, der ein paar indianische Reden gelesen hat, und dementsprechend werden ihre Filmindianer dann auch reden. Dass echte Indianer völlig andere Reden halten, weiß sie gar nicht. Und es ist ihr auch völlig schnuppe.

Und soll ich Ihnen was sagen? Am Ende macht sie garantiert einen Weißen zum Helden. Der Indianer wird ihm als Ratgeber zur Seite stehen und ihn zu einem besseren Menschen machen, aber letztlich wird es ein Film über Weiße sein – darüber, wie indianische Weisheit ihnen die Augen öffnet und sie mit neu gewonnenen Einsichten erfüllt.

Darauf verwette ich meinen Hut, egal wovon der Film handeln mag. Diese Streifen sind alle gleich, einer wie der andere. Wilde sind komplett out, so was geht heute nicht mehr. Jetzt ist der weise Indianer angesagt, schwer im Einklang mit der Natur und so, Sie wissen schon. Einer, der den Weißen hilft, sich mittels indianischer Weisheit weiterzuentwickeln.»

«So wie in *Der mit dem Wolf tanzt*», sagte Grover.

«Genau», sagte Dan. «Wobei der ja gar nicht übel war. Es spielten ja sogar ein paar echte Indianer mit, richtig gut, die Jungs. Aber der Held war natürlich der Weiße.»

Grover hatte eine Tüte Milch aus dem Kühlschrank geholt. «Würde mich schon interessieren, wie der Film von der New Yorker Tante am Ende heißt.»

«Der sich den Wolf räuspert», sagte Dan.

Grover lachte. «Wollt sie nur mal am Kelch der Weisheit nippen lassen. Na ja, ich werde mal aufs Fernsehprogramm achten.»

«Das ist das Schlimmste daran», sagte Dan. «Dass solcher Quark auch noch im Fernsehen läuft. Kinder werden den Film sehen, weiße Kinder, indianische Kinder. Alle werden ihn sehen und glauben, dass Indianer so sind. Sie werden glauben, was ihnen eine Weiße erzählt, die sich in Gegenwart von ein paar echten Indianern beinah in die Hose gemacht hätte.»

Er stopfte sich den letzten Bissen seines Sandwichs in den Mund. Auf der Mattscheibe war eine Frau zu sehen, die eine Mülltonne mit Duftspray einnebelte. Er schob seinen Teller weg. «Gib mir mal die Milch», sagte er zu Grover, nahm sie entgegen und trank einen Schluck direkt aus dem Karton.

Er hielt sie mir hin. «Nein, danke», sagte ich.

Grover sah mich an. «Kommen Sie bloß nicht auf die Idee, so eine Art Buch zu schreiben, Nerburn.»

Es war keine Drohung, aber zweifellos ernst gemeint.

Ich schüttelte den Kopf. «Ich pinkle immer noch in die Toilette», sagte ich.

Dan hob die Hand und wiegte tadelnd den Kopf hin und her. «Sie müssen auf die Erde pinkeln, Nerburn. Auf die Erde.»

8

KLARTEXT

In jener Nacht konnte ich nicht einschlafen. Der Nachmittag mit Dan und Grover hatte eine tiefe Unruhe in mir ausgelöst. Obwohl ich freundlich aufgenommen worden war und mich geehrt fühlte, weil Grover mich zum Essen eingeladen hatte, wurde ich den Eindruck nicht los, dass sich der Abstand zwischen uns im Lauf des Tages nicht verkleinert, sondern vergrößert hatte. Vielleicht lag es am freundschaftlich lockeren Umgang der Männer miteinander, vielleicht an einer kulturellen Kluft, die ich nie überwinden würde. Fest stand, dass ich mich bei meiner Rückkehr ins Motel ausgegrenzt gefühlt hatte, fremder als bei all meinen anderen Besuchen. Zum ersten Mal kam ich mir vor wie der verhasste Anthropologe – ein Außenstehender, der so tat, als würde er dazugehören, ein Außenseiter, für den die Einheimischen ihre Show abzogen.

Ich lehnte mich an das harte Motelkissen und machte den Fernseher an. Die Late-Night-Talkshows hatten gerade begonnen, und die verschiedenen Moderatoren gaben die üblichen Witzchen zum Besten, produzierten sich vor der Kamera, grinsten und grimassierten, was das Zeug hielt, während sie aktuelle Ereignisse und Politiker durch den Kakao zogen.

Ihr Humor war derb, die Leute im Publikum grölten und wippten, die Hände in den Taschen, auf den Fersen wie selbstgefällige Studenten, die sich über Leute lustig machen, die noch dümmer sind als sie selbst.

Ich drehte den Ton ab und sah sie mir als Pantomime an. Sie schienen eine Million Meilen von mir entfernt.

Der Gedanke an die Flugzeuge, die oben am Himmel zwischen New York und Los Angeles verkehrten, ließ mich nicht mehr los. Ich war selbst Dutzende von Malen an Bord dieser Maschinen gewesen, hatte durch das nächtliche Dunkel hinabgespäht auf Ansammlungen winziger Lichter und mich gefragt, was für Menschen dort lebten und was für ein Leben sie führten.

Nun war ich selbst eins dieser Lichter.

Ich drehte mich zur Seite und blickte aus dem Fenster. Das Himmelsgewölbe war übersät mit Sternen. Zwischen ihnen konnte ich gerade so eben das pulsierende Blinken eines vorüberfliegenden Jets ausmachen.

Ich stellte mir vor, wie die Passagiere vor sich hin dösten oder auf die dunkle Landschaft weit unter sich starrten. Am liebsten hätte ich gewinkt, irgendein Zeichen gegeben, dass hier Menschen lebten, dass diese Gegend nicht unbewohnt war, sondern voller Leben, Geschichten und Träume. Doch die blinkenden Lichter bewegten sich weiter und verschwanden bald darauf jenseits des Horizonts, und es blieb nur die funkelnde Stille des Sternenmeers. Ich wandte mich wieder zum Fernseher. Irgendein Late-Night-Fatzke stolzierte nach wie vor auf seiner Bühne herum, gestikulierte und verdrehte die Augen. Ich war in der Stadt aufgewachsen, Teil ihrer Kultur; wenn selbst ich nichts mehr mit all dem Lärm, dem Trubel, dem hektischen Treiben anfangen konnte, wie musste es dann jemandem wie Dan gehen, der in diesen endlosen Weiten geboren war und von klein auf gelernt hatte, den Stimmen im Wind zu lauschen?

Trotzdem war es durchaus möglich – sogar sehr wahrscheinlich –, dass Dan just in diesem Moment mitverfolgte, wie David Letterman eine Top-Ten-Liste vorlas oder sich irgendeine Crime-Doku ansah, in der Verbrechen mit heulenden Sirenen, Wackelkamera und verrauschten Original-Notrufen nachgestellt wurden.

Aber was bedeutete das alles? Und wie sollte ich mir einen Reim darauf machen?

Allmählich wünschte ich, ich hätte mich nie auf die Sache eingelassen. Egal, wie ich sie anging, ich konnte nur verlieren. Sosehr ich Grover respektierte, merkte ich doch, wie er mich die ganze Zeit im Auge behielt, mit einer Skepsis, die mir regelrecht die Luft abschnürte. Während Dan mich im Trüben fischen ließ, ohne je klar zu artikulieren, was er nun tatsächlich von mir erwartete. Einerseits sollte ich ihn so herüberbringen, als hätte er am Haskell College studiert, andererseits wollte er nicht «zu weiß» klingen. Er widersprach sich ständig, und der einzige Anhaltspunkt, den ich bis jetzt bekommen hatte, bestand darin, einen räudigen alten Hund zu beobachten.

Mir schwante bereits, was Lektoren und Verleger sagen würden. «Der Alte klingt zu bitter, zu starrköpfig. Machen Sie ihn ein bisschen liebenswerter. Wäre auch nicht schlecht, wenn er ein bisschen weniger gewöhnlich herüberkommen würde – ein wenig weiser, verstehen Sie?»

Mir hing das ganze Unternehmen zum Hals heraus. Ich hatte es satt, in einem Motelzimmer zu leben und nachts um zwei nebenan Fliegentüren knallen und die Toilettenspülung rauschen zu hören. Mir ging das Geld aus, und mir fehlte meine Familie. Ich hatte keine Zusage von einem Verlag und keinen Schimmer, wie diese Aneinanderreihung von Gesprächen und alltäglichen Geschehnissen je Buchform annehmen sollte.

Die Nummer mit den Büffelkadavern und den Autowracks hatte das Fass zum Überlaufen gebracht. Ich war mir unschlüssig, ob der Alte es ernst gemeint oder mich auf den Arm genommen hatte. So derart übertrieben, wie er sich zu mir gebeugt und die Stimme gesenkt hatte, hielt ich es für durchaus möglich, dass er sich nur einen Witz auf meine Kosten gemacht hatte. Eins aber war sicher: dass er mich garantiert danach beurteilen würde, ob ich verstanden hatte, was er mir verklickern wollte.

Ich war ganz bestimmt nicht hierhergekommen, um mein kulturelles Einfühlungsvermögen auf den Prüfstand stellen oder mich in einer Tour verarschen zu lassen. Auch wenn es dem Alten offenbar nicht bewusst war, tat ich ihm einen Gefallen, nicht zuletzt zu Lasten meiner Familie. Ich war bereit, seinen Biografen zu spielen, aber nicht seinen Hampelmann, und schon gar nicht, mich pausenlos beäugen und kritisieren zu lassen; ich spürte genau, dass er sich nach wie vor fragte, ob ich wirklich der Richtige für dieses Projekt war.

In jenem Moment traf ich eine ebenso schwere wie schmerzliche Entscheidung. Ich beschloss, aufzugeben und nach Hause zurückzufahren.

Vielleicht war der anstrengende Tag schuld, vielleicht hatten auch schlicht die Hirngespinste meiner nächtlichen Imagination die Oberhand gewonnen. Wie auch immer, der Entschluss nahm mir eine Riesenlast von der Seele. Was ich bis jetzt geschrieben hatte, würde ich mitnehmen und es ihm mit einer Erklärung zurückschicken. Es war nicht die mutigste Alternative, aber so behielt ich wenigstens das Heft in der Hand. Mich ihm gegenüber Auge in Auge zu rechtfertigen, erschien mir unmöglich; ich sah bereits vor mir, wie plötzlich jede Regung aus seinem Gesicht weichen oder er unvermittelt einfach in sein Schlafzimmer schlurfen würde, mitten in einem meiner Sätze – so, als hätte ich mich von einer Sekunde auf die andere in einen Leprakranken verwandelt.

Wenn ich ihm schrieb, würde er vielleicht auf mich herabsehen, aber mich wenigstens verstehen. Er würde meine Erklärung wohl oder übel zur Kenntnis nehmen müssen, von der ersten bis zur letzten Zeile – als jemand, der selbst eine Familie gehabt und in seinem Leben schwere Entscheidungen getroffen hatte.

Es war sogar möglich, dass wir das Projekt irgendwann erneut in Angriff nehmen würden, wenn wir uns über unsere Absichten klarer geworden waren. Vielleicht fand er ja auch einen Indianer, der sich als Chronist besser eignete als ich, jemanden, der die Nuancen seines Wesens besser verstand und nicht so leicht Gefahr lief, als potentieller Verräter angesehen zu werden, der seine Lauterkeit jeden Tag aufs Neue beweisen musste. Ich zog sogar eine bis dahin undenkbare Überlegung in Betracht: dass sich außer ein paar Indianern und Indianophilen sowieso niemand für den Alten und seine Weltsicht interessierte und das Ganze letztlich nicht besonders wichtig war.

Ich stand auf und nahm ein Blatt Papier aus meiner Reisetasche. Das Motelzimmer hatte keinen Schreibtisch, weshalb ich mir ein paar Kissen in den Rücken schob und die Gideon-Bibel als Unterlage benutzte.

«Lieber Dan», begann ich. «Ich möchte ehrlich und aus dem Herzen zu Ihnen sprechen. Dass Sie mich gebeten haben, Ihre Gedanken niederzuschreiben, war und ist mir eine große Ehre. Doch mit jedem Tag ...»

Aus dem Augenwinkel sah ich Arsenio Hall, der seine Hand wie ein Lasso über dem Kopf schwang und eine Art Cakewalk auf der Bühne tanzte. Ich griff nach der Fernbedienung und versuchte den Fernseher auszuschalten, bevor ich endgültig den Faden verlor.

Ich drückte auf den vermeintlichen Aus-Knopf, doch schaltete ich stattdessen um. Die Atlanta Braves spielten gegen die L.A. Dodgers oder die San Diego Padres, und offenbar war gerade etwas Entscheidendes passiert. Die Kamera schwenkte über die Fans und blieb an drei Weißen mit nacktem Oberkörper und Bierbäuchen hängen. Sie trugen Federschmuck und schwangen riesige Gummi-Tomahawks; neben ihnen saß eine Frau mit einem etwa zweijährigen Mädchen.

Die Typen mit den Bierbäuchen gestikulierten aufgeregt in Richtung der Frau und deuteten auf die Kamera. Sie sah auf und hob den Kopf der schlafenden Kleinen, damit die Kamera das mit roten und weißen Streifen bemalte Gesicht des Kindes erfassen konnte. Dann drückte sie dem Mädchen einen Mini-Tomahawk in die Hand und begann ihren Arm zu bewegen, als würde sie auf etwas einhacken. Und so hockten sie zu fünft da, den Blick in die Kamera gerichtet, und schwangen im Gleichtakt ihre Tomahawks. Das Mädchen schlief nach wie vor, die Mutter grinste wie ein Honigkuchenpferd, und die drei barbrüstigen Kerle schlugen sich mit ihren Wurstfingern rhythmisch auf die Lippen, als würden sie ein martialisches Kriegsgeheul anstimmen.

Ich warf einen Blick auf das Blatt Papier in meiner Hand. Langsam, aber bestimmt knüllte ich es zusammen und warf die zusammengedrückte Kugel an die Wand, von wo sie in den Papierkorb fiel.

«Bis morgen, alter Mann», seufzte ich und schaltete Licht und Fernseher aus. Keine Antwort. Nichts war zu hören außer dem dumpfen Geräusch, wenn wieder ein Insekt gegen die Fliegentür knallte, und dem leisen, beharrlichen Brummen eines Flugzeugs hoch oben am Himmel.

* * *

Es wäre glatt gelogen, würde ich behaupten, dass ich am nächsten Morgen voller Vorfreude aus dem Bett gestiegen wäre. Nun fühlte ich mich nicht mehr nur ausgeschlossen und gekränkt, sondern empfand obendrein so etwas wie leise Scham.

Zudem hatte Dan womöglich bereits gerochen, dass ich die Flinte ins Korn werfen wollte – jedenfalls hatte ich ein ausgesprochen ungutes Gefühl. Doch einen Moment lang hatte ich beim Gedanken an das Ende des Projekts, beim Gedanken an meine Frau und Kinder, die zu Hause auf mich warteten, eine tiefe Erleichterung empfunden, und das Bild stand mir immer noch vor Augen, während ich duschte und mich startklar für den Tag machte.

Ich beschloss, mit dem Alten Klartext zu reden. Wenn ich bei dem Projekt federführend sein sollte, musste die Sache zu meinen Bedingungen laufen – nicht Dans, nicht Grovers und schon gar nicht denen eines altersschwachen Hundes. Es gab wahrlich zu viel zu tun, und ich konnte das Ganze nicht den Geschwistern Glück und Zufall überlassen.

Ich hatte bereits zu viele Notizen angesammelt. Ich wusste weder, wie ich den Text angehen, noch, worauf ich hinauswollte. Während unseres gestrigen Ausflugs auf den Bergkamm hatte mein Pickup einen seltsamen Geruch abgesondert, als würde irgendwo Dampf austreten; der Wagen musste dringend mal wieder zur Inspektion.

Wie auch immer, heute mussten die Karten auf den Tisch – sowohl was meine Aufgaben als auch die Erwartungen des Alten anging. Und anschließend würde ich nach Hause fahren, mit meinen Notizen, den Aufnahmen und einer klareren Vorstellung. Ich würde Zeit mit meiner Familie verbringen, meinen Pickup von einem Mechaniker meines Vertrauens überholen und erst einmal alles sacken lassen. Und wenn ich dann so etwas wie ein Konzept erarbeitet hatte, würde ich zurückfahren und das ganze Ding in Form bringen.

Es war die einzige Möglichkeit. Keiner hier hatte auch nur die geringste Ahnung, was es bedeutete, ein Buch zu schreiben. Keiner von ihnen wusste, dass man ohne Idee und Struktur bei einem solchen Projekt aufgeschmissen war. Sie nörgelten und meckerten bloß die ganze Zeit – «Warum haben Sie das jetzt schon wieder weggelassen?»

Letzten Endes war es mein Buch, und ich derjenige, der ihm eine Form geben musste.

Ich musste das Heft in die Hand nehmen. Punkt, aus.

Das Packen kostete mich nur ein paar Minuten. Ich reiste mittlerweile stets mit leichtem Gepäck, und meine paar Klamotten passten problemlos in die grüne Reisetasche aus Leinen, die mich überallhin begleitete.

Die Frau an der Rezeption blickte nicht einmal auf, als ich auscheckte, sondern starrte wie gebannt auf einen kleinen Schwarz-Weiß-Fernseher in der Ecke des Empfangstresens. Geistesabwesend kritzelte sie etwas auf eine Quittung und knallte sie halb genervt, halb gleichgültig auf den Tresen. Sie zählte nicht mal das Geld, das ich ihr gegeben hatte.

Mein Plan stärkte mir das Rückgrat, als ich zu Dans Haus fuhr. Ein heftiges Gewitter war in der Nacht niedergegangen und hatte die Prärie mit einem kurzen, aber belebenden Guss getränkt. Die Erde verströmte einen Duft wie von süßem Nektar, und das wogende Gras war erfüllt von lebhaftem Summen und Brummen. Ich ließ die Fenster herunter und atmete tief ein. Weiße Schmetterlinge flatterten über den hohen Gräsern und vollführten verrückte Tänze vor dem strahlend blauen Himmel.

Es war ein unvergesslich schöner Tag.

Ich rumpelte den Weg zum Haus des Alten hinauf. Fatback kroch bellend und wedelnd unter seinem Chevy-Wrack hervor. Wenonahs Wagen stand in der Auffahrt, wie ich bereits erwartet hatte.

Ich stieg aus, zauste Fatback kurz und ging zur Treppe. Ich pflegte stets draußen zu warten, bis ich hineingebeten wurde.

Kurz darauf erschien Wenonah an der Tür und spähte durch das kaputte Fliegengitter. «Er ist nicht da, Nerburn», sagte sie.

«Kein Problem», sagte ich. «Ich vertreibe mir die Zeit so lange oben auf dem Hügel.»

«Das dauert aber, bis er wiederkommt.»

«Wie lange?»

«Keine Ahnung.»

Ich kapierte kein Wort. «Wo ist er denn hingefahren?»

«Er hat nur gesagt, er würde einen kleinen Ausflug machen.»

Verblüfft schüttelte ich den Kopf. Hätte er mir das am Vortag gesagt, hätte ich mir eine weitere Motel-Nacht sparen und direkt den Heimweg antreten können. Ich hatte stundenlang mit meinem schlechten Gewissen gerungen, und er verzischte sich mal eben einfach so, ohne mir vorher Bescheid zu geben.

Wenonah bemerkte meine Verärgerung.

«Er hat Sie nicht gebeten, heute vorbeizukommen», sagte sie.

Und in dem Moment platzte mir der Kragen. «Schon klar», blaffte ich. «Aber ich schreibe sein Buch für ihn. Ich fahre Hunderte von Meilen auf meine Kosten, um ihm bei einem Buch zu assistieren, das ihm am Ende seines Lebens Frieden bringen soll, und Sie tun so, als hätte ich kein Recht, sauer zu sein, wenn er sich einfach aus dem Staub macht, ohne auch nur ein Wörtchen verlauten zu lassen.

Dieser ganze Quatsch kotzt mich an. Ich muss alles schlucken, aber ihr dürft alle gleich verschnupft sein, wenn ich das falsche Adverb benutze oder mir die Schnürsenkel falsch binde. Wieso wird keine Rücksicht darauf genommen, was ich für wichtig halte?»

Sie ließ sich nicht aus der Reserve locken. «Vielleicht haben wir es einfach satt, uns über jeden Fliegenschiss Gedanken zu machen, dem ihr Bedeutung zumesst. Niemand hat euch gebeten, in unser Land einzufallen. Niemand hat euch gebeten, uns mit Pockenbazillen verseuchte Decken anzudrehen und unsere Alten zu töten. Und schon gar nicht, den ganzen Kontinent mit euren Highways und Einkaufszentren zu pflastern.

Dann sind Sie eben fünfhundert Meilen gefahren, um ihn zu sehen. Na und? Er kämpft gegen seine Müdigkeit an, gegen Schmerzen und Erinnerungen, die Sie sich nicht mal im Traum vorstellen können – um Ihnen die Geschichte zu geben, die Sie haben wollen. Sie sollten dankbar sein, dass er Ihnen seine Zeit schenkt. Es ist eine Ehre, wenn ein Ältester mit Ihnen spricht. Aber Sie wissen so etwas ja offenbar nicht zu schätzen.»

Sie wandte sich um und ging ins Haus zurück.

«He, Wenonah», rief ich. «Sie können mich nicht so einfach hier stehenlassen.»

Drinnen rührte sich nichts.

«Ich weiß, dass Sie mich hören, und ich werde Ihnen jetzt auch mal was sagen. Hören Sie bloß auf, mir mit Ehre zu kommen. Mir ist klar, dass ich ein Privileg genieße, und das weiß ich auch zu schätzen. Aber für ihn ist es genauso ein Privileg, dass ihm jemand bei diesem Projekt unter die Arme greift.

Ich habe eine Frau, eine Tochter und einen kleinen Sohn zu Hause, die mir unendlich fehlen. Ich schlafe in einem versifften Motelzimmer, in dem mir jeden Abend der Whiskeygestank von den Säufern nebenan in die Nase zieht. Ich gebe Geld aus, das ich nicht habe, und werde von Grover und allen anderen beäugt, als würde ich alle paar Minuten in einen anderen Fettnapf treten.

Ich habe keine Decken mit Pockenbazillen dabei. Wobei ich in dem Motel wahrscheinlich sogar auf einer schlafe. Ich bin auch nicht auf irgendeiner verdammten Pinta oder Niña oder Santa Maria gesegelt, habe keinen Mais von Squanto bekommen und bin auch nicht mit Custer geritten.

Ich bin nichts weiter als ein anständiger Bursche, der sein Bestes für jemanden tut, den er respektiert. Und alles, was ich will, ist ebenfalls ein bisschen Respekt.»

Wenonahs Schatten erschien in der Tür. Sie trat heraus, einen zerknitterten braunen Din-A4-Umschlag in der Hand.

«Kommen Sie her», sagte sie.

Ich stieg die Stufen hinauf. Sie förderte ein paar vergilbte Fotos zutage und reichte mir eins, auf dem ein halbwüchsiger Junge in Uniform und schweren, schwarzen Schuhen abgebildet war. Er sah aus wie ein kleiner Soldat aus dem Bürgerkrieg oder dem Spanisch-Amerikanischen Krieg.

«Wissen Sie, wer das ist?», fragte sie. «Das ist mein Großvater», fuhr sie fort, ohne eine Antwort abzuwarten. «Und soll ich Ihnen sagen, was er da anhat? Einen kleinen wollenen Anzug, zusammengeschneidert aus alten Uniformen der amerikanischen Armee.

Und warum trägt er diesen Anzug? Weil er seinen Eltern weggenommen und in eine Erziehungsanstalt gesperrt wurde. Dort haben sie ihm erst mal die Haare abgeschnitten und seine Lederleggings und die Mokassins verbrannt, die seine Mutter selbst für ihn angefertigt hatte.

Und wissen Sie, warum seine Eltern ihn dort nicht herausgeholt haben? Weil sein Vater ins Gefängnis gesteckt wurde, als er sich darüber beschwerte, dass die Polizei seinen Sohn abgeholt hatte, weil er keine reguläre Schule besuchte.

Sie glauben, Sie wüssten alles, Nerburn. Aber Sie haben keinen blassen Schimmer.»

Sie hielt mir ein weiteres Foto hin, mit einem großen weißen Gebäude darauf, das wie eine Scheune aussah. «Haben Sie eine Ahnung, was das ist?»

«Sieht aus wie ein Schlafsaal oder ein altes Schulhaus», sagte ich.

«Dort musste er auf Murmeln knien und seine Arme eine halbe Stunde lang ausstrecken, wenn sie ihn dabei erwischten, wie er in seiner Sprache sprach. Dort musste er sich in einer Reihe mit den anderen Kindern aufstellen, vor einem Zahnarzt, der ihnen mit einer Zange jeden Zahn zog, der nicht in Ordnung war – ohne Betäubung! Dort fing er an, ins Bett zu machen, und die Heimleiterin band seine Vorhaut jeden Abend mit Angelschnur zu, bis er eine schlimme Infektion bekam, an der er fast gestorben wäre.»

Sie steckte die Fotos zurück in den Umschlag. «Er macht nicht mehr, was Weiße wollen, Nerburn.»

Sie wandte sich von mir ab und ging ins Haus zurück. Ich sah zu Fatback, der sich verzückt das Hinterteil leckte.

«Himmel», sagte ich, stieg in meinen Pickup und schlug die Tür hinter mir zu.

9

JUMBO

Womöglich hatte ich zu schnell aus der Auffahrt gesetzt oder war zu hart aufs Gas gestiegen, jedenfalls stieg mir wieder dieser merkwürdige Geruch in die Nase, als ich die Hauptstraße erreichte. Stickiger Dampf strömte aus den Schlitzen der Klimaanlage. «Komm, Baby», sagte ich beschwörend. «Das schaffst du.»

Aber von wegen. Nach einer weiteren halben Meile ertönte ein lauter Knall, und der Motor begann heftig zu stottern. Eine Mischung aus Dampf und Rauch drang in die Fahrerkabine.

Ich sprang aus dem Wagen. Ein Schwall heißen Dunsts schlug mir entgegen, als ich die Motorhaube öffnete.

«Verdammte Scheiße!», brüllte ich. Wahrscheinlich war die Zylinderkopfdichtung defekt. Das sah übel aus, und viel Zeit blieb mir nicht mehr. Ich stieg wieder ein, aber als ich Gas gab, trat eine fette Rauchwolke aus dem Auspuff. Der Motor röhrte und stotterte von Neuem, während dicke Dampfschwaden unter der Haube hervorquollen. Der Pickup quälte sich mit fünf Meilen pro Stunde vorwärts; mehr gab die Kiste nicht mehr her.

Ich nahm Kurs auf das Reservatszentrum. Indianer in zerbeulten Blechhaufen fuhren hupend und winkend an mir vorbei. Geradezu quälend langsam möhrte ich den Hang hinunter auf ein paar versprengte Häuser zu, die halbwegs nach einem Ort aussahen.

Auf der Hauptstraße hielt ich panisch Ausschau nach einer

Tankstelle oder einer Werkstatt. Die Nadel der Temperaturanzeige stand jetzt permanent im roten Bereich. Kids auf Fahrrädern zeigten mit dem Finger auf mich und lachten, aber ein kleiner Junge trat vor mir in die Pedale und bedeutete mir, ihm zu folgen. Ich hatte keine Ahnung, wohin er mich führen wollte, doch mir blieb keine große Wahl.

Er winkte, flitzte um eine Ecke und bremste abrupt vor einem niedrigen, heruntergekommenen Betongebäude mit einer weißen Garagentür. Über den Eingang hatte jemand ein verwittertes Sperrholzbrett genagelt. Darauf stand in ungelenken Buchstaben: «Autowerkstadt Im Nu reperiert Jumbo».

Ich schaltete den Motor aus und rollte auf das staubige Areal vor der Garage. Der Motor tuckerte und erstarb mit einem Röcheln.

Ich überlegte. Wer auch immer dieser Jumbo war, er musste mir aus der Patsche helfen. Mit dem Pickup kam ich jedenfalls nicht weiter.

Der kleine Junge rannte in die Werkstatt. Kurz darauf kam er wieder heraus, stellte sich vor den Pickup und blickte erwartungsvoll zur Tür. Als ich ausstieg, nahm ich einen Schatten in der Werkstatt wahr. Im ersten Moment dachte ich, dort würde sich vielleicht eine Hebebühne bewegen, doch dann wurde die Tür geöffnet, und heraus trat ein wahrer Goliath. Ich schätzte ihn auf gut vier Zentner. Sein Kopf war so groß wie ein Basketball und ebenso rund. Er trug einen zotteligen Topfschnitt, hatte kastanienbraune Haut und kaum noch Zähne, wenn überhaupt.

Ein schmutziges weißes T-Shirt hing wie ein Zelt über seinem Bauch, der sich wiederum wie ein Mehlsack über seinen Gürtel wölbte. Er trug verdreckte Tennisschuhe ohne Schnürsenkel und hielt die Arme ausgestreckt, als würde er sonst das Gleichgewicht verlieren.

«Jumbo?», fragte ich, bemüht, meine Verblüffung zu kaschieren.

Er würdigte mich keines Blickes, öffnete die Motorhaube und steckte den Kopf in den Qualm wie in einen Drachenschlund. Nachdem er an ein paar Kabeln gezogen hatte, knallte er die Haube wieder zu.

«Karre ist im Arsch», sagte er.

Es war keine besonders ausführliche Expertise, aber er schien durchaus richtigzuliegen.

«Können Sie den Wagen reparieren?»

Er beugte sich vor und nahm den Kühler in Augenschein. «Was is'n das für 'ne Marke?» Seine Stimme grollte wie Donner in einem Brunnenschacht.

«Ein Nissan», erwiderte ich.

«Nie gehört.»

Und damit drehte er sich zur Tür wie ein wandelnder Flugzeugträger und verschwand wieder im Innern der Werkstatt.

Ich ließ mich gegen den Wagen sinken. Es war eine Schlappe auf der ganzen Linie. Ich hatte mich mit meinem gepflegten kleinen Japaner-Pickup schon die ganze Zeit über irgendwie fehl am Platz gefühlt, und nun erinnerte ich mich, dass ich im gesamten Reservat keinen einzigen ausländischen Wagen gesehen hatte. Hier bevorzugte man offenbar fette Ford- oder Chevrolet-Straßenkreuzer aus den frühen Siebzigern oder zerbeulte Kleinlaster, die allesamt aussahen, als wären sie mit Vorschlaghämmern bearbeitet worden.

Mir kamen die unzähligen Autoskelette in den Sinn, die über das ganze Reservat verteilt in der Präriesonne schmorten. Es war sinnlos. Wie sollte ich meine verzweifelte Lage jemandem erklären, der in einem Land lebte, in dem man Autos ebenso achtlos entsorgte wie leere Dosen oder billige Schuhe?

Ich wollte gerade wieder in den Pickup steigen, um nach meinen Papieren zu kramen, als ich hinter mir ein Quietschen hörte. Als ich mich umwandte, sah ich, wie die weiße Garagentür hochfuhr und den Blick freigab auf eine dunkle, ölverschmierte Werkstatt mit einer Abschmiergrube in der Mitte. Dahinter ragte Jumbo auf und deutete auf seine Füße.

Im ersten Moment begriff ich nicht, was er wollte, doch dann dämmerte mir, dass ich den Pickup in die Garage fahren sollte. Ich stieg wieder ein und versuchte ihn zu starten. Der Motor rumpelte und spotzte, sprang aber nicht an. Ein paar von den Kids, die mir auf ihren Rädern gefolgt waren, stemmten ihre Schultern von hinten gegen den Wagen; ich stieg aus und half mit, indem ich von der Tür aus mit anschob. Von Jumbo erst ein wenig nach rechts, dann nach links dirigiert, damit die Räder nicht in die Grube gerieten, bugsierten wir den Pickup in die Garage.

Als wir es bewerkstelligt hatten, trat Jumbo zu mir.

«Hab nachgeguckt. Kriegen wir hin.»

Ich ließ den Blick über die ölverschmierten Bänke schweifen, auf denen sich Werkzeuge, Schläuche und verdreckte Luftfilter stapelten, ehe ich wieder zu meinem blitzblanken schwarzen Nissan hinübersah. Ich fühlte mich wie die Frau aus New York in ihrem Tausend-Dollar-Outfit.

«Sind Sie da sicher?», fragte ich.

«Jepp.»

«Wie lange wird das dauern?»

«Weiß nicht.»

«Ungefähr? Ein paar Tage oder eher eine Woche?»

«Weiß nicht.»

Ich wollte nach dem Preis fragen, aber das war wahrscheinlich nicht minder sinnlos.

«Aber Sie können ihn reparieren?», hakte ich noch einmal nach, doch war es mehr ein Versuch, ihn zum Sprechen zu bewegen, als eine ernst gemeinte Frage.

Ich griff hinter den Fahrersitz und holte meine Reisetasche hervor. Ich wollte gerade den Autoschlüssel von meinem Schlüsselbund lösen, doch dann ging mir auf, dass ich mir das genauso gut sparen konnte. Niemand hier wusste, wo ich wohnte, und es interessierte auch niemanden. Davon abgesehen mochte Jumbo womöglich denken, dass ich ihm misstraute, und den Eindruck wollte ich weiß Gott nicht erwecken.

Ich zuckte mit den Schultern und sah zu der massigen, schattenhaften Gestalt hinüber, die mein Schicksal in ihren Händen hielt. Jumbo war in den hinteren Teil der Werkstatt geschlurft, lehnte im Halbdunkel breitbeinig an einem Stapel Reifen und aß ein Sandwich. Das weiche Weißbrot war mit schwarzen Fingerabdrücken übersät. In seinen Pratzen sah es wie ein Butterkeks aus.

«Ich komme dann später noch mal vorbei», sagte ich.

«Jepp», gab er zurück.

Als ich mich abwandte, um die Garage zu verlassen, bemerkte ich hinter meinem Pickup eine gebeugte Gestalt mit leicht zur Seite geneigtem Kopf, deren Silhouette sich vor der Mittagssonne abzeichnete. Es war Dan. Ich stieß einen erleichterten Seufzer aus und eilte zu ihm.

«Wenonah meinte, Sie wären unterwegs.» Meinen Ärger und meine Enttäuschung über sein plötzliches Verschwinden hatte ich völlig vergessen.

«Wir haben uns noch ein paar Brote bei Grover geschmiert.» Er nickte in Richtung von Grovers Buick-Schlachtschiff, das im Leerlauf vor sich hin brummte. Grover winkte mir aus dem Wagen zu. Er trug einen großen Stetson mit türkisfarbenem Hutband. Fatback saß wie eine wachsame Großmutter auf dem Rücksitz.

«Hab gleich gemerkt, dass Sie mich brauchen», sagte der Alte.

Ich runzelte die Stirn.

«Na ja, hab den Qualm von Ihrem Pickup gesehen.» Er gackerte leise. «Und Rauchsignale sind ja nie ein gutes Zeichen.»

Er ging langsam um den Nissan herum, schüttelte den Kopf und nahm den Wagen in Augenschein, als handele es sich um den dampfenden Kadaver eines frisch erlegten Elchs oder Büffels.

Behutsam ließ er den Finger über die Lackierung gleiten.

«Hübsch», sagte er. «Würde 'ne prima Hundehütte abgeben.»

«Lassen Sie's gut sein, Dan», gab ich zurück. «Das ist kein Spaß. Ich brauche die Kiste noch.»

Jumbo grunzte irgendetwas aus dem Dunkel.

«Jumbo macht das schon», sagte Dan. «Das hat er voll drauf.» Der Goliath führte sein Sandwich zum Mund, und ein weiterer weißer Happen verschwand.

«Ja, aber wie lange braucht er dafür?»

«Schwer zu sagen. Kommt auf Jumbo an. Er hat reichlich zu tun.»

Ich spähte in das Halbdunkel hinter dem mampfenden Riesen, wo sich aller mögliche Schrott türmte. Weit und breit war kein anderes Auto zu sehen.

«Aha», sagte ich.

«He», rief der Alte. «Wie lange wird das dauern, Jum?»

«Weiß nicht», hallte es dumpf zurück.

Ich packte Dans Ärmel. «Fragen Sie ihn, ob es einen Tag oder eine Woche dauert», flüsterte ich.

«Eher einen Tag oder 'ne Woche?», rief Dan.

Aus dem Dunkel drangen Kaugeräusche. «Könnte sein», ertönte die tiefe Stimme des Riesen. «Die Karre ist im Arsch. Hätte er sich mal besser 'nen Chevy gekauft.»

10

SIND WIR NICHT ALLE EIN BISSCHEN INDIANER?

Mürrisch lümmelte ich neben Fatback auf dem Rücksitz von Grovers großem grünen Buick, während wir über eine Anhöhe zum Highway fuhren. Eigentlich hätte ich mich über die Gelegenheit freuen müssen, mit Grover und dem Alten einen «kleinen Ausflug» unternehmen zu können, doch wollte mir mein schnittiger Pickup nicht aus dem Sinn gehen, der jetzt in Jumbos finsterer Garagenhöhle stand. Vor meinem geistigen Auge sah ich abwechselnd Berge von schmierigen Schraubenschlüsseln und makellos sauberen japanischen Fertigungshallen, in denen hochkonzentrierte Experten in weißen Kitteln Mikrometerschrauben kalibrierten und sich Notizen auf Klemmbrettern machten.

Jumbos beiläufige Bemerkung – «Kriegen wir hin» – klang immer noch in meinen Ohren. Wahrscheinlich hatten das damals auch die Zahnärzte in dem Erziehungsheim gesagt, bevor sie den Kindern den erstbesten Zahn aus dem Mund gerissen hatten.

Ich rutschte noch tiefer in den Rücksitz. Kein Zweifel, ich würde meinen geliebten Pickup nie wiedersehen. Die Sache war gelaufen, und vor mir lagen sechsundzwanzig Stunden in einem Greyhound-Bus voller plärrender Babys und kopftuchtragender alter Frauen. Mein Wagen war verdammt dazu, ein Denkmal des Elends auf dem staubigen Gelände hinter Jumbos Werkstatt zu werden, während ausgelassene Indianer auf seinen neuen Hundert-Dollar-Reifen durch die Gegend fahren und sich auf meinem erst kürzlich gekauften Zweihundert-Dollar-Recorder Powwow-Cassetten anhören würden. Ich versank im Meer meiner Verzweiflung.

Vorn lachten Dan und Grover. Meine Misere – vorausgesetzt, sie erkannten sie überhaupt als solche – beeinträchtigte ihre Stimmung nicht im Mindesten. Mir war bewusst, dass ich mich besser auf den Moment einlassen sollte, doch dazu brauchte ich ein wenig Ermunterung.

«Grover?», sagte ich. «Kennen Sie Jumbo genauer?»

«Ja, seit meiner Kindheit.»

«Glauben Sie, er kann meinen Pickup reparieren?»

«Kriegt er ihn nicht hin, kriegt er ihn kaputt», sagte Grover.

Dan lachte.

Grover wandte sich um und sah, wie ich frustriert an der Hintertür lehnte. «Nee, nee. Jumbo ist schon in Ordnung. Entweder kriegt er die Kiste wieder hin, oder er gibt Ihnen Bescheid.»

«Aber nur, wenn Sie die Möhre eh abhaken können», sagte Dan. Die beiden brachen von Neuem in Gelächter aus.

Ich hatte keine Ahnung, wovon sie redeten. Wenn das witzig sein sollte, kam es bei mir jedenfalls nicht an, und falls es sich um eine Art von Information handelte, spielte sie für mich keine Rolle. Ich wollte einfach nur zurück in mein Motel und mir die Decke über den Kopf ziehen, bis die Sache vorbei war.

«Jetzt kriegen Sie sich aber mal wieder ein, Nerburn», sagte Grover. «Vergessen Sie's, es lässt sich sowieso nicht ändern. Unser kleiner Ausflug wird Ihnen guttun. Sie machen sich viel zu viele Gedanken.»

Er hatte recht, aber es wollte mir einfach nicht gelingen, meine Niedergeschlagenheit abzuschütteln. Noch vor einer Stunde war ich quasi schon auf dem Heimweg gewesen, und nun fuhr ich plötzlich mit unbekanntem Ziel in die entgegengesetzte

Richtung, während ein sandwichfressender Koloss meinen am Computer designten Pickup mit allem möglichen Steinzeitwerkzeug in seine Einzelteile zerlegte.

Dennoch hatte der «kleine Ausflug» meine Neugier geweckt. Wenn ich mich nicht täuschte, schien es sich um eine Art Ritual zu handeln, das für Grover und den Alten eine spezielle Bedeutung hatte. Vielleicht konnte ich dabei ja mehr erfahren, als ich erwartete. Ich gab mir alle Mühe, den kaputten Wagen aus meinen Gedanken zu verbannen. Grover hatte recht: Mir waren eh die Hände gebunden.

Grover ging vom Gas und bog auf einen größeren Highway ab. Er war, was man gemeinhin einen «Sonntagsfahrer» nannte, fuhr selten schneller als fünfundvierzig Meilen. Riesentrucks donnerten mit blökender Hupe an uns vorbei, doch Grover schien keine Notiz von ihnen zu nehmen. Indianer in Wohnmobilen und Kombis mit Kennzeichen aus anderen Bundesstaaten überholten uns, viele mit alten Aufklebern, auf denen Slogans wie «Pow Wow Power» oder «Custer had it coming» standen. Ein Fahrer hatte einen Kuhschädel auf dem Dach eines ramponierten Ford Econoline befestigt; auf der Seite prangte eine grellbunte Airbrush-Version von Frederick Remingtons berühmtem Gemälde *End of the Trail*.

Grover und Dan redeten auf Lakota weiter. Die alten Reifen des Buick rumpelten über die Nahtstellen im Asphalt. Ich hatte nichts zu tun, nichts zur Unterhaltung beizusteuern, und mir fiel auch nichts ein, worüber ich hätte nachdenken können. Weshalb ich kurz darauf fest einschlief.

Als ich wieder erwachte, waren die Schatten deutlich länger geworden, und auf den Hügeln lag ein tiefgoldener Schimmer. «Wurde auch langsam Zeit, Nerburn», ließ sich Grover vernehmen. «Zeit fürs Abendessen.»

Er deutete auf eine Reklametafel, die auf einen Truck Stop an der nächsten Ausfahrt hinwies. «Da legen wir ein Päuschen ein.»

Er steuerte den Buick auf den Parkplatz der Raststätte. Am anderen Ende parkten zehn oder fünfzehn Sattelzüge mit laufenden Motoren in einer Reihe. Der Boden vibrierte; das Grollen der Maschinen hallte von den Hügelketten wider.

Grover parkte neben einem alten grünen Schulbus mit Kennzeichen aus Idaho. In den Fenstern hingen dicke rote Vorhänge, und nahe der hinteren Tür ragte ein Ofenrohr aus dem Dach. Am Heck befand sich eine schwere, balkonartige Plattform, auf der sich alte Fahrräder, Kühltaschen und Zeltplanen türmten. In der Mitte des Rückfensters baumelte ein Traumfänger.

«Ach du Scheiße», sagte Dan.

«Tja.» Grover lachte. «Das hast du nun davon.» Er fuhr sich über seinen aschfarbenen Bürstenschnitt. «Hättest du dir deinen Zopf mal abgeschnitten, so wie ich.»

Dan grunzte nur.

Das Restaurant sah nicht sehr einladend aus – eine typische Nullachtfünfzehn-Fernfahrer-Raststätte neben einer Tankstelle. Grover und ich gingen vor zum Lokal, während Dan erst einmal für Fatback eine Kaffeedose mit Wasser füllte.

Die Fenster waren gesäumt von Nischen mit orangefarbenen Kunstledersitzen. In der Mitte des Raums stand eine Reihe von rechteckigen Tischen mit rot-weiß karierten Tischdecken, die wie Röcke um die glänzenden Standfüße aus Chrom hingen. Über den Tresen sah man in den Küchenbereich; Köche stellten Teller mit heißen Beef-Sandwiches und rote Plastikkörbchen mit Burgern und Fritten in die Durchreiche.

Ein paar Trucker hockten am Tresen, tranken Kaffee und aßen Kuchen. Die meisten Fensternischen waren von Männern besetzt, die verwaschene T-Shirts und Baseballkappen trugen. Man erkannte auf den ersten Blick, dass hier fast ausschließlich Fernfahrer verkehrten; kaum ein Einheimischer war zu sehen.

«Wo sind wir?», fragte ich. Die vielen Trucks deuteten darauf hin, dass wir uns an einer der Hauptverkehrsrouten befanden.

Grover zuckte mit den Schultern. «Sind schon die eine oder andere Meile gefahren.» Mehr war ihm nicht zu entlocken.

In der Nische an der Tür saß eine Familie, und nun wusste ich auch, wem der Schulbus draußen gehörte. Es war allzu offensichtlich. Der Vater hatte ein hageres, hohlwangiges Gesicht und trug einen langen geflochtenen Zopf, der von einer mit Perlen und Stachelschweinborsten verzierten Schmuckspange zusammengehalten wurde. Seine Frau trug T-Shirt, einen bodenlangen Batik-Rock und drei Türkisringe an der rechten Hand. Den beiden Erwachsenen saßen drei blonde Kinder gegenüber, das kleinste etwa drei, das älteste vielleicht zwölf Jahre alt. Sie kauten versonnen ihre ketchupgetränkten Fritten und malten Muster auf die Papierplatzdeckchen. Als wir an ihnen vorbeigingen, stieg mir der süße, penetrante Duft von Patchouli in die Nase, vermischte sich mit dem schweren Geruch von Schweiß und Röstzwiebeln, der durch das Restaurant zog.

Grover und ich nahmen in einer der freien Nischen Platz. Niemand schenkte uns Beachtung. Kurz darauf betrat auch Dan das Restaurant. Geblendet vom grellen Abendlicht, das durch die Fenster fiel, kniff er die Augen zusammen, erspähte uns dann aber. Er warf einen Seitenblick auf das Paar mit den drei Kids und kam zu uns geschlurft.

Er schüttelte den Kopf und zischte durch die Zähne, als er sich zu uns setzte. «Sehen Sie die da drüben?» Mit einer Kopfbewegung deutete er in Richtung der Familie.

«Die Althippies?», fragte ich.

«Ja. Was halten Sie von denen?»

Das war zweifellos der nächste Test, nur dass ich ganz und gar nicht in der Stimmung für Tests war. «Hätte ich in meinem Leben noch ein paar Umwege mehr genommen, wäre ich vielleicht genauso.»

Der Alte saß einfach nur da und wartete. Vielleicht wäre es klüger gewesen, seinem Schweigen mein eigenes entgegenzusetzen, aber ich entschied mich anders. Es war kontraproduktiv, aus allem gleich ein Riesending zu machen.

«Ich finde sie gar nicht mal unsympathisch», fuhr ich fort. «Sie sind ein Paar, harmonieren offenbar miteinander, und die Kids sind anscheinend auch gut erzogen. Verglichen mit anderen Leuten wirken sie ziemlich harmlos auf mich – sie würden niemals aus Profitgier alte Omas auf die Straße setzen oder so. Wenn Sie mich fragen, sind das Träumer aus den Sechzigern, die in einer Art Zeitschleife hängengeblieben sind und immer noch an ihrer Vision von einer besseren Welt festhalten. Wahrscheinlich haben sie sich in den Wäldern von Idaho ein Häuschen gebaut, bauen da jetzt Gemüse und Dope an und wollen vor allem in Ruhe gelassen werden.»

Grover nickte und lachte leise in sich hinein. «Nicht schlecht, Nerburn. Sie sollten es mal mit Schreiben versuchen.»

«Danke», sagte ich. «Ich denke gelegentlich drüber nach.»

Dan war nicht zu Scherzen aufgelegt. Er hielt den Blick gesenkt, als hätte er Angst, von jemandem entdeckt zu werden. Irgendetwas schien ihn schwer nervös zu machen.

Einerseits hatte ich das Gefühl, dass ich lieber den Mund halten sollte, andererseits war ich neugierig, was ihm auf der Seele lag. Ich sah zu Grover, aber er zeigte keine Regung. Und so hakte ich schließlich doch nach.

«Stimmt irgendwas nicht?» Ich wusste, dass es eine typisch «weiße» Frage war: Unter Indianern galt es als übergriffig, ja verletzend, nach den Gefühlen eines anderen zu fragen. Aber ich war nun mal unfreiwillig dabei und hatte nichts zu verlieren. So beklommen hatte ich den Alten noch nie gesehen.

«Ich will nicht mit den Hippies reden», sagte er.

«Müssen Sie doch auch nicht.»

«Doch, die nötigen einen immer.»

«Mit ihnen zu reden?»

«Ja. Das sind Möchtegern-Indianer.»

«Woher wollen Sie das wissen?», fragte ich.

Abermals deutete er mit dem Kopf in ihre Richtung. «Sehen Sie sich doch nur ihren Schmuck an, die Perlenspange an seinem Zopf. Das sind verdammte Möchtegern-Indianer, wahrscheinlich unterwegs zu irgendeinem Powwow.»

«Haben Sie etwas gegen Weiße auf Powwows?», hakte ich nach. Die vielen indianischen Wagen aus anderen Bundesstaaten, denen wir unterwegs begegnet waren, hatten mich zu dem Schluss kommen lassen, dass irgendwo in der Nähe ein Indianertreffen stattfand. Weshalb ich automatisch davon ausgegangen war, das sei auch unser Ziel, und die Bemerkung des Alten ließ mich plötzlich befürchten, die anderen Indianer könnten etwas gegen meine Anwesenheit haben. Jedenfalls wollte ich nicht im selben Licht dastehen wie die Leute mit dem Schulbus.

«Gar nicht. Mir gefällt es sogar, wenn Weiße zu unseren Treffen kommen. Aber mit diesen Möchtegernen ist das was anderes.»

Der Mann mit dem Zopf rutschte seitwärts, offenbar im Begriff aufzustehen. Dan zog den Kopf noch tiefer zwischen die Schultern, als könne er sich unsichtbar machen, indem er jeden Blickkontakt vermied.

«Und wieso machen Sie sich keine Sorgen?», fragte ich Grover.

«Für mich interessieren die sich nicht», sagte er.

«Aber für Dan schon?»

«Genau.»

«Und wieso nicht für Sie?»

«Haare ab, Image weg.» Grover fuhr sich grinsend über den Schädel. «Mich lassen die links liegen.»

Der Alte räusperte sich.

«Bei mir sehen sie den Pferdeschwanz und glauben, ich wäre ihr Seelenverwandter oder so was. Während Grover mit seiner Bürste wie ein ganz normaler alter Typ aussieht.»

«Hmm. Ihr langes Haar bringt Sie also in Schwierigkeiten.»

«Schon immer. Mehr als alles andere. Mein Volk trug das Haar schon lang, bevor die Weißen kamen – es ist Teil der Natur, Symbol unseres Stolzes. Widerfuhr uns ein Unglück oder brachten wir Schande über uns, schnitten wir es ab und ließen es erst wieder wachsen, wenn wir unsere Selbstachtung wiedererlangt hatten. Viele von uns halten es immer noch so.

Anfangs verlangten die Weißen, dass wir uns die Haare abschnitten. Im Erziehungsheim haben sie uns auch zuallererst die Haare abrasiert. Viele von uns haben sich daran gewöhnt, sie kurz zu tragen, und beließen es dabei, so wie Grover eben. Andere wiederum sind zur Tradition zurückgekehrt.»

Er beugte sich vor und senkte die Stimme, als könne der hagere Familienvater ihn sonst hören. «Aber dann kam diese Hippie-Mode unter den Weißen auf, und die jungen Leute ließen sich alle die Haare lang wachsen, trugen Pferdeschwänze und Stirnbänder. Klar, es ging ihnen vor allem darum, Freiheit zu demonstrieren. Das konnten wir nachvollziehen.

Nur dass sie uns ebenfalls für Hippies hielten, und dann kamen sie in unsere Reservate und nervten uns mit ihrem Hippie-Handschlag. Verdammt, wie ich dieses Hippie-Getue hasse. Und dann quasselten sie von Peyote und Drogen und wollten sich mit uns verbrüdern, als wären wir uns irgendwie ähnlich.

Uns kamen sie vor wie kleine Kinder, die sich verlaufen hatten. Sie taten uns leid, weil sie sich in ihrem eigenen Land nicht zurechtfanden. Aber wir fühlten uns nie mit ihnen verwandt.

Sie aber schon, und das war das Problem. Sie sahen unsere langen Haare, unsere Pfeifen, und dann fingen sie an, Indianerkleidung und Indianerschmuck zu tragen und sich mit indianischer Religion zu beschäftigen. Und dann wollten sie auch noch an unseren Peyote-Ritualen und am Sonnentanz teilnehmen und mit in unsere Schwitzhütten kommen.

Und der Typ da drüben ist einer von ihnen, das sehe ich ihm an. Er kommt garantiert gleich herüber, und dann wird er mir seinen verdammten Hippie-Handschlag verpassen und mir endlos das Ohr abkauen. Grover wird er nicht weiter beachten.»

Grover lachte. «Ich habe dir gesagt, du sollst dir den Zopf abschneiden.»

«Ich schneide mir doch nicht die Haare wegen irgendwelcher verdammten Hippies», knurrte der Alte. «Jede Wette, die fahren den ganzen Sommer von einem Powwow zum anderen. Sie sollten auch mal bei einem dabei sein, Nerburn. Kommt öfter vor, dass irgendein zugedröhnter weißer Knabe oder irgendein Mädel in langem Kleid plötzlich aufspringt und während einer Zeremonie zu tanzen beginnt. Unfassbar – die wissen überhaupt nicht, was sie da tun.»

«Manchmal tragen sie sogar Adlerfedern», warf Grover ein. «Adlerfedern muss man sich aber in einer Schlacht verdienen oder von einem Veteranen erhalten haben. Manche von diesen Möchtegernen laufen mit mehr Adlerfedern herum als Geronimo.»

«Ja, leck mich fett», setzte Dan noch einen drauf. «Einmal habe ich sogar einen weißen Burschen mit einem ausgestopften Adlerkopf gesehen. Einem ganzen verdammten Adlerkopf!»

«Und warum sagt diesen Leuten niemand, dass ein Powwow kein Tanzfest ist?», fragte ich.

«Das ist nicht unsere Art», erwiderte Dan. «Jeder ist für sein eigenes Herz verantwortlich. Und wenn ein Weißer es reinen Herzens tut, dann soll er meinetwegen auch tanzen.»

«Außerdem weiß man ja nie», sagte Grover.

«Was?», fragte ich.

«Ob einer 'ne Cherokee-Großmutter hat.» Die beiden alten Knaben gackerten in sich hinein.

Aus dem Augenwinkel sah ich, wie der Mann mit dem Zopf aufstand und zum Tresen ging, um zu zahlen. Die Frau und die Kinder folgten. Kurz darauf hörten wir draußen den Familienbus anspringen. Dan wirkte sichtlich erleichtert.

«Anscheinend war er doch nicht so interessiert an Ihnen», sagte ich.

«Tja, da habe ich mich wohl geirrt», räumte der Alte ein. «Wahrscheinlich war's nur ein Sozialarbeiter auf dem Weg zu Grover.»

Der verschmitzte Ausdruck stand wieder in seinen Augen.

«Lassen Sie mich das mal zu Ende bringen, wo ich schon dabei bin», fuhr er fort. «Es gibt noch eine andere Sorte von Leuten, die ich nicht leiden kann – diese reichen Typen in ihren protzigen Wohnmobilen und ausländischen Edelkarren, die sich auf Indianermärkten alles unter den Nagel reißen, was nicht niet- und nagelfest ist. Auf dem großen Markt in Santa Fe geben sie jedes Jahr mehr Geld aus, als wir im gesamten Reservat haben. Alles packen sie sich in ihre Kofferräume – Traumfänger, Schilde, Gemälde, alles, was irgendwie indianisch ist, und je reicher sie sind, desto geiler sind sie auf Indianerkram. Das sollten Sie mal sehen. Typen im Mercedes und ihre Frauen, tonnenweise mit Türkis- und Silberschmuck behängt.»

«Das sehe ich nicht so eng», warf Grover ein. «Sollen sie doch ruhig Traumfänger und Augen Gottes kaufen, immerhin bringt das unseren Leuten auch ein bisschen Kohle. Außerdem haben diese Dinge Macht, vielleicht sogar einen positiven Einfluss auf den einen oder anderen Weißen.»

«Okay, von mir aus», gab Dan zurück. «Solange wir ihnen nicht unsere heiligen Dinge verkaufen.»

Grover nickte. «Das ist das wahre Problem. Der Ausverkauf unserer Heiligtümer.»

«Darüber würde ich gern mehr hören», sagte ich.

Dan wich meinem Blick aus und schüttelte den Kopf. «Lassen wir das. Allein der Gedanke tut mir weh. Noch mal zu den Hippies und diesen reichen Typen – wie nennt man diese neureichen Absahner noch mal, Nerburn?»

«Was meinen Sie?»

«Na, diese reichen Bürschchen, die immer noch glauben, sie wären Hippies oder Linksradikale, in Wirklichkeit aber nur auf Geld scharf sind.»

«Yuppies?», fragte ich.

«Ja, genau, Yuppies. Das ist ein besseres Thema zum Abendessen. Über die Indianer, die unsere heiligen Dinge verscherbeln, können wir auch später noch reden.»

Es war ihm deutlich anzumerken, dass er nur ungern darüber redete. Ich beschloss, bei Gelegenheit auf das Thema zurückzukommen, fürs Erste aber den beiden Männern die Gesprächsführung zu überlassen.

Die Kellnerin kam. Grover drang darauf, dass wir jeder einen doppelten Cheeseburger mit Bacon und Fritten bestellten. «Ich war schon mal hier», sagte er. «Die Burger sind erstklassig.» Da ich nicht das Risiko eingehen wollte, ihn womöglich zu beleidigen, ließ ich mich auf die fettige Wahl ein und bestellte mir noch einen Milchkaffee zum Runterspülen.

Grover und Dan lehnten sich zurück und förderten ihre Zigaretten zutage. Nun, da keine Gefahr mehr durch den armen Kerl mit dem Zopf bestand, schienen sie sich prächtig zu amüsieren, während sie über die Weißen herzogen, die wie die Wilden auf Indianermärkten einkauften. Speziell das Wort «Yuppies» erregte ihre Heiterkeit.

«Sie glauben gar nicht, was da los ist, wenn diese Yuppies einfallen», sagte Dan. «Dagegen sind die Hippies gar nicht so übel, mal abgesehen von ihrem blöden Hippie-Handschlag. Die meisten von ihnen haben ein gutes Herz, sind bloß auf der Suche nach irgendetwas. Aber diese Yuppies sind ein anderes Kaliber. Die würden sogar meine Zähne kaufen, wenn ich sie ließe.»

«Tja, wenn du noch welche hättest», warf Grover ein.

Die beiden Männer glucksten vor Vergnügen.

«Ich verrate Ihnen was, Nerburn», fuhr Dan fort. «Wenn diese Kerle mein langes Haar sehen, muss ich immer schauen, dass ich schnell Land gewinne – sonst wollen die sich sofort mit mir fotografieren lassen oder ein Video machen. Können Sie sich vorstellen, wie das ist? Wenn sich jemand mit Ihnen fotografieren lassen will, weil Sie so und so aussehen? Halten diese Typen das für ein Kompliment?»

Er wartete meine Antwort gar nicht erst ab. «Verdammt, dabei kommt man sich vor wie ein Tier im Zoo. Na schön, wenn die Leute nett sind, spiele ich trotzdem mit, so wie die meisten Indianer. Tut ja niemandem weh. Es hat bloß wieder etwas damit zu tun, dass Weiße im Grunde ihres Herzens wohl lieber Indianer wären. Das geht jetzt zwar schon seit Jahren so, aber ich werde mich nie daran gewöhnen.

Denken Sie mal scharf nach. Stellen Sie sich vor, ein Indianer würde Sie ansprechen, weil er sich mit Ihnen zusammen vor Ihrem Haus fotografieren lassen will. Und Sie zusätzlich bitten, sich kurz umzuziehen, damit Sie mehr wie ein Weißer aussehen. Was würden Sie dabei denken?»

«Ich wäre schwer erstaunt.»

«Sehen Sie? Und wir müssen uns seit einer Ewigkeit belästigen lassen. Meine Großmutter wurde ständig angesprochen. Sie hat sogar Geld damit verdient. Sie hockte sich auf eine Decke und kriegte zehn Cent dafür, dass sie sich knipsen ließ. Es gab sogar Postkarten von ihr. Ich habe zu Hause noch ein paar davon. Für die hat sie allerdings nie einen Cent gesehen.

Und so geht das immer weiter. Sehen Sie sich einfach mal auf einem indianischen Markt oder auf einem Powwow um, auf dem auch Weiße sind. Über kurz oder lang fängt garantiert einer damit an, wie wunderbar unsere Kultur ist, und dann will er sich natürlich auch mit uns fotografieren lassen. Nur dass für uns nicht mal mehr zehn Cent dabei rausspringen.

Selbst an den Schulen geht das jetzt so – ‹Kulturgeschichte› nennen sie das, glaube ich. Aber letztlich ist es genau dasselbe. Sie zahlen Indianern Geld dafür, dass sie sich vor irgendwelche

Klassen stellen und sich über unsere Kultur auslassen. Anschließend gehen die Kids nach Hause und erzählen, ein Indianer wäre in der Schule gewesen. Und das ist auch nichts weiter als ein Postkartenausschnitt. Ebenso gut könnten sie einen Pappkameraden aufstellen.»

Grover nickte wissend. Als er seine Zigarette im Aschenbecher ausdrückte, zog mir der feine, beißende Rauch direkt ins Gesicht. «Ich wünschte, einer dieser Mietindianer würde den Schülern erzählen, sein Wagen wäre mal wieder nicht angesprungen», sagte er. «Oder dass er Probleme mit seinen Kindern hat. Aber dann gäbe es einen großen Aufschrei, sie wollten etwas über indianische Kultur erfahren – aber doch nicht so was!»

«Wohl wahr», pflichtete ihm der Alte bei. «Alle wollen immer nur vom Großen Geist und der heiligen Erde hören, den üblichen Indianerkram. Sie wissen schon vorher, was sie hören wollen. Sie brauchen bloß einen Indianer, der einen vom Pferd erzählt.

Deshalb muss ich immer schmunzeln, wenn ich einen Weißen mit Indianerschmuck sehe. Weil wir für die meisten Amerikaner nichts anderes sind – nichts als Schmuck für ihre weiße Kultur. Unsere Aufgabe besteht darin, herausgeputzt zu sein, farbenfroh ...»

«Exotisch?», warf ich ein.

«Genau, exotisch. Das ist das richtige Wort. Wir sind das exotische Beiwerk für euch Weiße, mit dem ihr euch schmücken könnt, wenn ihr euch mal wieder ein bisschen besonders fühlen wollt. Ein Indianer im Klassenraum, eine Navajo-Decke an der Wand, ein Buch über Black Elk – na, sind wir nicht alle ein bisschen Indianer?»

Grover genoss Dans kleinen Vortrag sichtlich, während er sich seinem fetttriefenden Cheeseburger widmete. Er verschlang den nächsten Bissen und schaltete sich wieder ins Gespräch ein.

«Ich find's nicht so schlimm», sagte er. «Die Kids freuen sich, und unsere Leute haben das Gefühl, den Weißen etwas wert zu sein. Und vielleicht lernen die Wasichus ja etwas dabei, wenn sie sich einen Traumfänger übers Bett hängen oder uns in ihre Schulen einladen.»

Der Alte nickte. «Schon klar», sagte er. «Aber die Weißen sollen sich bloß nicht einbilden, sie wüssten irgendwas über uns, nur weil sie sich mit uns fotografieren lassen oder uns an ihre Schulen holen. Oder dass der Kauf eines Traumfängers oder der Besuch eines Powwow sie zu Indianern macht. Man kann eine Kultur nicht für zehn Cent kaufen.»

«Und ein Pferdeschwanz macht auch noch keinen Indianer», fügte Grover hinzu.

Sie grunzten einvernehmlich und widmeten sich wieder den roten Plastikkörbchen mit ihren Burgern und Fritten. Ich trommelte lautlos mit den Fingerspitzen am Rand meiner Kaffeetasse und blickte aus dem Fenster. Der grüne Schulbus verschwand über eine bernsteinhelle Anhöhe in der Ferne.

11

VOM AUSVERKAUF DER HEILIGEN DINGE

Die Sonne war fast untergegangen, als wir uns wieder auf den Weg machten. Dan hatte ein Stück von seinem Cheeseburger für Fatback aufgehoben, und der Hund hockte auf dem Rücksitz neben mir und leckte verzückt das Ketchup und die Zwiebeln von dem Brötchen.

Schweigend fuhren wir dahin. Nur Fatbacks unablässiges Schlabbern störte den stillen Frieden der abendlichen Hochebene.

Das Hochgefühl, das mich angesichts der weiten Landschaft überkam, war schlicht überwältigend. Es gab keine schroffen Kanten, keine Zerklüftungen – nur eine gewaltige Einheit im letzten weichen Licht unter der majestätischen Kuppel des Firmaments.

Ein alter Farmer kam mir in den Sinn, den ich einmal in Bismarck, North Dakota kennengelernt und gefragt hatte, ob er je im Osten gewesen sei. «Nee, nee», hatte er geantwortet. «Die Bäume dort machen mich schwer nervös.»

Hier, im tiefen, bernsteinfarbenen Frieden der Präriedämmerung, ging mir plötzlich auf, was er gemeint hatte.

Weder Grover noch Dan gaben auch nur ein Wort von sich. Es war Jahre her, dass ich zuletzt in kompletter Stille in einem Auto gefahren war. Normalerweise versuchte ich die Leere mit Musik oder Radionachrichten zu füllen; Stille gab mir stets das Gefühl, dass mir etwas fehlte.

Doch nun, eingehüllt in das Dunkel von Grovers altem Buick, erinnerte ich mich an meine Kindheit, an das angenehme Schweigen, wenn ich mit meinen Eltern im Auto unterwegs gewesen war. Ich ließ mich tiefer in den Rücksitz gleiten, lauschte dem Summen der Reifen auf dem Asphalt, dem steten Brummen des Achtzylindermotors. Fatback kroch zu mir und legte seinen Kopf in meinen Schoß. Die Farbe des Himmels, erst golden, dann orange und schließlich flammend rot, begann ein samtenes Purpur anzunehmen. Mein Pickup, meine Unentschlossenheit, meine Problemchen, mein Ärger schienen Lichtjahre entfernt. Ich befand mich auf indianischem Boden und reiste nach indianischer Zeit.

Grover und Dan mussten meinen Stimmungsumschwung bemerkt haben, sagten aber nichts. Stattdessen stimmten sie ein schwermütig klingendes Lied auf Lakota an. Sie sangen es, als sei es ein Teil von ihnen; die Melodie entströmte ihren Mündern so selbstverständlich wie Atem. Die Hochebene versank tiefer und tiefer im Dunkel, und ein Schauder überlief mich, während ich den beiden Männern zuhörte, der eine fast achtzig, der andere eine Generation jünger. Ihr Lied schien gleichermaßen aus ihren Mündern wie aus der Erde des Landes zu kommen, und nichts hätte der Weite, die wir durchquerten, besseren Ausdruck verleihen können.

Mit einem Mal verspürte ich einen fast unkontrollierbaren Drang zu weinen. Eine Flut von Gefühlen, die ich nicht richtig zu benennen wusste, drängte aus mir heraus, Freude, Seligkeit, Einsamkeit, Reue. Ich werde es nie wirklich erklären können, aber so ähnlich hatte ich mich damals gefühlt, als ich zum ersten Mal Bachs h-Moll-Messe gehört hatte. Es war, als würde ich im Gesang zweier alter Lakota-Indianer und dem sonoren Brummen des Buick das *Sanctus*, das *Agnus Dei* und das *Kyrie* der Prärie vernehmen.

Ich drehte den Kopf zum Fenster, damit die beiden nicht die Tränen in meinen Augen sahen, aber wahrscheinlich bekamen sie auch so mit, wie es um mich bestellt war. Und auch in ihren Stimmen widerklang leises Schluchzen – ein Schluchzen der Erde, um vieles tiefer und machtvoller als das meine.

Schließlich verstummte Dan und wandte sich halb um, so dass ich sein Gesicht im Halbprofil sah, wie das eines Priesters, der die Beichte abnimmt oder seinen Segen erteilt. Seine Stimme klang förmlich.

«Ich werde jetzt über die heiligen Dinge sprechen. Hören Sie mir zu.»

Ich schaltete den Recorder an.

«Es fällt mir nicht leicht, darüber zu reden, weil ich damit mein eigenes Volk anklage und mir das zutiefst widerstrebt. Man sollte sich nicht gegen seine eigenen Leute stellen. Aber in diesem Fall geht es um Menschen, die uns schaden und unsere Bräuche missachten.

Ich spreche von den Indianern, die unsere heiligen Dinge verramschen.»

Er holte tief Luft. Das Thema lag ihm offenbar sehr am Herzen.

«Die Indianer, von denen ich rede, verhökern unsere Kultur an die Weißen. Sie legen sich irgendeinen hochtrabenden indianischen Namen zu, halten Zeremonien für sie ab – das Schwitzhüttenritual zum Beispiel – und nehmen Geld dafür. Sie rauchen sogar die Pfeife mit ihnen! Namensrituale, Peyoterituale – vor nichts machen sie halt, und dann geben sie auch noch unsere geheimen Mythen preis.

Diese Leute tun unrecht, und das wissen sie auch ganz genau. Aber aus irgendeinem Grund scheren sie sich nicht darum.

Ich spreche nicht von Indianern, die andere an unserer Kultur teilhaben lassen. Ich spreche von Indianern, die mit den heiligen Wahrheiten unserer Vorväter hausieren gehen. Ich habe nichts dagegen, wenn jemand Tänze vorführt oder Legenden weitergibt, die anderen helfen können, im Gegenteil – so können uns Weiße besser verstehen. Aber es geht nicht an, dass ein Indianer sein Geburtsrecht veräußert, indem er anderen das Gefühl verkauft, zu uns zu gehören.

Ich habe lange darüber nachgedacht, und es frustriert mich. Wir wissen genau, wie gefräßig die Weißen sind. Alles, alles wollen sie sich einverleiben, und wenn sie es nicht materiell besitzen können, wollen sie es sich wenigstens spirituell aneignen. Und genau das widerfährt uns Indianern gerade. Ihr wollt uns schlucken, damit ihr sagen könnt, ihr wäret wir. Und das ist etwas Neues. Erst sollten wir so werden wie ihr, doch jetzt hadert ihr mit euch, und plötzlich wollt ihr wie wir sein. Ihr seid scharf auf unsere Rituale und Bräuche, weil euch die Spiritualität fehlt. Ihr versucht, weiße Indianer zu werden.

Falls das wirklich eure Bestimmung sein sollte, wird der Schöpfer über den Zeitpunkt entscheiden. Wir können euch nicht dabei helfen, indem wir euch die Dinge überlassen, die uns gehören. Wenn wir nicht mehr zu schätzen wissen, was uns heilig sein sollte, werden wir unsere Identität verlieren.

Die Indianer, die unser geistiges Erbe verscherbeln, löschen uns aus – selbst diejenigen, die sich nur irgendwelche Pseudo-Rituale ausdenken, die es in Wirklichkeit gar nicht gibt. Sie alle begehen Verrat am Heiligsten unseres Volkes.»

Er hielt inne und verfiel in Schweigen, als müsse er erst einmal Kraft schöpfen. So verharrte er fast eine Minute lang, ehe er fortfuhr.

«Es ist wichtig, sich eines klarzumachen: Heiliges hat kein Preisschild. Es ist unverkäuflich, sei es nun der Himmel der Weißen oder ein indianisches Ritual. Sobald es jemand vermarktet, spielt es auch keine Rolle mehr, ob seine Absichten gut oder schlecht sind – wenn es für Geld zu haben ist, wird das Heilige gewöhnlich.

Und das können wir Indianer uns nicht leisten. Wir haben schon viel zu viel verloren. Was wir noch besitzen, liegt in unseren Herzen und unseren Bräuchen. Unser Land gehört uns schon lange nicht mehr, für ein Butterbrot verkauft von falschen Indianern, die von Weißen zu Häuptlingen ernannt wurden. Unsere heiligen Gegenstände – von Anthropologen eingesackt und in Museen verschwunden. Und jetzt bieten gewissenlose Indianer unsere Rituale feil, um sie zu Geld zu machen.

Gehen auch sie verloren, bleiben uns nur noch unsere Herzen. Doch ohne unsere Rituale können unsere Herzen nicht mehr sprechen. Am Ende werden wir sein wie der weiße Mann, der sich davor fürchtet, das Wort ‹Gott› in den Mund zu nehmen, und versucht, sich das Heilige über die Rituale anderer in sein Leben zurückzuholen. Unsere Herzen werden denselben Hunger leiden, unsere Lippen ebenso stumm sein.

Allein diese Vorstellung ist mir ein Gräuel. Ich will, dass wir etwas besitzen, das nicht verkäuflich ist, für keinen Preis der Welt. Wenn uns das auch noch verlorengeht, sind unsere Kindeskinder bereits tot, bevor sie überhaupt zur Welt kommen.

Mehr habe ich nicht zu sagen.»

Und damit drehte er sich wieder nach vorn. Nicht ein Mal hatte er mich angesehen, sich mit keinem Blick meiner Zustimmung versichert, nur gesprochen, mit gedämpfter, fast flüsternder Stimme, so dass ich gezwungen gewesen war, mich zu ihm vorzubeugen, als würde er mir ein Geheimnis anvertrauen.

Draußen huschte die stockdunkle Prärie an uns vorbei, ein Land der Schatten und der Stille. Ein letzter schmaler Lichtstreifen verglomm am Horizont. Darüber glitzerte der Himmel wie eine Sternensymphonie.

Grover schwieg. Dan schwieg. Selbst Fatback hatte mit dem Schlabbern aufgehört und sich zufrieden zusammengerollt. Gebannt blickte ich hinaus, versunken in eine Welt unbekannter Gedanken und Gefühle, wie ein Schiffbrüchiger auf einem Meer.

12

WILLKOMMEN IN UNSEREM LAND

Der Morgen brach an, süß und betörend wie Vogelgesang. Ich konnte mich nicht erinnern, wann ich eingeschlafen war. Grover musste die halbe Nacht durchgefahren sein.

Federwolken mit ausgefransten, orangefarbenen Rändern standen am Himmel. Wir befanden uns erheblich weiter westlich als am Abend zuvor und parkten auf einer Anhöhe inmitten einer Hügellandschaft. Schroffe, hoch aufragende Felsen wiesen bereits auf die nahen Berge hin, doch noch umgab uns die Hochebene, erfüllt vom Summen der Insekten und dem Rauschen des Windes.

Ich streckte die Glieder. Der Alte, Grover und Fatback waren schon länger wach; ich hatte die Autotüren schlagen hören, aber lieber noch eine Runde geschlafen, als in aller Herrgottsfrühe aufzustehen.

Dan hockte mit dem Rücken zu mir auf einem Erdhügel unweit des Buick und beobachtete den Sonnenaufgang. Zigarettenrauch kräuselte sich um seinen Kopf. Es erstaunte mich immer wieder, dass er stundenlang in der Hocke verharren konnte, gleichermaßen entspannt wie wachsam.

Der ledrige Geschmack in meinem Mund riss mich aus meiner Müdigkeit. Ich sehnte mich nach einem Kaffee und einem Bad.

Grover hatte ein kleines Feuer gemacht, auf dem eine Kaffeekanne aus Blech stand. Irgendwie war es ihm gelungen, wie aus dem Ei gepellt auszusehen. Sein weißes T-Shirt wirkte wie frisch gewaschen und gebügelt; die hochgerollten Ärmel gaben den Blick auf seine Oberarmmuskeln frei. Der tätowierte Adler auf seinem rechten Bizeps bewegte sich, während er mit einem Stock in den winzigen Flammen stocherte. Als er sah, dass ich wach war, winkte er mir zu.

«Kaffee, Nerburn», verkündete er, als ich aus dem Wagen stieg. Das kräftige, bittere Aroma von billigem Verschnitt schnitt rasiermesserscharf durch die frische Morgenluft. Grover warf mir eine Tasse zu.

«Ein schöner Morgen», sagte er.

«Traumhaft», erwiderte ich. Und genau so empfand ich es auch.

Von unserer Anhöhe blickte man hinaus auf Grasland, das sich bis zum Horizont erstreckte. Auf dem Gelände unter uns wimmelte es nur so von Autos, Zelten und Menschen in farbenprächtigen Kostümen und Federschmuck.

Ich kam mir vor wie ein mittelalterlicher Krieger, der von einem Steilhang auf ein Schlachtfeld schaut. Das Treiben unter mir wirkte ebenso lebhaft wie zielgerichtet. Von Lagerfeuern stiegen Rauchwolken gen Himmel. Bunte Nylonzelte standen Seite an Seite mit Tipis und Kombiwagen.

Im Zentrum des Areals markierten verwitterte Pfosten einen großen Kreis. Pfeifen und Brummen drang von einem PA-System herüber, das offenbar gerade getestet oder eingerichtet wurde, obwohl ich nirgendwo ein Stromaggregat entdecken konnte. Hier und da ertönte Gelächter, das aber gleich wieder in kurzen Trommelwirbeln und Gesang unterging.

«Powwow», sagte Grover.

Ich nickte, während ich verstohlen Ausschau nach dem grünen Bus hielt, der aber nirgends zu sehen war. Ich atmete erleichtert aus und nahm einen kräftigen Schluck von Grovers gallenbitterem Gebräu.

«Na?», sagte er stolz. «Hab ich bei der Marine gelernt.»

«Nichts für Weicheier.» Ich hoffte, damit keine allzu eindeutige Wertung abzugeben.

Grover grinste sardonisch.

Die festliche Atmosphäre rief ein Gefühl der Vorfreude in mir hervor. Es war nicht mein erstes Powwow, aber ich war nur auf größeren, etablierteren Veranstaltungen gewesen, während es hier sichtlich privater zuging. Es gab keine Verkaufsstände, und auch die sonst üblichen Zaungäste fehlten.

«War das unser Ziel?», fragte ich Grover.

«Keine Ahnung», sagte er. «Da müssen Sie den Alten fragen.»

Ich ging zu Dan hinüber, der immer noch an derselben Stelle hockte und geradezu wunschlos glücklich wirkte.

«Wollten Sie da hin?», fragte ich nochmals.

Er antwortete nicht, sondern deutete mit seiner arthritischen Hand fast zärtlich zum Horizont.

«Sehen Sie sich das an, Nerburn.» Ich ließ den Blick über den lavendelfarbenen Morgenhimmel und die Vorgebirge in der Ferne schweifen. «Das ist es, was mein Volk liebt. Das ist unsere Mutter. Die Erde.»

«Ja, die Landschaft ist wunderschön», sagte ich.

Er drückte seine Zigarette aus. «Das ist nicht bloß eine Landschaft. So reden nur Weiße. Sie lebt, gibt uns Halt. Wir sind Teil von ihr.»

Ich schwieg. Er schien philosophischer Stimmung; vielleicht lag es an den Hügeln um uns herum.

«Spüren Sie ihren Atem. Hören Sie auf, ständig zu fragen, wo wir hinfahren. Hören Sie auf, wie ein Weißer zu denken.»

«Ich versuch's ja», erwiderte ich. «Ich hätte nur gern ein paar Anhaltspunkte, das ist alles.» Mir war schlicht vieles zu vage, und ich wollte so etwas wie eine Perspektive, eine Antwort darauf, was wir vorhatten, wie lange es dauern und ob Jumbo meinen Pickup wieder hinbekommen würde. «Sonst ist alles okay.»

Er musterte mich.

«Sie lügen schon wieder», sagte er dann. «Hören Sie mir endlich mal zu. Ich versuche Ihnen etwas beizubringen, aber Sie machen sich pausenlos Sorgen wegen Ihrem Pickup. Ist doch nun wirklich kein Weltuntergang. Entweder kriegt Jumbo die Kiste wieder hin oder nicht. Und falls nicht, fahren Sie eben mit dem Bus nach Hause und kaufen sich einen neuen Pickup – die werden täglich in Massen produziert. Vergessen Sie Ihre Karre. Denken Sie an heute. Lauschen Sie der Erde. Die Erde währt ewig, aber so wie jetzt ist sie nur an einem einzigen Tag – nämlich heute.»

«Ich weiß», gab ich zurück. «Aber es geht mir nicht bloß um den Wagen.»

«Sie hören mir schon wieder nicht zu», fiel er mir ins Wort. Plötzlich klang er schroff und autoritär, ganz anders als sonst. Stummes Grollen oder Zornesausbrüche, das war ich von ihm gewohnt, aber so hatte ich ihn noch nie erlebt.

«Ich bemühe mich ja, unseren Ausflug zu genießen», sagte ich. «Es ist ein herrlicher Tag. Auch die Nacht war wunderbar. Aber mir fehlt meine Familie. Und ich möchte mich an irgendetwas orientieren können – ist das etwa zu viel verlangt?»

«Ja, ja», erwiderte er sarkastisch. «Sowieso.» Irgendetwas schien ihm durch den Kopf zu gehen.

Er zündete sich die nächste Zigarette an und nahm einen tiefen Zug. «Haben Sie schon mal beobachtet, wie Wasser über den Boden fließt?»

«Klar.»

«Wo fließt es hin?»

«In die Vertiefungen, um Hindernisse herum.»

«Und wie lange braucht es dazu?»

«Kommt drauf an.»

Er blies den Rauch in die klare Morgenluft. «Sehen Sie? Genauso lange brauchen wir auch.»

Ich wollte protestieren, doch er hob die Hand und gebot mir zu schweigen.

«Sie beschäftigen sich zu viel mit der Zeit.» Er deutete auf mein Handgelenk. «Das hätte ich bei unserer ersten Begegnung nie vermutet. Sie tragen keine Uhr.»

«Uhren sind so schwer», sagte ich, und plötzlich kam ich mir unendlich töricht vor.

«Allerdings. Wenn man sie trägt, wiegt jede Minute schwerer als ein ganzer Tag.»

«Trotzdem würde ich gern wissen, wie lang unsere Spritztour dauert. Damit ich zumindest zu Hause Bescheid geben kann.»

Der Alte verlagerte sein Gewicht nach vorn und richtete sich auf. Langsam trat er an den Abhang, wandte sich dann aber wieder zu mir um. Sein trübes Auge schien mich direkt anzustarren.

«Sie haben es immer noch nicht kapiert, oder?»

«Keine Ahnung», sagte ich. «Erklären Sie's mir.»

Sein getrübtes Auge starrte mich immer noch an. Es war ein beunruhigendes Starren, wie der Blick eines Blinden, leer und bohrend zugleich. «Die Welt besteht nicht aus Zufällen, Nerburn», sagte er. «Es gibt keinen Zufall.»

Ich schwieg.

«Alles geschieht aus einem bestimmten Grund. Und genauso hat es einen Grund, dass Sie hier sind. Hören Sie endlich auf, sich wegen einer verdammten Blechkiste verrückt zu machen. Finden Sie lieber heraus, warum Sie hier sind.» Er winkte mich zu sich. «Kommen Sie her.»

Ich ging langsam auf ihn zu. Er stand reglos da, wie ein Tier auf der Lauer. Ich fühlte mich wie ein Kind, unsicher, was ich tun sollte, beklommen, was mich erwartete. Ich wollte seinem Blick ausweichen, wagte es aber nicht. Sein Gesichtsausdruck war völlig leer, doch dahinter lauerte ein stummer Zorn. Obwohl ich ihn um gut einen Kopf überragte, fühlte ich mich klein und verängstigt.

«Hören Sie mir zu, Nerburn.» Er brachte sein Gesicht so nah an das meine, dass ich seinen Atem spürte. «Der Schöpfer hat Ihnen eine Aufgabe gegeben, so wie mir auch. Das ist kein Witz. Er hat Sie auserwählt. Kommen Sie nicht auf die Idee, es zu vermasseln.»

Hilflos starrte ich in seine harten, stecknadelkopfgroßen Pupillen.

«Ich weiß nicht, ob ich das hinkriege», sagte ich. «Ich weiß nicht mal, ob ich der Richtige dafür bin.»

«Diese Entscheidung liegt nicht bei Ihnen. Sie tun einfach, was getan werden muss. Helfen Sie mir.»

Es war dieser eine Satz, der die Welt in meinem Kopf ins Wanken brachte. Dass er meine Hilfe benötigte. Helfen – nichts wollte ich mehr, und zu nichts fühlte ich mich weniger befähigt. Und dazu kam noch meine Angst, als Weißer unter Indianern zu versagen, womöglich nicht wiedergutzumachenden Schaden anzurichten wie so viele zuvor.

Dennoch hatte er es gesagt: «Helfen Sie mir.» Und plötzlich wusste ich auch, woher der Zorn hinter seinen Augen rührte. Ich hörte das Echo von Tausenden toter Stimmen – von Frauen, Kindern, alten Männern, die zu langsam gewesen waren, als sich die Hotchkiss-Kanonen auf sie gerichtet hatten. Vor meinem inneren Auge sah ich die Legionen betrunkener, nach billigem Fusel stinkender Indianer, die mich im Lauf der Jahre auf der Straße an der Schulter gepackt und mit blutunterlaufenen Augen um Geld angeschnorrt hatten. Ich sah die besiegten, kriegsmüden Häuptlinge, die selbstherrlichen Soldaten die Hände entgegenstreckten und um Gnade für ihr Volk bettelten.

«Helfen Sie mir.» Es musste ihm unendlich schwergefallen sein, diese drei Worte über die Lippen zu bringen. Ich verlor die Kontrolle über die Bilder in meinem Kopf. Die Schande meines eigenen Blutes flutete durch meine Adern. Sein einst so stolzes Volk hatte mit seinen ewigen, unantastbaren Wahrheiten im Einklang mit der Erde gelebt. Nie wäre es auf Hilfe angewiesen gewesen. Mein Volk, meine Rasse und ihr Vermächtnis erst hatten ihn zum Bittsteller degradiert.

Ich blickte in seine harten, unbewegten Augen, das eine milchig-weiß, das andere dunkel, unergründlich. Es waren furchtlose, weise, tiefe Augen, erfüllt von Zorn und Stolz, Augen, die funkelten, aber nichts preisgaben. All das spürte ich wie den Wind auf meiner Haut, obwohl sein Blick völlig ausdruckslos blieb. Und so stand er vor mir, wartete auf meine Antwort.

«Ja, ich helfe ihnen.» Meine Stimme bebte. «Ich verspreche es.» Und dann flüsterte ich, ohne nachzudenken: «Vergeben Sie mir.» Die Worte waren wie Steine, die sich aus meinem Herzen lösten – verkapselte Geschwulste einer bösartigen Krankheit, die meine Seele vergiftet hatte, lösten sich plötzlich, befreiten mich von einer Qual, unter der ich jahrelang gelitten hatte. Deshalb war ich hier – nicht um zu helfen, sondern um Vergebung für die Schande meines Blutes zu erlangen.

«Vergeben Sie mir», wiederholte ich, ein Bekenntnis zu unbekannten Sünden und Freveltaten, meiner Selbstgerechtigkeit, meinem Überlegenheitsgefühl, meiner Hautfarbe und meinem Plan, mich klammheimlich aus dem Staub zu machen.

Die Miene des Alten blieb ausdruckslos, doch etwas in ihm entspannte sich. Er winkte Grover, der an seinem Buick lehnte und den Daumen über den Rand seines Kaffeebechers gleiten ließ.

«Hören Sie mir noch einen Moment zu», sagte er dann, offensichtlich milder gestimmt. «Hier passiert Wichtigeres, als Sie glauben. Uns Indianern sind schlimme Dinge angetan worden. Warum, wissen wir nicht. Manchmal widerfährt uns auch Gutes, aber wir wissen ebenso wenig, warum. Ich habe keine Ahnung, ob Sie ein guter oder ein schlechter Mensch sind. Aber Sie sind nun mal hier, und Sie geben sich zumindest Mühe. Für mich sind

Sie einer von den Guten, und vielleicht sind Sie geschickt worden, um uns zu helfen. Aber erst einmal müssen Sie aufhören, sich ständig einen Kopf wegen völlig unerheblicher Dinge zu machen. Versuchen Sie den Willen des Schöpfers anzuerkennen.»

Ich war den Tränen nahe, hätte ihnen am liebsten freien Lauf gelassen, doch der Alte blickte mir weiter eisern in die Augen. Meine Schuldgefühle interessierten ihn nicht – nur meine Kraft.

Aus dem Augenwinkel sah ich, wie Grover in seinem Kofferraum herumkramte. Er förderte einen in eine bunte Decke gehüllten Gegenstand zutage und trug ihn zu uns herüber.

Der Alte deutete auf eine etwa drei Meter entfernte Stelle. «Setzen Sie sich da hin, Nerburn.»

Ich hockte mich in das harte, trockene Gras.

Dan und Grover schlugen die Decke zurück, und zum Vorschein kam eine Trommel von etwa sechzig, siebzig Zentimetern Durchmesser. Die Bespannung bestand aus Tierhaut, der Klangkörper offenbar aus einem ausgehöhlten Baumstamm. Die Trommelfelle waren mit kreuzweise gespannten Lederbändern befestigt.

Grover stellte die Trommel auf die Decke. Dann wickelte er zwei Kanthölzer aus einem weiteren Bündel und platzierte sie ebenfalls auf der Decke. Die Hölzer hatten Kerben in der Mitte, so dass sie sich zu einem Kreuz zusammenstecken ließen. An den Enden befanden sich Löcher, in die Grover vier Holzstäbe steckte, die nun wie kleine Pfähle emporragten.

Mit einer feierlichen Geste griff er nach der Trommel, befestigte die Lederschlaufen, die links und rechts am Korpus baumelten, nacheinander an den Stöcken und trat einen Schritt zurück. Die Trommel hing nun ein Stück über dem Boden; die Brise erzeugte ein leichtes Summen, als sie über die Bespannung strich.

Dan zog ein Päckchen Prince Albert aus der Tasche, entnahm ihm mehrere Prisen Tabak und verteilte sie auf der Trommel – vier neben den Holzstäben sowie eine in der Mitte.

Dann reichte Grover ihm einen Lederbeutel, der ebenfalls in die Decke eingehüllt gewesen war. Der Alte entnahm ihm einen langen, dünnen Stock, dessen Enden mit gepolstertem Leder umwickelt waren, und gab Grover den Beutel zurück. Grover nahm ihn ehrerbietig entgegen und zog seinerseits einen mit Perlen bestickten Stock hervor.

Die warme Morgenbrise erfasste den Tabak, verstreute ihn wie Samenkörner.

Sich gegenübersitzend, begannen die beiden Männer, einen leisen, steten Rhythmus zu schlagen. Zunächst war er kaum zu hören, ging unter im zunehmenden Rauschen des Windes und dem Lärm des Powwow unter uns, doch langsam steigerte sich seine Intensität, und schließlich stimmte Dan einen hohen, kehligen Klagegesang an. Grover fiel als zweite Stimme mit ein, sein Timbre so klar und kräftig wie die morgendliche Luft.

Schweigend saß ich außerhalb des kleinen Kreises, den sie um sich gezogen hatten, und hörte ihnen zu. Fatback kam durch das hohe Gras getrottet und schmiegte sich an mich. Hinter uns stieg die Sonne höher, vertrieb die orangefarbenen Federwolken und tauchte den Himmel in Lapislazuli.

Die beiden Männer trommelten und sangen fast fünf Minuten lang. Dann verstummten sie ebenso unvermittelt, wie sie begonnen hatten. Der Alte erhob sich und ging den Hügelkamm entlang, während Grover die Trommel sorgfältig wieder einpackte und zum Wagen trug. Ich folgte ihm in einigem Abstand.

Nachdem Grover die Trommel im Kofferraum verstaut hatte, trat er ans Feuer und schenkte sich eine weitere Tasse Kaffee ein. Er lächelte mir aus den Augenwinkeln zu und winkte mich heran. Es durfte wieder gesprochen werden.

«Trinken Sie noch ein Tässchen, Nerburn», sagte er freundlich. «Sie können's brauchen.»

Ich füllte meine Tasse mit dem abscheulichen Gebräu. «Darf ich fragen, was für ein Lied das war?»

Grover fuhr sich mit der Hand über die Haarstoppeln. «Oh, eins von Dans. Er denkt sich oft Songs aus. Er nennt sie seine ‹Großvaterlieder›.»

«Verraten Sie mir, wovon es handelt?»

«Warum nicht? Das Lied ist schließlich für Sie. Es geht so:

Mein Herz ist zornerfüllt.
Mein Herz ist zornerfüllt.
Es lodert wie die Feuer der Prärie.
Wie Rauch soll mein Zorn gen Himmel steigen.
Die Erde weint. Die Erde weint.
Wir müssen ihre Tränen trocknen.
Feuer wird ihre Tränen nicht trocknen.
Dieses Lied ist für meine Väter.
Ich singe dieses Lied für meine Väter.»

Er sah mich an. «Na ja, macht auf Englisch eher nicht so viel her.»

«Ich finde es wunderschön», sagte ich. «Wie meinten Sie das eben – das Lied wäre für mich?»

«Ich hab's geschrieben», ertönte Dans Stimme hinter mir. «Als ich wusste, dass Sie kommen würden.»

Ich wandte mich um. «Als Sie wussten, dass ich kommen würde?»

«Ich habe es geschrieben, als mir klar wurde, dass ich sprechen will. Ich war auf meinem Hügel und habe Zwiesprache mit meinen Vätern gehalten. Sie haben mir diesen Gesang geschenkt. Sie haben ihn mir mit dem Wind geschickt, mir gesagt, dass zu viel Zorn in mir sei, um die richtigen Worte zu finden. Zorn hilft nur dem Ankläger – das Herz des Zuhörenden vermag er nicht zu öffnen. Sie haben mir gesagt, dass es auch gute Weiße gibt, Weiße, die das Richtige tun wollen. Sie sind nicht mehr unsere Feinde. Feindschaft macht blind. Vergiss deinen Zorn, haben sie gesagt. Unsere Erde weint, und es ist an uns, ihre Tränen zu trocknen.

Ein weißer Mann wird kommen, haben sie gesagt. Und dann haben sie mir das Lied geschenkt.»

Mir fehlten die Worte. Schweigend nippte ich an meinem Kaffee und starrte auf die Tasse. Doch Dan war noch nicht fertig. Er zog einen kleinen Lederbeutel hervor und fingerte darin herum, als wolle er eine Prise Schnupftabak herausnehmen. Mit geschlossenen Augen stimmte er, halb summend, halb singend, einen weiteren wehmütigen Gesang an.

Er streute ein getrocknetes Kraut in die Glut. Der schwere Duft war unverkennbar, und ich erinnerte mich an seine Worte, als er seine Notizen vor meinen Augen verbrannt hatte.

Der Schöpfer liebt den Duft von Bisongras.

Ich stellte meine Kaffeetasse auf den Boden und sah zu, wie er noch mehr Bisongras ins Feuer streute. Mich schien er völlig vergessen zu haben. Doch dann hielt er urplötzlich inne und richtete den Blick wieder auf mich.

«Es wird langsam Zeit, dass Sie begreifen, warum Sie hier sind, kleiner Bruder», begann er. «Zeit, dass Sie verstehen, warum ich Ihnen diese Dinge erzähle.»

Die Anrede «kleiner Bruder» erfreute und erschreckte mich gleichermaßen.

«Der Schöpfer verleiht uns Gaben. Er hat mich nicht zu einem *wichasha wakan* gemacht, einem heiligen Mann, mich nur als ganz gewöhnlichen Menschen erschaffen. Aber er hat mir die Gabe verliehen, die Welt mit den Augen der Weißen zu sehen.

Mein Vater war von Anfang an überzeugt, dass ich diese Gabe besaß. Er erkannte sie, als ich aus dem Erziehungsheim nach Hause kam und ihm erzählte, was ich dort erlebt hatte. ‹Du verstehst den weißen Mann›, pflegte er zu sagen. ‹Durch dich wird mir überhaupt erst klar, wie er denkt. Aber das ist eine gefährliche Gabe. Sie könnte dich selbst in einen Weißen verwandeln, wenn du nicht aufpasst. Aber wenn du auf dem rechten Weg bleibst und nichts überstürzt, wirst du einen Weg finden, deine Gabe in den Dienst unseres Volkes zu stellen.›

Ich habe seine Worte nie vergessen. Sie begleiten mich heute noch, jeden Tag. Und das eine oder andere Mal war ich drauf und dran zu sprechen, aber irgendetwas hat mich stets zurückgehalten. Ich habe gespürt, dass es nicht der richtige Zeitpunkt war. Stattdessen habe ich gelesen. Geschrieben. Mir den indianischen und den weißen Blick bewahrt. Ich bin geduldig geblieben. Weil die Zeit noch nicht reif war.

Aber jetzt ist es so weit. Ich bin bereit, zu Ihrem Volk zu sprechen.»

Er trat einen Schritt näher.

«Ihr Weißen bewegt euch im Kreis, Nerburn. Mal hasst ihr Indianer, mal liebt ihr Indianer. Jetzt im Augenblick liebt ihr uns, und das ist gut.

Aber manche von uns glauben, dass diese Phase wieder vorübergehen wird. Sie sagen, unsere Reservatskasinos wären euch ein Dorn im Auge. Sie sagen, es ginge euch gegen den Strich, dass wir unter uns bleiben wollen. Sie sagen, dass ihr schon immer scharf auf das wart, was wir hatten, und dass sich daran nichts geändert hat. Sie sagen, dass ihr euch unweigerlich wieder gegen uns wenden werdet.

Andere wiederum sagen, diesmal sei es anders. Ihr hättet begriffen, dass ihr euch verirrt habt und unsere Hilfe braucht, um auf den richtigen Weg zurückzufinden.

Ich glaube das auch. Und deshalb habe ich beschlossen, meine Stimme zu erheben. Im Lauf der Jahre bin ich von meinen Freunden immer wieder wegen meiner Notizen ausgelacht worden, einen verrückten alten Indianer haben sie mich genannt. Aber ich habe ihnen von den Worten meines Vaters erzählt – und dass andere Zeiten kommen und meine Aufzeichnungen dann neue Bedeutung gewinnen würden.

Meine Notizen brachte ich jeden Tag dem Schöpfer dar. Und

als ich Ihr Buch gelesen habe, wusste ich, dass Sie mir helfen würden, meine Aufzeichnungen in Reinform zu bringen.

Hören Sie mir zu. Wir Indianer sprechen nicht oft mit Weißen. Das haben wir nie getan, und das hat seinen Grund. Weil die Weißen uns nie zugehört haben, von Anfang an. Sie hörten nur, was sie hören wollten. Manchmal taten sie so, als würden sie uns zuhören, und machten uns Versprechungen. Doch dann brachen sie ihre Versprechen, und warum hätten wir danach noch weiter mit ihnen reden sollen? Selbst jetzt warnen wir unsere Kinder immer noch: ‹Seid auf der Hut, wenn ihr mit den Wasichus sprecht. Sie werden eure Worte gegen euch verwenden.›

Das ist ein kluger, aber auch ein schlechter Ratschlag. Weil es nicht gut ist, sich zu verweigern. Aber wir haben gelernt, Ihrem Volk zu misstrauen. Wir wollten das nicht – ihr habt es uns aufgezwungen.

Als ihr Weißen uns zum ersten Mal begegnet seid, wusstet ihr nicht, was ihr von uns halten solltet. Waren wir Teufel, waren wir ein reines, freies Volk? Ihr wart euch nicht mal darüber im Klaren, ob ihr überhaupt Menschen vor euch hattet. Wir haben euch in unserem Land willkommen geheißen. Wir gaben euch zu essen, haben mit euch geraucht, euch unsere Bräuche gezeigt.

Wir vertrauten auf die Güte in euren Herzen. Wir versuchten mit euch zu teilen. Aber ihr habt unser Vertrauen nicht erwidert. Egal, was wir euch gaben, ihr wolltet immer nur mehr – die Spanier Gold, die Franzosen Pelze, die Engländer Land. Mehr, mehr, mehr. Immer habt ihr nur danach Ausschau gehalten, was es bei uns zu holen gab.

Wir haben an euren Blicken erkannt, dass unsere Worte euch nicht erreichten. Und so lernten wir zu schweigen.

Und in Ihren Augen, Nerburn, sehe ich etwas, von dem ich mir wünsche, dass es baldmöglichst verschwindet. Ein Teil davon ist Ihre Familie. Das ist gut. Ein anderer ist Ihr Pickup, und das gefällt mir überhaupt nicht. Sie hängen Ihr Herz an etwas, das nichts bedeutet. Und vielleicht erkenne ich auch Gier – ich weiß es nicht genau, aber ich will, dass diese Dinge aus Ihrem Blick verschwinden. Sie haben hier nichts verloren.

Es fällt mir nicht leicht, so freimütig zu sprechen. Ich bin kein Häuptling. Niemand hat mir den Auftrag dazu erteilt. Ich bin nur ein alter Mann, der klar sehen kann. Manche Indianer werden sauer auf mich sein, andere mich verstehen und respektieren. Ich tue es für unsere Enkel.

Deshalb strecke ich Ihnen die Hand entgegen, Nerburn. Helfen Sie unseren Enkeln. Für Angst oder Kleinmut ist es zu spät. Jetzt sind Sie nun mal hier.»

Er hielt inne und wandte sich zum Feuer, zog einen anderen Beutel aus der Tasche und streute etwas in die Glut, aus der nun ein neuer Geruch emporstieg.

«Salbei», flüsterte Grover mir zu. «Die bösen Geister verabscheuen Salbei so sehr, dass sie sofort die Flucht ergreifen.»

Dan wiegte sich hin und her, fast wie in Trance. «Hören Sie mir noch einen Moment zu. Ich habe noch mehr zu sagen.

Ich habe Sie gerufen. Meine Vorfahren haben Ihr Volk nicht gerufen. Sie waren völlig ratlos, als die Weißen plötzlich vor ihnen standen. Manche wollten gegen sie kämpfen, andere sich mit ihnen arrangieren. Niemand wusste, was zu tun war. Die Weißen taten uns schreckliche Dinge an. Ihr habt uns belogen, uns unser Land genommen, unser halbes Volk umgebracht und uns keine Sekunde lang zugehört.

Doch jetzt seid ihr nun mal hier, und wir können euch nicht mehr vertreiben, selbst wenn wir es wollten. Für die Ankunft des weißen Mannes und den Verlust unseres Lands gibt es einen Grund, aber den kennt allein der Schöpfer. Wir können nur nach bestem Wissen und Gewissen handeln.

Und ich halte es für das Beste, zu Ihnen zu sprechen.

Deshalb heiße ich Sie willkommen. Einst hat mein Volk versucht, Ihr Volk ebenso willkommen zu heißen. Aber ihr habt alles kaputtgemacht, mit euren Kreuzen, euren Krankheiten, eurem Whiskey und euren Waffen.

Nun habe ich Sie eingeladen, in mein Haus, und Sie sind gekommen. Hiermit reiche ich Ihnen die Hand zum Willkommensgruß, und *Wakan Tanka*, der Große Geist, ist mein Zeuge.»

Er streckte mir die Hand entgegen, und als ich ihm meinerseits die Hand reichte, umschloss er sie mit seinen Fingern, sanft und schraubstockfest zugleich. Obwohl es wie ein ganz normaler Händedruck aussah, war es weit mehr. Sein ganzes Wesen lag darin. Es war eine Abmachung, ein Pakt, ein Versprechen.

So standen wir da, vereint in diesem Händedruck. Meine Hand, gewöhnt an oberflächliche Begrüßungen und beiläufige Hallos, wollte sich seinem Griff entziehen, doch der Alte ließ nicht los. Er hielt meine Hand, bis unsere Berührung zur Übereinkunft geworden war.

«Willkommen», sagte er. «Willkommen in unserem Land.»

13

TATANKA

Das Powwow fand ohne uns statt. Nach längerer Diskussion kamen Dan und Grover zu dem Schluss, unseren kleinen Ausflug noch ein wenig auszudehnen.

«Nerburn muss mal zu Hause anrufen», sagte Dan zu Grover. «Damit sich seine Familie keine unnötigen Sorgen macht.» Sein Tonfall war neutral, ohne jeden Vorwurf, ein Zugeständnis an mein Leben und meine Welt. Jetzt zogen wir an einem Strang.

Grover nickte ernst und lenkte den Wagen auf einen schmalen Pfad inmitten des Präriegrases. «Kleine Abkürzung», sagte er, ohne Weiteres zu erklären.

Der Wagen rumpelte über die grasbewachsenen Hügel. Die Reifenspuren schienen sich manchmal komplett zu verlieren, doch Grover ließ sich nicht beirren. Als wir zwischendurch über ein besonders tiefes Loch bretterten und der Auspuff hart auf dem staubigen Boden aufschlug, murmelte er nur so etwas wie «Bleib locker, alte Dschunke», statt anzuhalten und den Schaden zu begutachten.

Mit offenem Mund saß ich da, während wir durch das unebene Gelände holzten. Etwaiger Gefahren schien Grover sich nicht bewusst zu sein; die vordere Stoßstange des Buick pflügte durch das hohe Gras wie ein Schiff durch Meereswogen. Bald darauf waren weit und breit weder Häuser noch Straßen zu sehen. Das Land erstreckte sich wie ein Meer bei Ebbe bis zum Horizont. Grover amüsierte sich prächtig, nur Fatback setzte das Geholper sichtlich zu. Er rülpste, schluckte und leckte sich die Lefzen. «Am besten, Sie halten seinen Kopf mal aus dem Fenster», sagte Grover.

«Tja, der Cheeseburger», sagte Dan.

«Wohl eher die Zwiebeln.» In unmittelbarer Nähe von Fatbacks Maul konnte ich das präziser beurteilen. Fatback gab einen langen, hundserbärmlichen Rülpser von sich und blickte mich aus gequälten Augen an.

«Halten Sie lieber mal an, Grover», sagte ich. «Das hält Fatback nicht mehr lange durch.»

Grover lachte nur und lenkte den Buick über die nächste Holperstrecke. «Ach was, das macht er schon. Wird eh nicht besser.»

«Sie haben gut reden», versuchte ich mir über das Ächzen der Stoßdämpfer und das Rumpeln der Räder Gehör zu verschaffen. «Sie sitzen ja auch vorne.» Der alte Hund würgte und hängte den Kopf aus dem Fenster. Ich kurbelte die Scheibe auf meiner Seite herunter, halb, weil ich fürchtete, dass Fatback jede Sekunde eine Kotzfontäne loslassen würde, halb, um mir die süße Wärme des Präriemorgens um die Nase wehen zu lassen. Das Summen der Insekten vermischte sich mit Fatbacks Würgelauten und dem Scheppern der Karosserie.

«Sie wollen also Ihre Frau anrufen», brüllte Grover über seine Schulter.

«Wäre wohl besser», gab ich zurück. «Sie erwartet mich wahrscheinlich bald zurück.»

«Sie brauchen 'ne indianische Squaw», sagte Grover. «Die stellen keine Fragen.»

«Mit Emanzipation haben Sie's nicht so, was?»

Grover nahm die Hände vom Lenkrad und reckte sie beschwörend gen Himmel.

«Emanzipation?», erwiderte er. «Davon habt ihr Weißen doch keinen blassen Schimmer. Eure Frauen sind scharf drauf, Hosen zu tragen und einen auf Mann zu machen. Und das nennen sie dann Gleichberechtigung.»

«Da machen Sie sich's aber ein bisschen einfach», sagte ich. «Für mich ist das jedenfalls eine Form von Gleichberechtigung.»

«Kompletter Bullshit, wenn Sie mich fragen», schnaubte Grover. Der Buick schlingerte, als wolle er seinen Kommentar unterstreichen.

«He, halt mal an», meldete sich der Alte zu Wort. «Meinst du, ich habe 'ne Pferdeblase?»

Grover stieg in die Eisen. Fatback kletterte aus dem Fenster und verschwand im Gestrüpp. Dan stieß seine Tür auf und schlurfte unsicher auf ein paar Bäume zu, die sich über einen ausgetrockneten Creek neigten.

Grover lehnte sich zurück. «Pinkelpause, Nerburn. Schließen Sie sich besser dem Alten und dem Hund an, wenn Sie müssen.»

«Ich habe eine Blase aus Stahl», erwiderte ich.

Grover stieg ebenfalls aus. Die Stille der Landschaft hüllte uns ein. Eigentlich war es gar keine Stille, sondern ein einziges Zirpen, Summen und Zwitschern, eine Symphonie kleiner Laute, die zuvor im Lärmen des dahinächzenden Automobils untergegangen war. Erst jetzt fiel mir auf, welch perfekte Einheit die Geräusche bildeten, in der nichts störte, nichts hervorstach – eine überwältigende, betörende Atmosphäre, die sich mit dem süßen Duft der sommerlichen Luft verband, gleichzeitig von überall her und aus dem Nichts zu kommen schien.

Jetzt, da wir angehalten hatten, zog mich die Weite der Landschaft noch mehr in ihren Bann. «Wissen Sie, wo wir sind?», fragte ich Grover.

Er deutete gen Himmel. «Da ist die Sonne. Wir fahren Richtung Westen.»

«Gut zu wissen.»

«Mehr braucht's nicht. Irgendwo da drüben liegt eine Straße, wenn ich mich nicht ganz irre.» Er richtete den Finger vage auf die fernen Hügel.

«Das meinen Sie jetzt nicht ernst, oder? Sie rammeln hier

durch die Einöde und gehen davon aus, irgendwann auf eine Straße zu stoßen?»

«Ja, wieso auch nicht?»

Ich musterte ihn ungläubig. «Und die ganzen Schlaglöcher? Sie fahren keinen Traktor, Grover. Wenn Ihnen ein Reifen platzt, sitzen wir hier fest – mitten im Niemandsland.»

«Das ist kein Niemandsland, Nerburn. Sondern Indianerland. Nur weil Sie nirgends ein Haus oder eine Straße sehen, heißt das noch lange nicht, dass wir uns auf irgendeinem Scheißozean befinden.»

Ich ließ den Blick über die Landschaft schweifen. Entgegen Grovers Worten glich sie deutlich einem Ozean: jenem Meer, das diese Ebenen einst bedeckt, das sanft geschwungene Auf und Ab der Hügel mit seinen Wellen überhaupt erst geschaffen hatte – eine auf den ersten Blick unwirtliche, aber doch überaus feminin anmutende Landschaft, wie eine endlose, zur Skulptur erstarrte Bewegung. Man brauchte nicht viel Fantasie, um sich einen einsamen Reiter oder eine Bisonherde vorzustellen, die unter dem kobaltfarbenen Himmel durch die lichterfüllte Landschaft zogen.

«Wahrscheinlich ist es der weiße Mann in mir, Grover, aber Autos verbinde ich normalerweise mit Straßen. Die Gegend hier scheint mir eher für Pferde geeignet zu sein.»

«Haben Sie nicht gehört, wie ich meinen Wagen *Shunka kan* genannt habe?»

«Ich dachte, Sie hätten ‹alte Dschunke› gesagt.»

Grover lachte schallend. «Shunka kan heißt ‹Pferd›. Ihr Weißen kauft euch Karren, die ‹Bronco› oder ‹Mustang› heißen, macht euch aber beim kleinsten Geländeritt gleich in die Hosen. Dabei geht nichts über meinen guten alten Shunka kan.»

Der Alte war immer noch nicht zurück. «Von wegen in die Hose machen», sagte ich. «Glauben Sie, mit Dan ist alles okay? Er ist jetzt schon ziemlich lange weg.»

Grover riss einen Grashalm ab und begann ihn sich durch die

Zähne zu ziehen. «Keine Sorge. Er macht manchmal ein längeres Päuschen.»

«Wie lange?»

«Keine Ahnung. Haben Sie heute noch was vor?»

«Ich seh mal nach ihm.»

Grover zuckte mit den Schultern. Ich wandte mich den Bäumen zu und hielt Ausschau nach dem Alten.

Erst von einer Anhöhe aus erspähte ich seine vertraute Gestalt, die unter den Ästen einer Baumgruppe am Creek hockte. Er wandte sich nicht um, hatte mich aber offensichtlich bemerkt, da er die rechte Hand bewegte wie ein Dirigent, der sein Orchester anhält, die Lautstärke zu dämpfen. Langsam ging ich zu ihm hinab. Als ich neben ihm stand, bedeutete er mir, mich zu setzen.

«Schauen Sie, da drüben.»

Die Hügel auf der anderen Seite des Creeks färbten sich golden in der frühen Nachmittagssonne. Schatten huschten über sie hinweg wie die Schwingen großer Vögel, wenn Wolken sich kurz vor die Sonne schieben.

Ich sah nichts außer dem poetischen Schwung der Hügellandschaft, hier und da akzentuiert von einem dunklen Busch oder einem verkrüppelten Baum.

Ich hockte mich neben ihn und blickte mit zusammengekniffenen Augen zum Horizont.

«Sehen Sie?»

«Was?»

«Sehen Sie genau hin.»

Die Gräser wogten im Wind wie Meereswellen, doch außer einer Präriehexe, die durch unser Blickfeld rollte, konnte ich weit und breit nichts entdecken.

«Achten Sie auf den Busch.»

Angestrengt starrte ich in die Richtung, in die er deutete. Auf einem der Hügel in der Ferne erblickte ich einen dunklen Umriss, obwohl sich nicht genau sagen ließ, ob es sich um einen Busch oder einen kleinen Baum handelte, der sich vor den unablässigen Winden gleichsam zu ducken schien. Doch dann schien sich der Busch zu bewegen, und im selben Moment wurde mir klar, dass es keine Pflanze war, die vom Wind geschüttelt wurde. In der Bewegung lag Vorsatz und Wille, die Gewissheit geballter Muskelkraft.

«*Tatanka.* Der Büffel.»

Abermals kniff ich die Augen zusammen. Und nun erkannte ich, wie das Tier den Kopf wandte und die vertraute Gestalt eines Bisons annahm.

«Unglaublich», sagte ich. «Ich hätte ihn in tausend Jahren nicht entdeckt.»

«Logisch. Tatanka wollte ja auch nicht, dass Sie ihn sehen.»

Eine merkwürdige Erklärung. Ich sparte mir eine Antwort.

«Tatanka ist mächtiger, als Sie glauben, Nerburn.»

Der Büffel verlagerte erneut sein Gewicht und bewegte sich langsam über den Hügel.

Unwillkürlich erinnerte ich mich, wie der Alte seinerzeit auf dem Hügel in der Nähe seines Hauses Fatback zu sich «gerufen» hatte, ohne ein Wort von sich zu geben.

«Dan», sagte ich. «Ich habe eine Frage an Sie. Ich hoffe, Sie kriegen sie nicht in den falschen Hals, aber ich würde es wirklich gern wissen.»

«Nur raus damit.»

«Glauben Sie ernstlich, der Büffel da oben könnte unsere Wahrnehmung auf derart mysteriöse Weise manipulieren?»

«Was soll daran mysteriös sein?»

«Sie haben doch gesagt, er wollte nicht von mir gesehen werden.»

«Das ist nicht mysteriös, sondern Wissenschaft. Was macht eine Eidechse, wenn sie nicht entdeckt werden will?»

«Keine Ahnung. Sie versteckt sich unter einem Felsen oder passt sich irgendwie an ihre Umgebung an.»

«Genau. Und wie macht es ein Büffel?»

«Indem er seine Umrisse tarnt?»

«Er überlistet Ihr Auge. Er weiß, wie wir sehen, dass wir Umrisse erkennen und Bewegungen wahrnehmen. Alle großen Tiere wissen das.»

«Das heißt, sie bewegen sich nicht, wenn sie Gefahr wittern?»

«Oder wenn sie uns studieren wollen. Manchmal beobachten sie uns, auch wenn wir glauben, dass wir sie gerade beobachten.»

«Und? Hat er uns beobachtet?»

«Wer weiß? Jedenfalls wusste er, dass wir hier sind.»

«Aber Angst hatte er offensichtlich nicht vor uns. Woher wusste er, dass wir harmlos sind?»

«Habe ich Ihnen doch gesagt. Er ist mächtiger, als Sie glauben.»

«Aber was, wenn wir ein Gewehr dabeihätten?»

«So habe ich das nicht gemeint. Er hat die Macht, Dinge zu erkennen.»

Ich ließ nicht locker. «Also, weiß er, ob wir ein Gewehr dabeihaben oder nicht?»

Dan musterte mich leicht genervt. «So einfach ist das nicht. Er hat gespürt, dass von uns keine Gefahr ausgeht.»

«Wieso? Kann er das riechen? Oder hat er übersinnliche Kräfte?»

«Möglich. Da bin ich überfragt. Woher wissen Sie, ob Ihnen jemand sympathisch ist oder nicht?»

Ich lächelte und zuckte mit den Schultern. Er hatte mir komplett den Wind aus den Segeln genommen.

«Mal 'ne andere Frage, Nerburn. Hatten Sie je einen Hund?»

«Klar», sagte ich.

«Und eine Katze?»

«Wir haben jetzt eine. Eine fuchsfarbene Kratzbürste.»

«Unterscheidet sie sich von dem Hund?»

«Selbstredend. Und von anderen Hunden und Katzen auch.»

«Sie haben also alle verschiedene Fähigkeiten.»

«Definitiv.»

«Und wieso geht es dann nicht in Ihre Birne, dass Tatanka sich ebenfalls von anderen Tieren unterscheidet?»

«Ich habe eher weniger Erfahrung mit Büffeln.»

«Wir schon. Der Büffel hat uns mit Nahrung und mit Kleidung versorgt, mit fast allem, was wir zum Leben brauchten. Aus seiner Haut und seinen Knochen haben wir unsere Zelte gemacht. Wir haben mit ihnen zusammengelebt wie mit Brüdern und Schwestern und wissen weit mehr über sie als ihr über Hunde und Katzen. Sie haben besondere Kräfte, das können Sie mir glauben.»

In der Ferne graste der Büffel unbeirrt weiter, ließ uns deutlich spüren, wie egal wir ihm waren.

«Also, ich wollte auf keinen Fall respektlos rüberkommen», sagte ich.

Dan winkte ab. «Sowieso. Sie versuchen zu lernen, und Weiße stellen nun mal ständig Fragen, um mehr zu erfahren. Kommen Sie, gehen wir zurück.»

Wir stiegen die Anhöhe hinauf. Der Alte suchte mit jedem Schritt nach Halt, zögernd und vorsichtig; seine Füße waren jetzt seine Augen. Am liebsten hätte ich seinen Arm ergriffen, doch wollte ich ihm nicht das Gefühl geben, auf mich angewiesen zu sein. Ich war drauf und dran, ihm meine Hilfe anzubieten, doch fehlten mir die richtigen Worte.

Im selben Moment fiel mir etwas ein. Wenn er kaum den Boden zu seinen Füßen sehen konnte – wie hatte er dann den Büffel auf dem Hügel entdeckt, fast eine halbe Meile von uns entfernt?

«Wie haben Sie den Büffel überhaupt sehen können?», platzte ich heraus.

Er wandte den Kopf und nickte mehrmals, als wäre das eine Frage nach seinem Geschmack. «Ich habe ihn nicht gesehen, Nerburn», sagte er. «Er hat sich mir gezeigt.»

Grover hatte es sich auf der Motorhaube des Buick bequem gemacht wie ein Cowboy in einer billigen Zigarettenreklame, die Beine übereinandergeschlagen, den Stetson tief in die Stirn gezogen und die Hände hinter dem Kopf verschränkt. Sein silbernes Hutband blitzte in der Sonne.

«Na, Nerburn?», sagte er. «Haben Sie ihn gerettet?»

«Es war knapp», gab ich zurück. « Wäre ich nicht aufgetaucht, hätte er sich in einen Büffel verwandelt.»

«Glück gehabt.» Grover setzte sich auf. «Da hätte er ja nicht mehr in den Wagen gepasst.»

Dan gab ein büffelartiges Schnauben von sich und trat an die Beifahrertür. Fatback nagte wie verrückt an einer Klette in seiner Hinterpfote. Dan beugte sich mühsam zu ihm hinunter; seine Arthritis machte ihm sichtlich zu schaffen. Mit einem leisen Schmatzgeräusch machte er Fatback auf sich aufmerksam. Der Hund hielt inne, sah ihn an, rollte sich ergeben auf den Rücken und streckte ihm die Hinterpfote entgegen. Mit geübten Fingern drückte der Alte die Zehen auseinander und entfernte die Klette. Fatback sprang auf, leckte ihm die Hand und machte sich dann wieder daran, die Wunde ausgiebig mit der Zunge zu bearbeiten. Dan kraulte ihm den Nacken und öffnete die Beifahrertür.

Es war eine kleine, scheinbar unbedeutende Geste, doch voller Liebe und Zuneigung. Vielleicht hatte Grover gar nicht so falschgelegen mit seinem Rat: erst einmal Fatback zu beobachten und dann mein Buch zu schreiben.

14

MIT BEIDEN AUGEN SEHEN

Ich konnte es kaum fassen, mit welch traumwandlerischer Sicherheit Grover den Wagen querfeldein lenkte. Ab und zu stieß er auf alte Pfade, denen er ein Stück weit folgte; zwei, drei Mal kreuzten wir eine Schotterstraße, doch statt abzubiegen, holzte Grover über sie hinweg wie über eine Furt und bretterte wieder ins hohe Gras. Ich hatte keine Ahnung, was er da tat oder warum er es tat. Er wiederholte nur immer das gleiche Wort: «Abkürzung.»

Dan versicherte mir, dass wir uns auf einem Weg befanden. «Woher sollte er sonst wissen, wo er lang muss?» Ob das ein Witz war oder den Tatsachen entsprach, blieb sein Geheimnis.

Ich hatte das untrügliche Gefühl, dass unsere Reise ein Ziel hatte, und doch schienen wir nur planlos durch die Gegend zu fahren. Grover bot mir eins von zwei matschigen Fleischwurst-Sandwiches an, die unter seinem Sitz vor sich hin geschwitzt hatten, aber ich lehnte dankend ab, worauf er schulterzuckend beide vertilgte. Dan peppte seins mit Mayonnaise- und Ketchup-Tütchen aus dem Handschuhfach auf und verspeiste es mit zufriedenen, rhythmischen Kaubewegungen. Fatback linste sehnsüchtig zu ihnen hinüber. «Schlecht für den Magen», versuchte ich ihn zu trösten.

Als die Schatten länger wurden, erreichten wir abermals eine Schotterstraße, die sich durch die Hügel schlängelte. Zu meiner Überraschung bog Grover auf sie ab und fuhr Richtung Süden weiter.

«Annie», sagte er. Während ich mit dem Namen ganz und gar nichts anfangen konnte, nickte Dan nachdrücklich.

«Gut», gab er zurück. «Hab die alte Squaw schon seit Ewigkeiten nicht mehr gesehen.»

Nun, da wir uns auf einer Straße befanden, die diese Bezeichnung auch verdiente, wurde mir doch erheblich leichter ums Herz. Ich hatte weiß Gott zu viele katastrophale Pannen erlebt – geplatzte Reifen, unvermittelt blinkende Warnlämpchen – und empfand es als überaus beruhigend, endlich auf einer halbwegs normalen Straße unterwegs zu sein, wo man im Fall der Fälle nicht völlig aufgeschmissen war und sich kleinere Probleme nicht im Nu in Alpträume verwandeln konnten.

Die staubige Schotterstraße war kein Highway, doch zumindest vermittelte sie das Gefühl, irgendwohin zu führen – was man von den wogenden Grasfeldern, durch die wir den halben Tag gefahren waren, nun wahrlich nicht behaupten konnte.

Dan wandte sich zu mir um und grinste verschmitzt. «Na, sind Sie jetzt zufrieden?»

«Ich war nie unzufrieden.»

«Aber richtige Straßen sind Ihnen schon lieber. Hab ich gleich damals gemerkt, als wir den Hügel hinter meinem Haus raufgefahren sind. Sie lassen sich von den Straßen leiten.»

«Na ja, wie ich schon zu Grover sagte: Autos und Straßen gehören für mich zusammen.»

«Nicht bei uns.» Er lachte.

«Außerdem führen sie für gewöhnlich zu Telefonen», fuhr ich fort, «und ich würde nach wie vor gern ein paar Worte mit meiner Frau wechseln. Hat diese Annie eins?»

Grover gab ein wieherndes Lachen von sich. «Was glauben Sie, wo Sie sind, Nerburn? In Amerika? Hier draußen werden keine Telefonleitungen verlegt. Nicht mal Stromleitungen.» Ein Anflug von Bitterkeit schwang in seiner Stimme mit.

«Also, ich find's gut», warf Dan ein. «So ist das Leben doch einfach schöner, und die Menschen fühlen sich auch wohler. So war es in meiner Kindheit. Wir haben uns alle gegenseitig geholfen, anders wären wir auch gar nicht über die Runden gekommen. Niemand besaß etwas. Wir haben alles geteilt, und wenn Leute sich besuchten, wollten sie sich auch wirklich sehen. Es war eine Ehre.»

Grover lehnte sich zurück und seufzte. «Ja, in unserer Jugend zählten Ehre und Respekt noch etwas. Wir wurden dazu erzogen, andere zu achten. Keine Ahnung, wie das alles zum Teufel gehen konnte.»

Ein Pickup kam uns entgegen. Grover und der andere Fahrer winkten sich zu.

Dan räusperte sich. «Darüber sollten Sie auch mal nachdenken, Nerburn.»

«Ähm, worüber?», sagte ich, in Gedanken immer noch bei Straßen und Telefonen.

«Über Ehre und Freiheit.»

Das klang wie ein militärisches Motto. «Was meinen Sie?», fragte ich, nur mäßig interessiert.

«Am besten schneiden Sie das jetzt mit», erwiderte Dan. «Es ist nämlich wichtig.»

Ich erinnerte mich, dass er in seinen Aufzeichnungen in dem Schuhkarton häufig über Freiheit und Ehre räsoniert hatte. Ich kramte den Recorder aus meiner Reisetasche.

«Okay», sagte er. «Sind Sie bereit?»

«So weit.» Was eigentlich nicht stimmte, da ich lieber einfach weiter dagesessen und meinen Gedanken freien Lauf gelassen hätte. Doch Dan war ganz offensichtlich in der Stimmung für einen seiner kleinen Vorträge. Ich stellte den Lautstärkeregler des Recorders ein und legte eine neue Cassette ein.

«Ich habe lange über diese Dinge nachgedacht. Über die Weißen und warum sie uns nicht verstehen. Und ich glaube, ich weiß jetzt auch, warum.»

«Dann lassen Sie hören.»

«Wenn Sie mich fragen, liegt es daran, dass für die Weißen Freiheit ganz obenan steht. Und für uns Indianer die Ehre.

Das ist auch der Grund, warum die Weißen den Schwarzen mehr Gehör schenken als uns. Den Schwarzen ging es ebenfalls um Freiheit, genauso wie den Weißen. Und weil die Weißen die Schwarzen versklavt haben, haben sie ihnen gegenüber ein schlechtes Gewissen. Verstehen Sie, worauf ich hinauswill?»

Ich nickte abwesend.

«Aber wir waren von jeher frei. Wir sind es auch heute noch. Wir waren schon immer freier als der weiße Mann, von Anfang an. Als ihr an unseren Küsten gelandet seid, habt ihr Kleider aus Ketten getragen. Wir dagegen trugen gar nichts. Und ihr wolltet uns die Freiheit bringen.

Für euch Weiße steht die Macht zuoberst. Gelangt einer von euch an die Spitze, hat er die Macht, anderen die Freiheit zu nehmen. Als eure Leute hierherkamen, waren sie auf der Flucht vor jenen Mächtigen, unter deren Knute sie gelebt hatten. Aber sie selbst dachten kein bisschen anders, und ruckzuck gab es wieder Leute, die das Sagen über die anderen hatten. Ihr lernt das Denken in Hierarchien, von Anfang an.

In euren Kirchen steht jemand an der Spitze. In euren Schulen ebenso, in eurer Regierung, in eurer Wirtschaft. Immer ist da jemand, der über den anderen steht und über ihr Wohl und Wehe entscheidet. Er bestimmt über euch, und ihr seid ihm auf Gedeih und Verderb ausgeliefert.

Kein Wunder, dass ihr Amerikaner euch ständig Sorgen um eure Freiheit macht – ihr besitzt ja auch so wenig davon. Und auf das bisschen müsst ihr aufpassen wie ein Schießhund, weil ihr genau wisst, dass es euch sonst auch noch jemand wegnimmt.»

«Gut gegeben, Dan», warf Grover ein.

Der Alte nickte. «Als ihr hier ankamt, wusstet ihr nichts über uns. Ihr habt nach demjenigen gesucht, der bei uns das Sagen hatte, habt Ausschau nach den Zäunen gehalten, die uns umgaben, wolltet wissen, wie groß unser Land war, wie weit die Macht unserer Regierung reichte. Eure Welt bestand aus Käfigen, und ihr habt geglaubt, bei uns wäre das genauso. Obwohl euch eure Käfige verhasst waren, habt ihr an sie geglaubt – es war euch unmöglich, euch eine Welt ohne Käfige vorzustellen.

Unsere Ältesten haben das gleich erkannt. Sie haben uns gewarnt, dass ihr uns ebenfalls in Käfige stecken würdet, uns beschworen, auf der Hut zu bleiben.

Und dann haben wir es selbst bemerkt. Alles an euch wirkte wie Käfige. Eure Kleider umgaben euch wie Käfige. Eure Häuser sahen aus wie Käfige, und um alles musstet ihr Zäune ziehen. Ihr habt das Land in Abertausende von Käfigen verwandelt. Kleine rechteckige Käfige.

Und nachdem ihr all die Käfige gebaut hattet, habt ihr eine Regierung ins Leben gerufen, die diese Käfige schützen sollte. Und diese Regierung hat neue Käfige gebaut – lauter Verbote erlassen, die als Gesetze verkleidet waren. Eure paar Freiheiten waren auf eure Käfige beschränkt. Ihr habt eure Gitter selbst geschmiedet, und anschließend habt ihr euch gewundert, warum ihr nicht glücklich wart und euch unfrei fühltet.

Solches Denken war uns Indianern seit jeher fremd. Bei uns waren alle frei. Wir erließen keine Gesetze, zäunten kein Land ein. Wir glaubten an unsere Ehre. Uns kam der weiße Mann vor wie ein Blinder auf Wanderschaft. Jedes Mal, wenn er gegen die Gitter seines Käfigs prallte, wusste er, dass er auf dem Holzweg war. Wir hingegen hatten einen inneren Kompass, der uns lenkte, und dieser Kompass hieß Ehre. Für uns war es wichtiger zu wissen, was richtig ist, als das Falsche zu erkennen.

Wir lernten von den Tieren, was richtig war. Wir sahen, wie die Hirsche ihre Feinde austricksten und die Bären ihre Jungen groß und stark machten, indem sie sie gnadenlos durch den Wald hetzten.

Wir beobachteten, wie die Büffel reglos wie Statuen verharrten und ihre Umgebung beobachteten, bis sie den kompletten Überblick hatten. Und so erkannten wir, dass jedes Tier auf seine Weise klug war, und versuchten, uns seine Fähigkeiten anzueignen. Wir orientierten uns daran, wie sie lebten, wie sie ihre Jungen aufzogen – nicht an Fehlern, sondern an dem, was wir richtig machen konnten.

Und diese Suche wies uns den rechten Weg, nicht Gesetze und Zäune. Wir wollten ein ehrenvolles Leben für uns und unsere Familien. Andere sollten von uns sagen: ‹Er ist ein aufrechter Mann. Mutig wie ein Bär. Oder so waghalsig wie ein Falke.› Wir mussten nicht nach Freiheit gieren, weil wir sie hatten. Wir betrachteten es als Pflicht, nach Ehre zu streben. Ein Mann auf der Suche nach Freiheit war ein Schwächling, weil er sich der Pflicht entzog.

Freiheit ist nur dann wichtig, wenn andere einem Ketten anzulegen versuchen. Und da uns niemand in Ketten legte, spielte Freiheit für uns keine Rolle.»

Er hielt einen Moment lang inne, gab mir Zeit, seine Worte sacken zu lassen.

«Verstehen Sie, was ich meine? Ihr Volk kam hierher, ein Volk, in dessen Welt sich alles immer nur um Freiheit drehte. Aber da wir schon immer frei gewesen waren, hattet ihr uns nichts zu geben. Ihr konntet nur von uns nehmen – und in Form von Käfigen haben wir es dann zurückbekommen.

Zum Beispiel, als ihr uns unser Land gestohlen, es in Parzellen aufgeteilt und uns dann großzügig erklärt habt, wir hätten nun die Freiheit, künftig als Farmer und Viehzüchter zu leben. Nur, dass uns das zutiefst widerstrebte. Wir hatten Ackerbau betrieben, wenn es nötig gewesen war. Aber wir ließen uns nicht gern vorschreiben, Felder zu pflügen.

Und als wir unsere Felder nicht bestellten, habt ihr uns vorgehalten, wir würden unsere Freiheit nicht nutzen und uns stattdessen auf die faule Haut legen. Dabei hattet ihr uns lediglich in einen eigenen Käfig gesperrt!

Wenn man ein Tier aus den Wäldern oder der Prärie fängt und es in einem umzäunten Haus unterbringt, schenkt man ihm damit die Freiheit? Von wegen. Man nimmt ihm seine Ehre – denn wenn es das zulässt, ist es die längste Zeit frei gewesen.

Und genau das habt ihr mit uns gemacht: Entweder Käfig oder Ausrottung, das war unsere Wahl. Ihr habt uns unsere Ehre geraubt und uns mit eurer ‹Freiheit› abgespeist. Obwohl selbst ihr genau wisst, dass diese Freiheit keine ist – bloß die, ein Leben im eigenen Käfig führen zu dürfen.

Ich sag Ihnen, was ich wirklich denke. Ihr Weißen seid neidisch auf uns. Gäbe es eure Religion nicht, hättet ihr von Anfang an genauso gelebt wie wir, von dem Tag an, als ihr den Fuß in dieses Land gesetzt habt. Ihr wusstet, dass unsere Lebensweise die richtige war. Ihr fingt an, unsere Kleidung zu tragen, euch so zu ernähren wie wir. Ihr habt unsere Jagdtechniken gelernt, und im Kampf gegen die Engländer habt ihr unsere Strategien übernommen.

Ihr seid in unser Land gekommen, weil ihr ein freies Leben führen wolltet, so wie wir. Doch als ihr dann hier wart, hat euch der Mut verlassen, und ihr fingt an, dieselben Käfige um euch zu errichten, denen ihr eben erst entflohen wart. Hättet ihr auf uns gehört, statt uns zu bekehren und zu morden – was hätte dies für ein Land werden können!»

«Wohl wahr», murmelte Grover zustimmend. «Voll auf den Punkt, Dan.»

Dan setzte sich auf, den Blick nach vorn gerichtet. Er wusste um die Kraft seiner Worte, hielt das Kinn gereckt, die Arme vor der Brust verschränkt. Aus seiner Haltung sprachen Stolz und innerer Friede.

«Vielen Dank, Dan», sagte ich.

«Ich kann gern noch weitersprechen, wenn Sie wollen.» Einen

Moment lang kam er mir vor wie ein Konzertpianist, der sich seiner Meisterschaft voll bewusst ist und einem besonders aufmerksamen Publikum eine Zugabe in Aussicht stellt.

«Es wäre mir eine Ehre», sagte ich.

«Worüber soll ich sprechen?»

Sein Angebot kam so unverhofft, dass mir ums Verrecken keine wichtige, weltumspannende Frage einfallen wollte. «Über etwas, das Ihnen besonders am Herzen liegt.»

«Da gibt es so vieles, Nerburn. Ich werde darüber sprechen, wenn die Zeit reif ist.»

Er schwieg einen Augenblick.

«Worte», sagte er dann. «Ich glaube, ich möchte über Worte sprechen. Die Sprache Ihres Volkes. Eure Worte bedrücken mich schon lange, und ich sollte mir endlich von der Seele reden, was mich belastet.»

Er hatte wieder in den förmlichen Modus geschaltet. Einmal mehr war er der einsame Redner, der einem alten Freund, einem schlafenden Labrador und einem Weißen die Wahrheiten anvertraute, die sich ihm im Lauf der Jahre erschlossen hatten. Ich schickte ein kleines Stoßgebet an die Götter der Technik, dass mein kleiner Discount-Recorder lange genug durchhalten würde, um die Worte des Alten für die Nachwelt festzuhalten.

«Sprechen Sie noch andere Sprachen, Nerburn?», fragte er.

«Nicht besonders gut», erwiderte ich. «Auf Deutsch und Italienisch kann ich mich halbwegs durchmogeln, aber das war's auch schon.»

«Also wissen Sie, wie schwer es ist, eine Sprache zu lernen.»

«Für mich ist es schwer.»

«Für jeden ist das so. Können Sie in diesen Sprachen auch Ihre Wünsche ausdrücken?»

«Nein. Und wenn, dann allerhöchstens holzschnittartig.»

«Würden Sie sich zutrauen, Verträge in diesen Sprachen zu lesen?»

«Nein.» Jetzt wurde mir klar, worauf er hinauswollte.

«Und würde es Ihnen gefallen, wenn Ihnen jemand diese Verträge erklärt, dem Sie nicht über den Weg trauen?»

«Ganz bestimmt nicht.»

«Aber genau so lief das mit unseren Verträgen. Wir bekamen Papiere vorgelegt, die in einer Sprache verfasst waren, die wir nicht verstanden, und übersetzt wurden sie uns von Leuten, denen wir nicht vertrauten. Anschließend wurden sie von Indianern unterzeichnet, die entweder bestochen oder unter Druck gesetzt worden waren. Und wenn in diesen Verträgen tatsächlich etwas gestanden hatte, das irgendwie von Vorteil für uns gewesen wäre, wurde es nachträglich von Anwälten der Regierung geändert oder von Richtern zunichtegemacht, die im Sinn der Regierung handelten.

Aber das wussten Sie sicher schon alles, nicht wahr?»

«Mehr oder weniger», erwiderte ich. «Diese Benachteiligungen sind heute wohl den meisten Amerikanern bekannt.»

«Bekannt vielleicht, aber bis heute ist nichts rückgängig gemacht worden. Aber über diese Verträge will ich gar nicht sprechen. Die waren wie ein riesiger Bär, der uns den Garaus machen wollte, schlicht unübersehbar. Nein, mir geht es um die Schlangen, die beteiligt waren.»

Er holte tief Luft und begann.

«Ich bin mit der Sprache meines Volkes aufgewachsen. Englisch habe ich erst in der Schule gelernt. Wir wurden gleich am ersten Tag ins kalte Wasser geworfen, und ich weiß noch, wie seltsam eure Sprache zuerst in meinen Ohren klang. Und all die vielen Wörter – unsere Lehrerin redete manchmal eine Stunde am Stück, über Gott und die Welt, und dann war immer noch nicht Schluss. Sie benötigte nicht mal ihre Hände, redete einfach ohne Unterlass. An manchen Tagen saß ich nur da und staunte, wie viele Wörter aus ihr heraussprudelten. Einmal sagte ein anderer Junge zu mir, an einem Tag kämen mehr Wörter aus ihrem

Mund, als Sterne am Himmel stünden. Das habe ich nie vergessen.

Und als ich allmählich mit eurer Sprache vertraut wurde, durchschaute ich den Trick. Ihr konntet auf tausenderlei verschiedene Art und Weise dasselbe sagen. Für Indianer war es wichtig, etwas präzise und unmissverständlich auszudrücken. Im Englischen lernt man, Dinge x-fach verschieden zu formulieren. So etwas hatte ich noch nie gehört. Selbst heute bleibt mir manchmal noch der Mund offen stehen bei all den Wörtern, die Weiße benutzen. Manchmal sagen sie wieder und wieder das Gleiche, nur jedes Mal mit anderen Worten. Sie sind wie Jäger, die aufs Geratewohl durch den Wald hetzen in der Hoffnung, zufällig auf Beute zu stoßen, statt sich auf die Lauer zu legen und in Ruhe abzuwarten.

Letztlich ist mir dieses Geschwätz egal. Aber es missfällt mir zutiefst, wenn eure Sprache dem Zweck dient, uns zu verletzen. Ich werde Ihnen ein paar Beispiele geben – mal sehen, ob Sie je darüber nachgedacht haben.

Fangen wir mit den Schlachten an. Wenn die Weißen gewannen, war es stets ein Sieg, aber gewannen wir, war es ein Massaker. Worin bestand denn der Unterschied? Jedes Mal war die Erde von Leichen übersät, und Kinder hatten ihre Eltern verloren, Indianer wie Weiße gleichermaßen. Doch die Weißen setzten ihre Sprache ein, um uns in Verruf zu bringen. Sie ‹siegten›, wir ‹massakrierten›. Ich weiß nicht mal genau, was ein Massaker ist, aber es klingt nach toten Frauen und Babys mit durchgeschnittenen Kehlen. Wenn das so stimmt, haben die Weißen weit häufiger derartige Gemetzel veranstaltet als wir. Aber die Gemetzel der Weißen werden so gut wie nie angeprangert. Es widert mich an, dass das Wort ‹Massaker› immer nur im Zusammenhang mit uns auftaucht. Es sorgt dafür, dass wir als grausamer und unmenschlicher dastehen als ihr.

Oder das Wort ‹Aufstand›. So bezeichnet ihr die Versuche unseres Volkes, seine Rechte einzufordern, wenn unsere Lebensumstände unerträglich wurden. Andererseits würdet ihr nie auf die Idee kommen, von eurem Unabhängigkeitskrieg als einem Aufstand zu sprechen. Wieso eigentlich nicht? Schließlich habt ihr euch doch auch gegen eine Regierung erhoben, die eure Freiheit beschneiden wollte. Aber stattdessen habt ihr es eine ‹Revolution› genannt, als wäre die Welt dadurch zu einem besseren Ort geworden.

Wenn wir uns hingegen erhoben, war es stets ein Aufstand – so, als wäre alles in bester Ordnung gewesen, bis wir unbedingt Zores machen mussten. Aber viel eher wird andersrum ein Schuh draus: Vielleicht sollte man statt von diesen sogenannten Aufständen lieber mal davon sprechen, wie oft wir von euch unterworfen und unterjocht wurden. Das sollte in euren Geschichtsbüchern stehen!

Sehen Sie, so wird die englische Sprache gegen uns verwendet. Jetzt, da ihr nicht mehr mit Kanonen gegen uns zu Felde zieht, sind Worte eure Waffen.

Und natürlich befanden wir uns ‹auf dem Kriegspfad›, wenn wir unsere Familien verteidigen wollten, während ihr ganz vornehm eine Armee aufgestellt habt. Ach ja, ‹blutrünstige Wilde› waren wir ja sowieso.

Möglich, dass Sie das für Schnee von gestern halten, der heute keine Rolle mehr spielt. Tja, schön wär's.

Mein kleiner Urenkel hat mir neulich erzählt, wie sie im Unterricht über die Frontierbewegung gesprochen haben. Ich habe ihn gefragt, was das sei, und er erklärte mir, die Frontier, das sei die Grenze der Zivilisation gewesen, die sich immer weiter nach Westen bewegt habe. Am liebsten hätte ich ihm verboten, weiter auf diese Schule zu gehen.

Das darf doch wohl nicht wahr sein! Diese Lehrer bringen den Kids ernsthaft bei, dass sich die Zivilisation rein auf das Terrain der Weißen beschränkte – heißt im Umkehrschluss, dass jenseits dieses Gebiets nichts herrschte als nackte Barbarei. Und jenseits dieser Grenze lebten wir. Was für ein abgrundtiefer Hohn! Als ob wir keine Führung, keine Gesetze gehabt hätten! Tatsächlich war es so, dass wir viel kultivierter waren als die Weißen, die in unser Land einfielen. Wir hielten uns für mindestens genauso zivilisiert. Und jetzt kommt mein Urenkel aus der Schule und spricht von Frontier und Zivilisation, als hätten wir nie existiert.

Frontier – schon der Begriff drückt aus, dass wir nicht zählen. Ich habe das Wort nachgeschlagen. Es bezeichnet die Grenze zwischen dem Bekannten und dem Unbekannten. Jedes Mal, wenn ihr davon redet, verbannt ihr uns ins Reich des Dunklen. Ihr lehrt eure und unsere Kinder eine Geschichtsschreibung, in der Indianer einem großen, gefährlichen, leeren Raum jenseits der Grenze von Recht und Kultur entstammen. So, als wären Wildkatzen, Giftschlangen und Indianer letztlich dasselbe – etwas Ominöses, durch und durch Bedrohliches, das einst das Land unsicher gemacht hat.

Und das ist Teil eines großen Ganzen, das euch Weißen nicht mal entfernt bewusst ist. Ihr sprecht von der Wildnis und von der Leere, die dieses Land vor eurer Ankunft beherrschte, obwohl es für uns immer ein Land der Fülle war. Ihr prahlt mit eurer Zivilisation, als hätten wir keine Kultur gehabt, nur weil wir keine Ohrensessel und Kommoden durch die Einöde karrten.

Eurer Geschichtsschreibung zufolge entstand das heutige Amerika, als eure ersten Schiffe an den Küsten von Massachusetts und Virginia landeten. Die Siedler mussten sich den Weg durch ein weites, wildes Land voller Gefahren bahnen, und als sie schließlich diese Ebenen hier erreichten, zog sich der endlose Strom ihrer Planwagenkarawanen über die Berge und durch die Prärie. Und nachdem sie es geschafft hatten, folgten noch mehr Siedler ihren Pfaden, und immer größere Ströme von Menschen ergossen sich nach Kalifornien, Oregon und Washington. So entstand die große Sage vom leeren Land, das von euch bevölkert wurde, und eure Geschichtsbücher erzählen davon, wie ihr die Ödnis mit Leben erfüllt habt, von euren Heldentaten auf dem Weg nach Westen.

Klar, Sie glauben bestimmt, dass Sie nicht so denken, aber Sie tun es eben doch. Ich habe mir genug Schulbücher angesehen, und in allen verläuft die Geschichte von Osten nach Westen – als ob das wirklich so gewesen wäre.

Und jetzt versuchen Sie sich mal vorzustellen, was das in den Köpfen unserer Kinder anrichtet. Sie sehen die Vergangenheit ausschließlich aus der Perspektive der Weißen, so, als wären sie mit Schiffen und Planwagen hier angekommen. Tja, aber so war es nicht. Aus unserer Sicht war es ein großes Land, in dem überall Menschen lebten. Dann landeten ein paar Handvoll Engländer an der Ostküste, während andere aus dem Süden heraufkamen, und wir gerieten zwischen die Fronten. Wiederum andere kamen die Flüsse von Norden herunter. Sie alle bekämpften sich untereinander, und alle wollten sie etwas von uns – Pelze, Land, Gold. Entweder nahmen sie es sich einfach oder zwangen uns, es ihnen zu verkaufen. Alle waren sie mit Gewehren bewaffnet, und sie alle töteten uns, wenn wir nicht glauben wollten, dass Gott ein Mann namens Jesus gewesen war, der einst in einer Wüste jenseits des Ozeans gelebt hatte. Sie ließen uns nicht in Frieden.

Bald darauf bildeten sie irgendwo im Osten eine Regierung und verkündeten, das gesamte Land gehöre ihnen. Nicht nur das Land, auf dem sie lebten, sondern auch die Gebiete, über die sie vorgedrungen waren, ja selbst Gegenden, die sie nur vom Hörensagen kannten. Wenn jemand irgendwo eine Flagge in den Boden rammte, behaupteten sie, ihm gehöre jetzt das Land, angefangen bei dem Punkt, von dem aus er aufgebrochen war. Und wir wurden immer weiter zusammengedrängt. Während wir vorher friedlich nebeneinandergelebt hatten, waren wir nun Konkurrenten, die um ihre Jagdgebiete kämpfen mussten.

Uns blieb keine andere Wahl, als mit den Weißen zu verhandeln oder Krieg gegen sie zu führen. Es gab nicht mehr genug Nahrung. Alles ging den Bach herunter. Wir verloren das Land, auf dem unsere Väter begraben lagen. Wir wurden auf kleinstem Raum zusammengepfercht, wie Fische in einem Teich.

Für uns erzählt die amerikanische Geschichte davon, wie aus einem gewaltigen Meer lauter kleine Teiche wurden – und wir wussten nicht einmal, ob wir diese kleinen Teiche überhaupt behalten durften. All das hat nichts mit den dreizehn Kolonien oder ein paar Planwagen auf dem Weg nach Westen zu tun. Unser Land wurde uns von allen Seiten geraubt. Wenn wir dieselben Fakten betrachten wie ihr, ergibt sich ein völlig anderes Bild. Ihr habt eure Geschichte auf Wörtern wie ‹Frontier› und ‹Zivilisation› aufgebaut. Erst einmal waren das nur verquere, in Buchstaben gegossene Vorstellungen – aber mit den wahren Ideen dahinter habt ihr uns unsere Vergangenheit genommen.

Und da begann das große Missverständnis. Wir sahen nicht die Ideen hinter euren Worten. Wir haben nicht begriffen, dass ihr alles benennen müsst, damit es existieren kann – erst eure Bezeichnungen haben die Dinge zu dem gemacht, was sie dann schließlich wurden. Ihr nanntet uns Wilde, und dadurch wurden wir zu Wilden. Unser Land nanntet ihr die Wildnis, und erst dadurch wurde es zu einem unwirtlichen, gefährlichen Ort. Das Bild von uns, das in euren Köpfen entstand, verdankt sich euren Wörtern – noch heute, ohne dass es euch überhaupt bewusst ist.

Ich hoffe, ihr lernt irgendwann, vorsichtiger mit euren Worten umzugehen. Unsere Kinder beherrschen unsere alte Sprache kaum noch. Ihr heutiges Weltbild entsteht komplett aus dem Englischen. Und dieses Weltbild ist nicht korrekt.

Als ich ein kleiner Junge war, hat mir ein alter Mann den Rat gegeben, Wörter wie wunderschöne Steine in Augenschein zu nehmen, vor Gebrauch jedes aufzuheben und von allen Seiten zu betrachten. Auf diese Weise würde ich ihm Respekt erweisen.

Ich finde, das war ein guter Rat. Ihr habt so viele Worte, dass ihr sie nicht mehr gebührend achten könnt. Deshalb werft ihr ja auch so leichtfertig mit ihnen um euch.

Ihr solltet tatsächlich ein wenig mehr Vorsicht walten lassen. Wörter sind nämlich wirklich wie Steine. Denn selbst wenn sie schön sind, können sie verletzen, wenn sie gedankenlos durch die Gegend geschleudert werden.

Ich habe gesprochen.»

Schweigend hatte ich mitverfolgt, wie Dan während seiner Ausführungen fast in eine Art Trance gefallen war. Es war mir vorgekommen, als hätte er seine Worte nicht mehr bewusst gewählt; eher schien er sie gleichsam eingefangen zu haben, um auf ihnen dahinzusegeln wie ein Falke auf dem Wind. Zudem hatte er die ganze Zeit über die Augen geschlossen gehalten.

Unwillkürlich kam mir in den Sinn, wie ich mich Jahre zuvor mit den Reden des Seneca-Häuptlings Red Jacket beschäftigt hatte. Bereits in seiner Jugend war es sein Ziel gewesen, eines Tages ein großer Redner zu werden, seinem Volk eine Stimme verleihen zu können.

Und genau das hatte Dan gerade getan, auch wenn er nur im kleinsten Kreis gesprochen hatte und ganz bestimmt nicht auf Applaus aus gewesen war. Er hatte für seine Vorfahren gesprochen, den Gefühlen seines Volkes Ausdruck verliehen. Und mich hatte er zu seinem Sprachrohr auserkoren – ein jäher Schauder überlief mich, als ich mir der Ehre und Verantwortung bewusst wurde, die auf meinen Schultern lastete. Das war kein Spiel mehr, keine bloße Schreibübung, um die Ergüsse eines alten Indianers zu verewigen. Was ich gehört hatte, war authentisch, mehr noch von bleibendem Wert; etwas, das all die Stimmen bündelte, die zum Schweigen gebracht worden waren oder nicht die richtigen Worte finden konnten.

Grover nickte, während er den Buick die staubige Straße entlangsteuerte. «Gut gesprochen, *Tunkashila*», sagte er – eine Anrede, die eigentlich nur «Großvater» bedeutet, aber der Weisheit der Alten größte Hochachtung zollt. «Ich hoffe, Sie haben aufmerksam zugehört, Nerburn», fügte er an mich gewandt hinzu. Fatback schnaufte und streckte sich.

Einen Moment lang kam es mir vor, ja sah ich regelrecht vor mir, wie wir auf einem Meer dahintrieben wie Odysseus und seine Getreuen: der alte Seher, der Steuermann und der Schreiberling, mit einem surrealen Hundechor im Hintergrund.

«Sie können sich glücklich schätzen, diese Dinge hören zu dürfen», sagte Grover. «Der Alte hat lange Zeit geschwiegen.»

Das Glück, diese Dinge hören zu dürfen. So ähnlich hatte es auch Wenonah ausgedrückt, als sie mir vor Dans Haus den Kopf gewaschen hatte. Sie verehrten diesen alten Mann und seine Weisheit, auch wenn sie es stets über Umwege sagten. Und von mir erwarteten sie dasselbe.

«Ich werde Ihren Worten Gehör verschaffen, Dan», sagte ich. Der feierliche Ton meiner Worte überraschte mich selbst, schien mir aber angemessen und natürlich. Dan nickte nur. «Wo haben Sie gelernt, so über diese Dinge zu sprechen?», hakte ich nach.

«Ich werde es Ihnen erklären», erwiderte er bedächtig. «Als ich noch ein Junge war, sah mir ein weiser alter Mann in die Augen und sagte, ich hätte eine besondere Gabe – ein indianisches und ein weißes Auge. Er erklärte meinem Vater, dass ich lernen müsse, mit beiden Augen zu sehen. ‹Du musst deine Gabe nutzen›, sagte er zu mir.

Mein Vater war ein kluger Mann, und er nahm die Worte des alten Mannes sehr ernst. Daher schärfte er mir ein, genau zu beobachten, auch auf die Gefahr hin, dass andere mich auslachen würden. Ich sollte lernen, mit beiden Augen zu sehen.

Auf der weißen Schule war ich todunglücklich. Jede Nacht weinte ich mir unter der Decke die Augen aus dem Kopf. Aber Jungs durften nicht weinen, und ich schämte mich. In den Sommerferien erzählte ich meiner Großmutter, dass ich ständig weinte. Ich sagte, dass ich nicht so tapfer sei wie die anderen

Jungs, doch sie erwiderte, das würde nicht stimmen. Es gäbe besondere Menschen, die den Schmerz der anderen auf sich nehmen würden, damit diese tapfer sein könnten. ‹Vielleicht bist du einer dieser Auserwählten›, sagte sie. ‹Du bist ein kluger Junge. Lerne, wie man redet. Es wird dir eine große Hilfe sein.›

Und so versuchte ich, den Umgang mit den Worten zu erlernen. Die meisten anderen Kinder hatten Angst zu sprechen, da wir von den Lehrern geschlagen wurden, wenn wir Fehler machten. Deshalb sagten sie lieber gar nichts. Aber ich rief mir wieder und wieder die Worte meiner Großmutter in Erinnerung.

Ich vertraute mich meiner Englischlehrerin an, bat sie, mir das Reden beizubringen. Sie gab mir ein Buch über Abraham Lincoln und eins über das alte Rom. In beiden standen jede Menge Reden. Sie gab mir die Aufgabe, jede Woche eine davon auswendig zu lernen und ihr dann vorzutragen.

Als ich sah, wie viele Wörter die Reden enthielten, wäre ich am liebsten davongelaufen. Aber ich kniff trotzdem nicht. Die meisten Wörter waren mir unbekannt, weshalb ich mich zunächst auf ihren Klang konzentrierte. Die Lehrerin meinte, das sei eine gute Idee. Sprache sei wie Musik, und Musik eine Sprache, die jeder verstehe.

Und so lernte ich diese Reden auswendig. Ich kann sie heute noch.

Für mich waren es die größten Reden der Welt. Damals wusste ich nicht, dass es auch große indianische Redner gab, bis einer der Ältesten mir davon erzählte, von Big Elk und Sitting Bull. Er kannte auch einige Reden in unserer Sprache. ‹Reden halten zu können, ist eine große Gabe›, sagte er.

Bald darauf begriff ich, was es bedeutete, mit beiden Augen zu sehen. In den indianischen Reden widerklangen dieselben Melodien wie in denen der Weißen. Ich hörte die Schritte von Männern, die Stimmen von Vögeln und anderen Tieren. Ich hörte die Gesänge der Erde in den Worten, in den Pausen zwischen ihnen.

Und dann wurde mir bewusst, dass mich die Stimmen der Tiere ebenso viel lehren konnten wie die Bücher.

Seit jenem Zeitpunkt hatte ich keine Angst mehr zu sprechen. Ich habe die Wörter studiert, sie in mich aufgesogen. Und dazu beobachtet, mit meinem indianischen und meinem weißen Auge. Ich habe meine Gabe in Ehren gehalten.»

Er hielt jäh inne. «Was ist Ihre Gabe, Nerburn?»

Die Frage traf mich aus heiterem Himmel. «Keine Ahnung», stammelte ich.

«Ich werde es Ihnen sagen. Sie sind ehrlich. Sie leben keine großen Lügen. Sie müssen nicht ständig im Mittelpunkt stehen. Sie haben ein offenes Ohr für andere.»

Ich starrte ihn an, verblüfft über das Persönlichkeitsbild, das er gerade von mir entworfen hatte.

«Aber Sie sind ein Feigling.»

Seine Worte trafen mich wie ein Schlag ins Gesicht. «Sie haben Angst vor dem Zorn anderer. Wenonah hat es mir erzählt. Sie hat gesagt, Sie würden sofort den Schwanz einkneifen, sobald Ihnen jemand die Stirn bietet.»

Ein nervöses Lachen entrang sich meiner Kehle. Es war geradezu beängstigend, wie genau er ins Schwarze getroffen hatte.

«Sehen Sie alles so klar?», platzte ich heraus.

«Es hat seinen Grund, dass mein Volk überlebt hat», sagte er. «Ich möchte, dass Sie sich eins vor Augen führen. Es wird Leute geben, die mit dem, was Sie geschrieben haben, nicht einverstanden sind. Die sauer auf Sie sein werden, ebenso wie auf mich. Nur, dass es mir egal ist. Ich bin nämlich kein Feigling.»

«Das ist ein sehr hartes Wort», protestierte ich schwach.

«Lassen Sie mich ausreden. Angst bringt Sie nicht weiter. Davon abgesehen gibt es auch einen gesunden Zorn, und ich kann spüren, dass Ihnen ein solcher Zorn innewohnt. Dieser Zorn erwächst aus Scharfblick, und ich verspüre ihn ebenso. Die Alten haben mich davor gewarnt. Man muss lernen, ihn zu beherrschen und für sich zu nutzen. Die Kehrseite ist der schlechte Zorn, der Zorn von Menschen, denen es immer nur darum geht, ihren eigenen Kopf durchzusetzen. Dieser Zorn ist kindisch und selbstsüchtig, und solchem Zorn darf man sich nicht beugen. Wer sich davon in die Knie zwingen lässt, ist ein Feigling. Verstehen Sie mich jetzt?»

«Ich glaube schon», sagte ich.

«Gut», gab er zurück. «Lassen Sie sich nicht mehr vom schlechten Zorn anderer ins Bockshorn jagen. Dann werden Sie auch in der Lage sein, Ihre Gaben zu nutzen.»

Grover setzte noch einen drauf, stets darauf bedacht, dass ich die Dimensionen meiner Aufgabe auch wirklich begriff. «Er sagt, dass Sie aufschreiben sollen, was Sie mit Augen und Ohren wahrnehmen. Sie sind der Hüter des Feuers.»

Dan nickte. «Und Hüter des Feuers können keine Feiglinge sein. Sie tragen das Licht in die Welt hinaus.»

15

KNOCHEN FÜR FATBACK

Bald darauf näherten wir uns ersten Anzeichen menschlicher Besiedlung. Ein winziger Punkt in der Ferne erwies sich als Briefkasten an einem ausgefahrenen Feldweg, der sich durch die Hügel schlängelte. Etwa eine Meile weiter trieben zwei Weiße mit Cowboyhüten mehrere Dutzend Rinder die Straße entlang. Der eine tuckerte mit einem Traktor vorneweg, während der andere auf einem großen braunen Pferd ritt und die Nachhut bildete. Sie winkten und lächelten, als Grover langsam an ihnen vorbeifuhr.

«Der nächste Ort wird Ihnen gefallen», sagte Grover.

«Wieso?»

«Ist 'n Kaff für Weiße. Zu Zeiten des Homestead Act entstanden. Da werden Sie sich wie zu Hause fühlen. Wir machen ein Päuschen und essen was. Dann können Sie auch endlich telefonieren.»

Ich wunderte mich ein wenig über seine Beschreibung des Orts, doch als die ersten Häuser in der Ferne auftauchten, begriff ich. Es war kein Reservatsdorf mit Trailern, trostlosen Reihensiedlungen, ausrangierten Blechhaufen in den Vorgärten und vereinzelten Läden mit staubigen, unasphaltierten Parkplätzen. Stattdessen lag das Nest vor uns wie Tausende anderer ländlicher Enklaven, die sich über die Ebenen und Prärien im Zentrum der Vereinigten Staaten verteilen – eine kleine Ansammlung von Gebäuden, die sich stolz gegen den flachen Horizont abhoben, überragt von den hoheitsvollen Wahrzeichen geistlichen und weltlichen Lebens – der Kirche und dem Wasserturm.

Obwohl wir uns mitten in einem Reservat befanden, war es ein weißer Ort, der sich dem Dawes Act von 1887 verdankte; einem Gesetz, mittels dessen die Reservate in 160 Acres große Flächen parzelliert und diese dann an einzelne Indianer verteilt worden waren, die so an Landwirtschaft und Privateigentum herangeführt werden sollten. Nur wenige Indianer betrieben Ackerbau, und noch weniger waren mit den Feinheiten des Privateigentums vertraut. Bald darauf hatten sich weiße Siedler die besten Grundstücke in den Reservaten durch legale Manöver, Betrug und mehr oder minder legitime Kaufverträge unter den Nagel gerissen. Obendrein war der gesamte Grund und Boden, der nach der Verteilung der 160-Acres-Parzellen an die Indianer noch übrig geblieben war, für weiße Siedler freigegeben worden. Im Grunde befanden sich die Gebiete nach wie vor innerhalb der Reservatsgrenzen, wurden aber nach dem Muster anderer weißer Ortschaften errichtet. Ein Reisender, der sich zufällig hierher verirrte, würde im Leben nicht merken, dass er in einem Reservat unterwegs war, sich höchstens über die ungewöhnlich große Zahl von Indianern wundern, die hier ihren Geschäften nachgingen.

Schon aus einer Meile Entfernung war deutlich zu erkennen, dass sich dieser kleine Ort massiv von der Welt unterschied, in der ich die letzte Woche verbracht hatte. Alles wirkte ordentlich und gepflegt. Die Straße war geteert, und während wir uns näherten, nahm die Zahl schmucker Einfamilienhäuser stetig zu. Gewerbe- und Wohngebiete waren deutlich voneinander getrennt, die Straßen mit nahezu mathematischer Übersichtlichkeit angelegt.

Grover blinkte, und wir bogen hinter dem schwarz-weißen Schild ab, das uns den Weg zur Ortsmitte wies. Das metronomische Ticken und der grüne Pfeil am Armaturenbrett schienen die Welt, in die wir uns jetzt begaben, geradezu mustergültig anzukündigen. Fatback rappelte sich neben mir hoch, vom Geräusch des Blinkers aus seiner Lethargie gerissen.

Wir bogen vom Highway auf die Hauptstraße ein. Das Ortszentrum war nicht besonders groß, gerade zwei Blocks lang, mit ein paar Seitenstraßen, die in Sackgassen endeten. Etwas weiter entfernt begann ein kleines Wohngebiet mit rechtwinklig angelegten, im Schatten hoher Bäume liegenden Straßen.

Ich ließ den Blick über die Ladenfronten schweifen. Ein Baumarkt, ein Futtermittel-Silo, ein leerstehendes, einstöckiges Backsteingebäude, vielleicht ein ehemaliges Hotel. Keine Frage, einst war dieses Städtchen stolz auf seine Unabhängigkeit gewesen; nun lebten hier fast nur noch alte Männer mit Pickups, die im einzigen Café des Orts Erinnerungen austauschten.

Ein tröstlicher Friede lag über der Szenerie, doch die Zeichen des Verfalls waren unübersehbar, wenn auch auf ganz andere Art als in den «Indianerorten», wo die Armut jegliche Form von dörflichem Idyll von Anfang an unmöglich gemacht hatte. Hier gab es zumindest die Erinnerung an bessere Zeiten, an chromblitzende Karossen und Männer in wuchtigen Anzügen, die ihre herausgeputzten Familien am Ostersonntag die Stufen zur Kirche hinaufführten.

Doch alles schien komplett zum Erliegen gekommen zu sein. Außer einem schäbigen Betongebäude, in dem sich eine Bank befand, und einem Mini-Markt an der Highway-Kreuzung schien hier seit mindestens fünfzig Jahren nichts Neues gebaut worden zu sein.

«Na, Nerburn?», fragte Grover. «Wie gefällt's Ihnen?»

«Wirkt ein bisschen, als wäre die Zeit an einem Sonntagnachmittag stehengeblieben.»

«Mag schon sein, aber hier gibt's Telefone.»

Langsam fuhr Grover die breite, menschenleere Hauptstraße entlang und hielt vor einem heruntergekommenen Eckgebäude. Trotz der drei, vier anderen Wagen, die davor parkten, dachte ich im ersten Moment, es stünde leer, doch dann wurde die Tür aufgestoßen, und ein alter Mann mit Stetson trat heraus. Er verharrte einen Moment und blinzelte in die Sonne, als müsse er seine Augen erst wieder ans Licht gewöhnen, ehe er die Straße hinunterging.

«Sieht einladend aus, Grover», sagte ich.

«Sie wollten doch telefonieren», erwiderte er.

Das Gebäude wirkte völlig anonym. Die Schaufenster waren mit weiß getünchtem Sperrholz vernagelt worden; nur zwei Öffnungen, etwa so groß wie Badezimmerfenster, waren frei gelassen worden. Über der Tür hing ein gelbes Plastikschild mit erhabenen schwarzen Lettern – «Café. Selbstgebackener Kuchen». Kurz fragte ich mich, ob sich jemand über die Aufschrift Gedanken gemacht oder einfach ein vorgefertigtes Schild bestellt hatte.

Ich besah mir die nichtssagenden Großbuchstaben noch einmal genauer. Die Abwesenheit jeder persönlichen Note verstärkte die trostlose Atmosphäre des Verfalls noch. Es konnte doch nicht so schwer sein, sich einen Namen wie «Ma's Café» oder «Bei Emma» auszudenken. Es war, als hätte dem Inhaber die Energie oder die Zuversicht gefehlt, irgendetwas Persönliches zum Ausdruck zu bringen. Selbst das improvisierte Schild über Jumbos Werkstatt ließ mehr Feuer und Initiative erkennen.

Grover stieg aus und ging zur Tür, ein klares Zeichen, dass er die Führungsrolle übernommen hatte. Dan schlurfte hinter ihm her, reckte halb müßig, halb neugierig das Kinn; nichts erinnerte an die Wachsamkeit, die er sonst an den Tag legte, wenn wir in den Hügeln unterwegs waren. Er wirkte wie ein Tourist, der staunend einen fremden Ort in Augenschein nimmt, während er in der freien Natur ein stummer Beobachter war, dem nichts um sich herum entging, der alles in sich aufsog, bis es ihm gelang, den Sinn dahinter zu erkennen.

Fatback hatte sich missmutig auf den Sitz zurücksinken lassen; ich versprach, ihm reichlich Reste mitzubringen, wenn er brav wartete, bis wir Menschen unser Fresschen hinter uns gebracht hatten. Er gab einen wehleidigen Laut von sich und schloss die Augen.

Der alte Cowboy hatte nicht grundlos geblinzelt. Im Inneren des Cafés war es so schummrig wie in einem Bumslokal. Gleich hinter dem Eingang saßen sechs alte Knaben mit Baseballkappen an zwei zusammengeschobenen Säulentischen und rauchten. An der Wand hinter ihnen hing eine Fotokopie mit dem Spruch: «Was kann man vom Rindvieh mehr verlangen als ein Stück Fleisch?»

Die Kellnerin war etwa Ende zwanzig, weiß, desinteressiert. Sie saß auf einem Barhocker neben der Küchentür und lauschte einem Country-Song, der aus den Lautsprechern eines tragbaren Radiorecorders schallte. Geistesabwesend nestelte sie an einer Strähne ihres wasserstoffblonden Haars herum und blies den Rauch ihrer Zigarette durch die Nase aus.

Grover winkte uns zu einem braunen Tisch mit vier gelben Kunststoffstühlen. Als wir Platz genommen hatten, drückte die Kellnerin ihre Zigarette aus und kam zu uns herüber. Sie hatte den typischen Trailerpark-Blick, in dem sich zu viele Biere, zu viele Kinder und zu viele Männer spiegelten; den Blick einer Frau, die einst die Gelegenheit verpasst hatte, sich mit einem Fremden aus dem Staub zu machen, und nun ihr Päckchen mit einem stoischen Zynismus trug, der komplett frei von Selbstmitleid war. Eine Hand in die Hüfte gestützt, kaute sie ihr Kaugummi im Takt der Musik. «Kaffee?», fragte sie.

«Schwarz», sagte Grover.

Dan nickte.

«Für mich auch Kaffee», sagte ich. «Aber mit Milch, bitte.»

«Sahne?», hakte sie nach.

«Nein, lieber Milch.»

Sie zuckte gleichgültig mit den Schultern, kritzelte etwas auf ihren Block und ging zu einer Wärmeplatte, auf der zwei Glaskannen standen. Sie griff sich die eine und nahm drei weiße Tassen von einem Geschirrtuch.

Sie knallte die Tassen vor uns hin; von der Kanne tropfte es auf den Tisch, während sie uns nachlässig einschenkte.

«Äh, Milch?», erinnerte ich sie.

Wortlos drehte sie mir den Rücken zu.

«Sie sollten mal Ihren Charme spielen lassen, Nerburn», sagte Dan.

«Wenn sie gleich mit dem Nudelholz anrückt, mach ich den Abflug», sagte Grover.

«Versuchen Sie's doch mal mit ein paar von den Sprüchen, mit denen Sie sonst Wenonah beehren», schlug ich vor.

«Nee, nee. Die ist eher der Bratpfannentyp. Da kriegt man gleich einen drüber.»

«Wär ja nicht das erste Mal», sagte Dan. Die beiden gackerten in sich hinein und nippten an ihrem Kaffee.

«Verdammt, das ist ja ekelhaft!», würgte ich. Ein öliger Film schwamm auf der braunen Brühe.

«Sind wohl eher den Yuppie-Capustrino gewohnt», sagte Grover.

«Original meins», erwiderte ich. «Bis Sie mich auf den Geschmack gebracht haben.» Der Gedanke an Grovers Kaffee erinnerte mich daran, wie weit wir bereits gefahren waren. Ich hatte keine Ahnung, wie viele Meilen wir zurückgelegt hatten, doch nach unserem endlosen Querfeldeinritt kam es mir vor, als seien wir mittlerweile in einem anderen Land angekommen.

Die Kellnerin stellte mir mit mürrischer Miene einen halbvollen Plastikbecher mit Milch hin. «Wollen Sie bestellen?»

Dan und Grover nahmen Kuchen, ich eine Suppe. Im selben Augenblick fiel mir Fatback ein.

«Sie haben nicht zufällig ein paar Knochen übrig?», fragte ich.

«Knochen?», gab sie zurück, als hätte sie noch nie etwas Dämlicheres gehört.

«Ja, einen Suppenknochen zum Beispiel. Wir haben einen hungrigen Hund im Wagen.»

«Ist 'ne Dosensuppe», sagte sie.

Grover lachte. «Ich glaub, bei der landen Sie heute nicht mehr, Nerburn.»

Hinter uns knarrte die Tür, und ein langer Streifen Sonnenlicht fiel herein. Lautes Gelächter zerriss die düstere Stille des Cafés, gefolgt von schweren Schritten und dem Schlagen der Außentür. Noch mehr Gepolter, und dann stand ein indianisches Paar im Raum. Der Mann war etwa Anfang dreißig und hatte eine schwarz glänzende Mähne, die über seine Schultern fiel. Er schwankte. Die Frau war spindeldürr und trug eine hautenge Jeans. Beide waren betrunken.

Grover und Dan schenkten den beiden keine Beachtung. Zum einen waren sie gedanklich offenbar schon bei ihrem Kuchen, zum anderen waren ihnen derartige Szenen nichts Neues.

Das Paar führte seine Unterhaltung lautstark fort; dass es um sie herum totenstill war, schien sie nicht zu stören. Der Mann zog einen Stuhl quer durch den Raum und blieb vor Dan stehen.

«Hey, Brother», lallte er.

Dan nickte. Die Kellnerin stand in der Küchentür, die Hände in die Hüften gestemmt. Die sechs Männer am Eingang beugten sich vor und begannen zu tuscheln.

Die Frau ließ sich auf einen Stuhl fallen und keifte: «Jetzt hol mir schon 'nen Scheißkaffee.» Ihr Typ stand inzwischen vor dem Zigarettenautomaten und las laut vor: «Der Verkauf von Zigaretten an Minderjährige ist gesetzlich untersagt ...»

«Ich will jetzt endlich 'nen Kaffee!»

Genervt schlug er mit der Faust gegen den Automaten. «Ist ja gut. Lass mich erst mal ein paar Zigaretten ziehen.»

Er kramte hektisch in seinen Taschen.

«Hey, Bro», richtete er das Wort an mich. «Haben Sie mal Kleingeld?»

Ich sah zu Dan und Grover, überließ ihnen die Entscheidung.

Grover schüttelte den Kopf. «Nee, Mann, sorry.»

«Oh.» Er stolperte zu seiner Begleiterin, als hätte er vergessen, warum er das Café überhaupt betreten hatte.

Die Kellnerin schritt ein. Energisch drückte sie ihre Zigarette aus und marschierte zum Tisch der beiden.

Sie hielt sich nicht mit langen Vorreden auf. «Habt ihr Geld dabei?»

«Klar», sagte der Indianer. «Klar haben wir Geld.»

«Dann lass mal sehen.»

«Er hat doch gerade gesagt, dass wir welches haben», mischte sich die Frau ein. «Und jetzt bringen Sie uns endlich Kaffee.»

Die Kellnerin musterte sie verärgert. «Hör zu, Schätzchen. Hier gibt's nur Kaffee gegen Bares. Also?»

«Ach, zum Teufel mit ihr», murmelte der Mann. Mit einer ungelenken Armbewegung fegte er die Ketchupflasche vom Tisch. «Komm, wir gehen.»

Die beiden standen auf und torkelten zur Tür. Ein Lichtbalken fiel herein, die Tür knallte; dann verlor sich das lautstarke Gespräch auf der Straße.

Deprimiert starrte ich in meine Tasse. Ich schämte mich, auch wenn ich mir nicht sicher war, für wen. Es war, als wäre ich Zeuge eines ethnischen Defizits geworden, das ich lieber ausgeblendet hätte. Obwohl es keinen logischen Zusammenhang gab, schienen Dan und Grover mit demselben Makel behaftet, der das betrunkene Paar zu sabbernden Karikaturen ihrer selbst degradiert hatte.

Die Weißen am anderen Tisch empfanden offenbar ähnlich, sahen allesamt zu uns herüber, und der eine oder andere Gesprächsfetzen über besoffene Indianer drang an meine Ohren; einmal war sogar deutlich das Wort «Prärie-Nigger» zu vernehmen. Ich sah zu Dan. Er schien sich nicht angesprochen zu fühlen.

«Alkohol hat uns schwer geschadet», sagte er dann. «Ein echtes Teufelszeug, vielleicht das Schlimmste, was wir dem weißen Mann zu verdanken haben. Der Alk macht uns alle verrückt.»

«Nun ja, zumindest die beiden», versuchte ich das Ganze herunterzuspielen.

«Das gilt für uns alle.»

«Und woran liegt das? Was glauben Sie?»

«Ich weiß es nicht. Vielleicht prüft uns der Schöpfer.»

«Haben Sie je getrunken?»

«Vor vielen Jahren. Bis mich ein Pfeifenträger wieder in den heiligen Kreis zurückgeholt hat. Seitdem habe ich keinen Tropfen mehr getrunken.»

«Bei der Marine habe ich schwer gesoffen», sagte Grover. «Ich gehe immer noch zu den Anonymen Alkoholikern.»

Die alten Knaben am anderen Tisch schienen sich wieder so weit beruhigt zu haben. Die kleine Störung hatte sich in eine Geschichte verwandelt, die sie ihren Kumpels erzählen konnten, und die beiden Indianer und der Weiße interessierten sie nicht weiter.

«Bringen solche Betrunkene Sie in Verlegenheit?», fragte ich.

«Sie treiben mir die Schamesröte ins Gesicht», sagte Dan.

«Nur, wenn Weiße dabei sind», fügte Grover hinzu. «Ich hasse es, wenn unsere Brüder sich so erniedrigen. Sie lassen uns alle als schwach und verführbar dastehen.»

«Wir sind schwach», gab Dan zurück. «Unsere Schwäche ist der Alkohol. So wie die Schwäche der Weißen ihr Besitz ist.» Er wandte sich zu mir. «Aber diese Schwächen sind Gaben, genau wie unsere Stärken. Schwächen machen uns stark, weil sie uns zwingen, sie zu überwinden.»

Die Kellnerin kam mit dem Kuchen und der Suppe, verteilte die Teller auf dem Tisch wie ein Geber die Karten beim Poker.

Grover kostete mit Kennermiene von seinem Stück Kuchen, grunzte beifällig und begann ihn mit der Gabel zu zerteilen. Auf meiner Suppe schwammen ominöse, petroleumartige Schlieren, die rot, grün oder blau schillerten, je nachdem, aus welcher Perspektive ich sie betrachtete.

«Das Problem ist nicht der Alkohol», fuhr Dan fort. «Der Alkohol ist eine Herausforderung an unsere Kraft. Das Problem liegt darin, dass wir ihm erlaubt haben, uns zu seinen Opfern zu machen.»

«Heutzutage sind alle in Amerika Opfer», sagte ich. «Das ist unser neuer Nationalsport.»

«Scheiße auch», warf Dan mit ungewöhnlicher Vehemenz ein. «Typisch weiß, so zu denken. Wenn ihr euer Leben nicht auf die Schnur kriegt, sind immer die anderen schuld – eure Eltern, die Arbeit, sonst irgendwas. Ihr jammert, ihr wärt ausgebrannt, und werft euer Geld Psychotherapeuten in den Rachen, damit die euch erzählen, warum ihr nicht für euer Leben verantwortlich seid.

So was haben wir nicht nötig. So läuft das nicht bei uns. Wir brauchen keine Sozialarbeiter oder sonstige Behörden-Schlaumeier, die uns verklickern wollen, was mit uns nicht stimmt. Kraft gibt uns der Große Geist.»

«Na ja», warf Grover ein. «Selbst der Große Geist braucht mal Hilfe.»

«Aber ganz bestimmt nicht von einem Haufen verdammter Sozialarbeiter und Berater. Wenn es uns nicht gäbe, wären die doch alle arbeitslos. Die gesamte Reservatsökonomie basiert auf unseren Schwächen.»

Er sah zu den Weißen am anderen Tisch, die, aufgestört durch Dans erregten Tonfall, verstohlen zu uns herüberlinsten. Zwar taten sie so, als würden sie sich ihrem Plundergebäck widmen, aber die Schirme ihrer Basecaps hatten sich klar in unsere Richtung bewegt.

«Es kotzt mich an, wenn ich sehe, wie die Weißen uns zu Opfern gemacht haben. Jeden Tag reihen sich Hunderte von Indianern in die Schlange sogenannter Opfer ein, geben der Gesellschaft oder den Weißen die Schuld an ihren Problemen.»

«Aber so ganz falsch ist das ja nun auch wieder nicht», gab ich zu bedenken.

«Natürlich nicht. Aber auch nicht richtig. Wer sich zum Opfer machen lässt, ist ein Schwächling. Und ich will stark sein, stark wie meine Vorväter. Mein Vater ging im Winter noch jeden Tag zum Fluss hinunter und hackte ein Loch ins Eis, um Wasser zu holen. Auch bei minus 40 Grad. Er tat einfach, was getan werden musste. Und genau das hat ihn stark gemacht.

Und jetzt wird uns weisgemacht, wir wären Opfer der amerikanischen Gesellschaft, weil ihr Weißen damals schon fließend Wasser hattet. Na und? Bevor ihr gekommen seid, hatten wir schließlich auch keins.

Aber dann kamen eure Sozialarbeiter und redeten uns ein, wir wären Opfer, nur weil wir nicht hatten, was ihr hattet. Und viele Indianer haben ihnen das abgekauft.»

Grover hatte seinen Kuchen mit fünf Bissen in sich hineingeschlungen und beäugte nun unverhohlen Dans unberührtes Stück.

«Sie können meine Suppe haben», sagte ich.

«Er will meinen Kuchen», sagte Dan.

Grover langte über den Tisch und zog Dans Teller zu sich. «Essen oder reden», sagte er. «Beides geht nicht.»

Dan ging nicht darauf ein. «Der weiße Weg ist nicht der unsrige. Ihr habt andere Bedürfnisse als wir. Unser Weg ist uns von unseren Vorfahren gewiesen worden, und wir müssen nichts weiter tun, als ihm zu folgen. Eurem Weg zu folgen hieße, eure Überlegenheit anzuerkennen. Aber ihr seid uns nicht überlegen. Ich glaube, dass ihr schwächer seid als wir.

Wenn wir von euch Dinge lernen können, die uns dabei helfen, dem Pfad unserer Ahnen zu folgen, sollten wir das tun. Wenn wir von euch Dinge übernehmen können, die uns ein besseres

Leben ermöglichen, sollten wir das tun. Aber wir sollten uns nicht als Opfer fühlen, weil wir nicht dasselbe besitzen wie ihr. Damit erheben wir eure Lebensweise über die unsrige. Sowohl ihr als auch wir sollten so leben, wie wir es für richtig halten, und uns gegenseitig helfen, so gut es geht.»

«Das ist sicher edel gedacht …», begann ich, doch Dan schnitt mir das Wort ab.

«Gedacht? Wir haben daran geglaubt, als ihr damals in unser Land gekommen seid. Wir wollten mit euch teilen, Ideen und Wissen austauschen. Die Gaben unseres Volkes gegen die euren.

Wir haben euch zugehört, aber ihr uns nie. Ihr habt uns nur beraubt.»

Die alten Knaben am anderen Tisch sahen jetzt offen zu uns herüber. Dan war so laut geworden, dass niemand so tun konnte, als hätte er ihn nicht gehört.

«He, Alter, krieg dich wieder ein», flüsterte Grover. «Die halten dich sonst auch für besoffen.»

«Zur Hölle mit ihnen. Ich bin alt. Sollen sie doch glauben, ich hätte sie nicht mehr alle.»

«Da könnten sie sogar recht haben», sagte Grover.

Dan ging zum Angriff über. «Hätten wir euch kein Gehör geschenkt, wären wir nie in Berührung mit Alkohol gekommen. Wir hätten nicht halb so viele Probleme wie heute – die habt ihr uns erst gebracht! Ihr habt uns zu einer Bande von Folklore-Affen gemacht, die vor euren Handelsstationen herumlungerten und um Almosen bettelten. Damit hat alles angefangen. Und jetzt lungern wir auf euren Sozialämtern herum, um uns Lebensmittelmarken abzuholen.»

Die Kellnerin hatte sich auf ihrem Hocker umgewandt; ein spöttisches Grinsen spielte um ihre Lippen. Die Männer am anderen Tisch starrten Dan mit unverhohlener Neugier an. Zwei Dramen an einem Tag, das überstieg ihre kühnsten Erwartungen. Darüber würden sie noch im nächsten Frühjahr reden.

Dan ließ sich nicht beirren. Man sah ihm an, dass sich seine Gedanken überschlugen, ihm tausend Dinge auf der Zunge lagen. «Wissen Sie, warum wir auf die ersten Missionare gehört haben? Weil sie stark waren. Sie brauchten keine Betten, schliefen mit uns auf dem nackten Boden, ganz nah am Puls der Erde. Sie mögen es vielleicht nicht glauben, aber sie verstanden unsere Lebensweise, und sie gefiel ihnen. Die Besten unter ihnen ließen ihre Religion mit der unseren verschmelzen; sie war wie ein Handschuh, der sich wie eine zweite Haut anfühlte.

Die wahren Probleme begannen erst, als die anderen kamen – diejenigen, die besoffen von ihrer eigenen Vision der Wahrheit waren und unsere nicht erkennen konnten. Diejenigen, die Häuser mit Fußböden bauten und in Betten mit dicken Matratzen schliefen, um möglichst viel Abstand zwischen sich und die Erde zu legen. Diese Leute haben uns von Anfang an nicht verstanden.

Inzwischen habt ihr uns ebenfalls dazu gebracht, Fußböden und Betten zwischen uns und die Erde zu legen, die Natur auszuschließen und in Plastik verpackte Nahrung zu kaufen. Und wenn wir eure sogenannten Segnungen nicht besitzen, stellt ihr uns als Opfer hin. Gleichzeitig fahrt ihr zum Campen in die Wälder, schlaft in der freien Natur und macht einen auf Indianer – und raubt uns unsere Kultur so quasi noch einmal durch die Hintertür. Erst sollen wir uns als Menschen zweiter Klasse fühlen, und dann erhebt ihr auch noch Anspruch auf das, was uns noch geblieben ist.»

«Jetzt iss deinen verdammten Kuchen, oder ich putz ihn weg.» In Grovers Augen stand ein amüsiertes Funkeln, doch sein angespannter Tonfall verriet, wie nervös es ihn machte, dass all die Weißen mithören konnten. Doch Dan war das offensichtlich schnurzegal. Er machte eine Handbewegung, als würde er eine Mücke verscheuchen.

«Denken Sie nur an diesen Thoreau. Ich habe ein paar von seinen Büchern gelesen. Er ist in die freie Natur gezogen, hat in einer Waldhütte mit Blick auf einen Teich gelebt. Heute ist er einer eurer großen Helden. Würde ich dasselbe tun, hätte ich so viele Sozialarbeiter am Hals, dass ich kein Auge mehr zubekommen würde.

Soll ich Ihnen sagen, was sie in ihre Scheißnotizbücher schreiben würden? ‹Keine Initiative, kein Selbstwertgefühl.› Dann würden sie ihre Berichte tippen, Zuschüsse beantragen und mal wieder ein Regierungsprogramm in die Wege leiten – alles wie immer unter dem Deckmäntelchen der Hilfestellung.

Genauso ist es damals bei der Landverteilung gelaufen. Es hieß, man wolle uns helfen, und so wurden unsere Reservate in Parzellen zerstückelt und wir zu Farmern erklärt. Als wir dann aber keine Felder bestellten, wurden wir sofort zu Faulenzern abgestempelt. Ach ja? War Thoreau etwa Farmer? Von wegen. Die meiste Zeit über ließ er sich darüber aus, wie schön das Nichtstun war, und abends schlug er sich bei einem Freund den Bauch voll. Er wollte genauso wenig Felder bestellen wie wir, und dennoch gilt er als Held. Während bei uns der Sozialarbeiter ranmuss, weil wir ja so unfassbar faul sind.»

Die Kellnerin hatte genug – zwei krakeelende Indianer an einem Tag reichten ihr. Sie riss die Rechnung von ihrem Block und kam an unseren Tisch. «Noch einen Wunsch?»

«Ja, noch 'nen Kaffee», sagte Dan.

Grovers Blick weitete sich. «Lass uns mal lieber schleunigst abzischen.»

«Nee, ich brauch noch 'nen Kaffee, um den Kuchen runterzuspülen», gab Dan zurück. Ob er das ernst meinte oder sich einen Witz auf Grovers Kosten machte, war unmöglich zu sagen. Die Kellnerin zog ein Gesicht, ohne einen von uns im Besonderen anzusehen, und holte die Kanne.

Dan richtete den Blick auf mich. «Hören Sie, Nerburn, ich will, dass Sie eins kapieren. Weiße wissen nicht, was sie wollen. Einerseits sind sie scharf auf große Häuser und allen möglichen anderen Schamott, andererseits wollen sie dann doch wieder im Einklang mit der Erde leben, bauen sich Blockhütten, gehen jagen, campen in der Wildnis. Aber in Wirklichkeit erlauben sie sich das nur, weil sie bereits all diese anderen Dinge besitzen. Wir Indianer leben tatsächlich in Blockhütten und gehen auf die Jagd, aber in unserem Fall gilt das als armselig, weil wir keine fetten Villen und tollen Jobs in der Hinterhand haben. Aber wir wollen keine zwei Leben wie die Weißen führen. Euer Thoreau ist doch bloß ein Held, weil er zwei Leben lebte. Sonst hätte er nämlich als Penner gegolten, und die Behörden hätten bei ihm vorbeigesehen.»

Dan hatte sich in seinen eigenen Argumenten verheddert, und ich wusste nicht mehr, ob ich seiner Logik noch folgen konnte. Ich nickte nur und starrte auf die irisierende Oberfläche meiner Suppe. Grover zog den Kopf ein, und die alten Herren debattierten, ob es vielleicht gar nicht so falsch gewesen war, was der verrückte alte Indianer da von sich gegeben hatte. Die Kellnerin stand mit der Kanne in der Hand da, während ein herzzerreißender Song von Tammy Wynette aus den Lautsprechern des Radiorecorders schallte; sie sang sich wahrlich die Lunge aus dem Leib.

Plötzlich senkte Dan die Stimme, als wolle er uns ein Geheimnis anvertrauen. «Eins sollten Sie nie vergessen.» Ich sah, wie die Männer am anderen Tisch die Hälse reckten, um ihn trotz Tammys Klagegesang verstehen zu können. «Für Weiße gibt es nur zwei Sorten von Indianern. Betrunkene Pennbrüder und edle Wilde. Früher waren wir die mordenden Rothäute, aber das hat sich mittlerweile erledigt. Jetzt sind wir entweder Saufnasen oder edle Wilde. Da sind mir fast die Weißen lieber, die uns alle für Trunkenbolde halten. Wenigstens sehen sie uns als Menschen. Sie urteilen über das, was sie sehen, geben sich nicht irgendwelchen Wunschvorstellungen hin. Und wenn sie einem von uns über den Weg laufen, der kein Säufer ist, müssen sie sich damit auseinandersetzen.

Denjenigen, die in uns ausschließlich weise Männer und Frauen sehen, sind echte Indianer vollkommen egal. Diese Leute interessieren sich nur für ihre eigene Vorstellung von Indianern. Und damit rauben sie uns unsere Wirklichkeit – sie machen uns zu Fantasiegestalten, zu Abziehbildern ihrer eigenen fixen Ideen.

Sie wollen wissen, was es bedeutet, Indianer zu sein? Es bedeutet, in Verbundenheit mit der Erde zu leben. Auf das eine oder andere zu verzichten. Einander zu helfen, Zwiesprache mit dem Schöpfer zu halten, schweigen zu lernen und der Erde zu lauschen, statt sie immer weiter zuzubetonieren.

Ein Indianer gibt anderen nicht die Schuld an seinen Problemen. Und ebenso wenig würde er auf die Idee kommen, aus anderen Menschen etwas zu machen, das sie nicht sind.»

Er lehnte sich demonstrativ zurück. «So, jetzt bin ich fertig.»

«Das wurde aber auch langsam Zeit», knurrte Grover.

Ich nickte halbherzig, ein wenig verwirrt und nur halb überzeugt von dem, was ich gerade gehört hatte. Die alten Knaben gaben sich alle Mühe, den Anschein zu erwecken, als seien sie in eine private Unterhaltung vertieft, während sie weiter die Ohren spitzten.

«Hat's geschmeckt?», fragte die Kellnerin sarkastisch, als sie meine unberührte Suppe abräumte.

«Ging mir runter wie Öl», erwiderte ich, und zum ersten Mal lächelte sie ein bisschen. Sie nahm die Scheine, die ich auf den Tisch gelegt hatte, und ging zur Kasse. Kurz darauf kam sie mit einer großen, braunen Papiertüte zurück.

Ich sah fragend zu ihr auf. «Für den Hund», sagte sie. Sie zwinkerte mir zu, und dann war sie auch schon wieder auf dem Weg zu ihrem Hocker, ohne uns eines weiteren Blickes zu würdigen.

16

DER FREMDE

Ich bat Grover, kurz an dem Mini-Markt zu halten, damit ich telefonieren konnte. Der Münzfernsprecher im Café hatte direkt neben den Tischen mit den sechs Basecapträgern gehangen, und sie brauchten nicht auch noch mitzuhören, wie ich meiner Frau erklärte, dass ich erst einmal nicht nach Hause kommen konnte, weil mein Pickup von einem Goliath auseinandergenommen wurde, während ich mit zwei Indianern und einem arthritischen Hund in einem Buick quer durch die Prärie fuhr.

Als ich zum Wagen zurückkam, waren Grover und Dan in ein angeregtes Gespräch vertieft. Dan war wieder bester Stimmung und lachte herzhaft.

«Du hast mehr gequatscht als ein Weißer», sagte Grover.

«So haben die alten Arschgeigen wenigstens was, worüber sie sich das Maul zerreißen können.»

«Genau. Eine andere alte Arschgeige.»

Dan gackerte zustimmend.

«Alles so weit geklärt?», fragte Grover, als ich die Wagentür hinter mir zuschlug.

«Glaub schon», sagte ich. Es war ein trauriges Gespräch gewesen, voller unausgesprochener Vorwürfe, Sehnsüchte und Enttäuschungen. Mein Sohn war ans Telefon gekommen, hatte geredet wie ein Wasserfall, von seinen Freunden, neuen Spielzeugen und Geburtstagspartys erzählt. Meine Frau hatte sich alle Mühe gegeben, verständnisvoll zu klingen, doch der distanzierte Unterton in ihrer Stimme war mir nicht entgangen. Sie hatte genug davon, alles allein stemmen zu müssen.

«Sie müssen loslassen, Nerburn», sagte Grover.

Seine gedankenlose Art ärgerte mich. Ich wollte allein gelassen werden mit meinem Kummer. Dan schwieg.

Wir fuhren zurück auf den Highway. Aus mir unverständlichen Gründen fuhr Grover wieder Richtung Osten. Er schien komplett aufs Geratewohl unterwegs zu sein, aber letztlich war es mir egal; ich hatte weiß Gott andere Sorgen. Der Buick schnurrte im Achtzylinder-Takt vor sich hin, und wir verfielen in Schweigen. Fatback nagte wie besessen an einem der Knochen, die uns die Kellnerin mitgegeben hatte.

Fast eine Stunde lang fiel kein Wort. Ich sah aus dem Fenster, ließ den Blick über die Ebene und die um uns herum aufragenden Berge schweifen. Die Stimme meines Sohnes wollte mir nicht aus dem Kopf gehen.

Die Rollenverteilung auf unserem Ausflug hatte sich mittlerweile eingespielt. Grover bestimmte, wo es hinging. Dan entschied, wo und wie lange wir irgendwo haltmachten. Und ich saß mit dem Hund auf dem Rücksitz, machte mir Notizen, beobachtete und starrte auf die Plains hinaus.

Allmählich ließ mein schlechtes Gewissen nach, und die subtile Kraft der Landschaft zog mich einmal mehr in ihren Bann. Das Auf und Ab der Hügel und der lockende Horizont hatten eine gleichsam meditative Wirkung auf mich. Ich lehnte mich in meiner Ecke zurück und ließ mich von der Weite des Landes hypnotisieren.

So verging der Nachmittag ohne besondere Höhepunkte. Offenbar war ich zwischendurch weggedöst, vielleicht auch nur komplett in meinen Gedanken versunken, jedenfalls schrak ich auf wie aus tiefem Schlaf, als Dan plötzlich rief: «Da vorn abbiegen!»

Grover stieg so hart in die Eisen, dass es mir fast hochkam. Wir befanden uns auf einer kurvenreichen, abschüssigen Straße, die hinunter in ein Flusstal führte, und Grover hatte sichtlich Mühe, den Buick zu bremsen. In weiter Ferne konnte ich die sich endlos ersteckende Ebene auf der anderen Seite des Flusses erkennen.

Der Grund für Dans Ausruf war eine braune, von blauen, gelben, grünen und weißen Diamanten umrahmte Tafel mit der Aufschrift «Sitting-Bull-Gedenkstätte».

«Da abbiegen!», wiederholte Dan.

Der alte Buick schaukelte und quietschte, als Grover ihn nach rechts auf eine Serpentinenstraße lenkte, die durch die Hügel führte.

«Ich möchte, dass Sie das sehen.» Der Nachdruck in Dans Stimme war nicht zu überhören. Er straffte die Schultern und setzte sich auf. «Sitting Bull war einer der ganz Großen, wenn nicht der Größte, gleich nach Crazy Horse. Er hat nur aufgegeben, weil sein Volk Hunger litt.»

Ich wusste nicht viel über Sitting Bull. Ich hatte die Schulbildung eines Weißen genossen und kannte ihn lediglich als einen von vielen Häuptlingen mit aristokratischen Gesichtszügen und exotischem Namen; einmal war er in einer Prüfungsfrage zur Frontiergeschichte aufgetaucht. Ich erinnerte mich, dass er irgendwie an Buffalo Bills Wildwest-Shows beteiligt gewesen war – wohl eine zutiefst erniedrigende Erfahrung für einen Mann, der einst der Anführer eines freien Volks gewesen war.

«Er war ein großer Anführer», sagte ich vage.

«Die Verträge waren ein Haufen Scheißdreck», zischte Dan, als wäre das eine logische Antwort. «Darin wurde uns Land zugesprochen. Aber wie kann man jemandem etwas geben, das ihm sowieso schon gehört? Der einzige Zweck der Verträge bestand darin, uns den Gesetzen der Weißen zu unterwerfen. Sitting Bull hatte das durchschaut und weigerte sich, diese Schriftstücke zu unterzeichnen. Er wusste genau, dass die Weißen etwas im Schilde führten.»

In der Ferne ging eine einsame Gestalt die Straße entlang.

«Sieht nach 'nem Indianer aus», verkündete Grover.

«Nehmen wir ihn doch mit», sagte Dan.

Als wir näher kamen, war der Mann deutlicher zu erkennen: ein junger, hagerer Bursche um die dreißig mit den ausgeprägten, wie gemeißelten Gesichtszügen eines Athleten. Er trug Jeans und T-Shirt; über die Schulter hatte er eine schwarze Lederjacke geschwungen. Er marschierte mit den energischen Schritten eines Menschen, der es gewohnt ist, größere Strecken zu Fuß zurückzulegen.

Grover ging vom Gas, als wir auf seiner Höhe waren, und Dan deutete auf den Rücksitz. Der Mann spähte kurz zu uns hinein, dann öffnete er schwungvoll die hintere Tür.

Er stieg ein und nickte Dan zu, ohne ein Wort zu sagen. Sein weißes T-Shirt betonte seinen sehnigen Oberkörper, und seine Jeans wurde von einem geprägten Ledergürtel mit einer ovalen Türkis- und Silberschnalle gehalten.

Er warf mir einen Blick zu, kramte eine Packung Lucky Strike aus der Jacke und bot mir wortlos eine an.

Ein Anflug leiser Panik ergriff Besitz von mir. Ich wollte keine Zigarette, war aber unsicher, ob es sich nicht womöglich um eine Dankesgeste handelte.

Trotzdem lehnte ich ab.

Er hielt die Packung über die Vordersitze. Dan nahm zwei Zigaretten heraus und reichte eine an Grover weiter. Grover nickte und steckte sich die Zigarette in den Mundwinkel. Nach wie vor war kein Wort gefallen.

Die Stille machte mich nervös. Eben noch hatte Dan zu einer längeren Ausführung über Sitting Bull angehoben, und nun fuhren wir in gleichsam selbstverständlichem indianischen Schweigen dahin. Ich fühlte mich wie ein kompletter Außenseiter.

Ich beobachtete den Fremden aus den Augenwinkeln. Er war ein Kind der Landschaft, seine Haut rötlich-braun wie poliertes

Mahagoni; die riesigen, schwieligen Hände hingen wie Äxte von seinen muskulösen Unterarmen. Trotz seiner hageren Erscheinung traten seine Muskeln so deutlich hervor, als hätten heiße Sonne und harte Arbeit jedes Gramm überschüssigen Fetts aus seinem Körper gepresst. Und so gestählt er wirkte, hatte er etwas Elegantes, fast Feminines an sich: die physische Präsenz und Geschmeidigkeit einer Raubkatze.

Er zog einen Kamm aus der vorderen Hosentasche und fuhr sich damit sorgfältig durch seine auf Fünfzigerjahre getrimmte, glänzend schwarze Haarpracht. Dann formte er seine Frisur mit ein paar geübten Bewegungen seiner kräftigen Hände zu einer voluminösen Tolle.

Seine Haut war glatt und fest, aber von feinen Linien durchzogen. Vom Lächeln oder Blinzeln hatten sich Fältchen um seine Augen gebildet, nun aber verzog er keine Miene, während er Fatbacks Nacken kraulte. Offenbar hatte er sein Leben lang mit Tieren zu tun gehabt, da er darauf verzichtete, den Hund vorher an seiner Hand schnuppern zu lassen.

Grover genoss es sichtlich, den Wagen durch die Serpentinen zu lenken. Die weit geschwungenen Kurven des amerikanischen Hinterlands schienen wie geschaffen für seinen Straßenkreuzer.

«Wollen Sie auch zur Gedenkstätte?», fragte ich in der Hoffnung, meinen möglichen Fauxpas – dass ich seine Zigarette abgelehnt hatte – durch ein bisschen Konversation wieder ausbügeln zu können.

Dan erstarrte.

«Ich steig oben aus», gab der Mann einsilbig zurück.

Ich spürte, dass Dan irgendetwas nicht in den Kram passte, und die maulfaule Antwort des Mannes ließ nur den Schluss zu, dass er entweder von Natur aus nicht sonderlich gesprächig oder aber an einer Unterhaltung mit mir nicht interessiert war. Grover konzentrierte sich darauf, den Wagen um die Kurven zu lenken; von ihm hatte ich keine Hilfe zu erwarten.

Ich quetschte mich in meine Ecke des Rücksitzes und blickte aus dem Fenster. Eine ganz simple Frage hatte ich gestellt, und jetzt hing sie im Wagen wie eine fette, schwarze Spinne. Was hatte ich falsch gemacht? Wie konnte eine banale Äußerung plötzlich mit derartiger Bedeutung aufgeladen sein?

«Hier wär's gut», sagte der Mann. Grover hielt an, und der Mann stieg ebenso flink wieder aus, wie er eingestiegen war. Es gab kein «Danke», kein «Auf Wiedersehen» oder sonst irgendeinen Austausch von Höflichkeiten; eine bedrohliche oder feindselige Stimmung war aber ebenso wenig entstanden.

«Die Krankheit des weißen Mannes», schnauzte Dan mich an, als Grover weiterfuhr.

«Bei uns nennt man das Höflichkeit», gab ich genervt zurück. «Ich habe ihn bloß gefragt, wo er hinwill.»

«Schön wär's. Sie haben ihn gefragt, ob er auch zur Gedenkstätte will. Man stochert nicht in alten Wunden, Nerburn.»

«In was für Wunden?», fragte ich entgeistert.

Ein düsterer Zorn schwang in der Stimme des Alten. «Haben Sie 'ne Ahnung, was mit Sitting Bull passiert ist?»

«Nein», räumte ich ein, auch wenn mir immer noch nicht klar war, was das mit meiner Frage zu tun haben sollte.

«Er ist von der Scheißreservatspolizei ermordet worden – einer Bande von Zirkusaffen-Indianern, die Angst um ihre Essensrationen hatten.»

«‹Kaffeekühler› nannte man die Kerle», ergänzte Grover, der die Zigarette in seinem Mundwinkel immer noch nicht angezündet hatte. «Der Name würde auch zu Ihnen passen, Nerburn.»

Doch Dan war nicht in der Stimmung für Witze. «Sitting Bull wollte die Verträge nicht unterzeichnen. Er wusste genau, dass sie uns alle zu Zirkusaffen abrichten wollten. Und hätte es diese verdammten Anpasser und Schranzen nicht gegeben ...» Er gab ein zorniges Schnauben von sich. «Hätten sie auf Sitting Bull gehört, hätten wir die Black Hills nie verloren.»

Um ein Haar hätte ich eingeworfen, dass ihnen die Black Hills dann wohl auf andere Weise genommen worden wären, wollte Dan aber nicht noch mehr verärgern.

«Er war ein wahrer Häuptling, Nerburn. Er hasste die Weißen nicht, aber er liebte sein Volk und wusste, dass wir selbst zu Weißen werden würden, wenn wir uns den Wasichus auslieferten. Wissen Sie, was er über die Indianer gesagt hat, die in den weißen Gebieten lebten?»

«Nein.»

«Ich kenne diese Rede – es ist eine von denen, die ich als Kind auswendig gelernt habe. Auch auf Englisch. Seine Worte lauteten: ‹Ich will kein Leben in einem Pferch führen. Alle Indianer, die mir in den weißen Gebieten begegnet sind, waren nutzlos, ihrer Seele beraubt. Sie waren weder rote Krieger noch weiße Farmer, weder Wolf noch Hund.›»

Er wandte sich um und sah mich an. «Verstehen Sie, was ich meine, Nerburn?»

«Nein», erwiderte ich, immer noch eingeschnappt, weil er mich wegen eines harmlosen Akts der Höflichkeit zurechtgewiesen hatte.

«Und genau das ist mit uns geschehen. Wir haben den Weißen vertraut, und jetzt sind wir weder Wolf noch Hund. Sitting Bull hatte recht.»

«Aber was hat das mit dem Mann zu tun, den wir eben mitgenommen haben?», fragte ich.

«Viele, die in Fort Yates leben, sind Nachkommen der Polizisten, die Sitting Bull festnehmen wollten», erklärte Dan. «Sein Lager befand sich hier in der Gegend, und dort versammelten sich die Geistertanz-Anhänger, was den Weißen ein Dorn im Auge war. Sie glaubten, er wäre ein Aufrührer, wollten, dass er Ruhe gab und irgendein Feld beackerte. Und deshalb schickten sie ihm die Indianerpolizei auf den Hals, und diese verdammten Feiglinge haben ihm hinterrücks einen Kopfschuss verpasst!

Worauf dann ein paar von Sitting Bulls Männern die Polizisten erschossen haben, eine ganze Reihe von ihnen. Wie auch immer, darüber redet man nicht, solange man nicht weiß, wen man vor sich hat.»

«Nach hundert Jahren?», platzte ich heraus.

«Bei euch Weißen ist es doch genauso. Im Süden wird mancherorts auch nicht über bestimmte Dinge geredet, die im Bürgerkrieg passiert sind.»

Ich schüttelte den Kopf. «Sie nehmen den Burschen mit und sprechen dann nicht mit ihm, weil er eventuell mit einem Polizisten verwandt sein könnte, der seit hundert Jahren tot ist?»

«Genau», sagte er scharf. «Und ob Sie das verstehen, ist mir völlig egal. Für Indianer ist der Clan genauso wichtig wie die Familie. Und diese Bande lösen sich nicht einfach auf, nur weil jemand gestorben ist. Es schadet nicht, der Vergangenheit mit Respekt zu begegnen. Nur weil etwas ein paar Jahre her ist, ist es noch lange nicht tot und begraben.

Und davon abgesehen sind wir keine Weißen, die jede verdammte Sekunde Stille mit ihrem Gefasel füllen müssen.»

«Okay, ich hab's kapiert.» Ich wollte seinen Unmut nicht noch weiter herausfordern und wandte mich an Grover. «Mal ehrlich, Grover. Finden Sie nicht auch, dass Dan ein bisschen überreagiert?»

Grover warf mir einen Blick über den Rückspiegel zu. «Der Alte weiß Dinge, die ich nicht weiß. In Fort Yates war ich nur ein Mal, und auch nur, um ein Taco einzuschieben, da gibt's nämlich ein Taco John's. Trotzdem kann's nicht schaden, den Mund zu halten.»

Vor meinem inneren Auge sah ich einen Moment lang eine Schlange von Leuten, die in der Taco-Bude anstanden, sich gegenseitig misstrauisch beäugten und über vergangenes Unrecht nachsannen. Am liebsten hätte ich vorgeschlagen, dort vielleicht zwei Theken einzurichten – eine für die Verwandten von Sitting

Bull und eine für die der Polizisten –, fürchtete aber, mir damit keine Freunde zu machen.

«Sie kapieren überhaupt nichts, Nerburn», sagte Dan, immer noch stocksauer. «Deshalb versuche ich ja, Ihnen etwas beizubiegen. Jeder hier tut so, als wäre er stolz auf Sitting Bull. ‹Er war ein großer Häuptling. Er hat Custer gezeigt, wo der Hammer hängt.› Jeder Indianer wird Ihnen das erzählen. Aber das ist nur die Version für die Weißen. Unter der Oberfläche schwelen ganz andere Erinnerungen, besonders bei den Alten. Und falls die Jungen es vergessen haben sollten, täte es ihnen ganz gut, sich das Ganze mal wieder ins Gedächtnis zu rufen. Es gibt wichtigere Dinge als die neueste Sneaker-Kollektion.»

Ich schwieg, doch Dan ließ nicht locker.

«Wie ist Ihr Großvater gestorben, Nerburn?»

«Ich weiß es nicht genau», sagte ich. «Einfach so. Er hatte ein schweres Leben. Der Suff hat sein Übriges getan.»

«Was würden Sie sagen, wenn ihm jemand eine Kugel durch den Kopf gejagt hätte, nur weil er zur Kirche gehen wollte, und sein Mörder dafür auch noch einen Orden bekommen hätte?»

«Ich würde sagen, es ist ein Verbrechen.»

«Und? Wären Sie sauer deswegen?»

«Ja, schon, aber doch nicht auf die Urenkel der Mörder.»

«Tja, Indianer vergessen nicht.»

«Oder vergeben», murmelte ich.

Doch Dan hatte mich trotzdem gehört. «Mit Vergebung hat das nichts zu tun. Sondern mit Ehre – wie oft soll ich Ihnen das noch erklären? Vergebung ist nur ein rein egoistischer Akt der Befreiung. Ehre hingegen macht stark. Sie verbindet uns mit der Vergangenheit. Sitting Bull lebt in den Herzen seines Volkes weiter. So ehren wir ihn. Aber wir denken gar nicht daran, diejenigen zu ehren, die ihn nackt aus dem Bett gezerrt und in den Kopf geschossen haben, um sich bei den Wasichus beliebt zu machen.

Nach dem Mord waren Sitting Bulls Leute gezwungen, nach Pine Ridge zu fliehen. Hier oben leben die Nachkommen der Polizisten, die ihn auf dem Gewissen haben. Heute kriegen sie feuchte Augen und schwärmen davon, wie groß Sitting Bull war, aber damals waren sie bereit, ihn für ein Linsengericht aus dem Weg zu schaffen.»

Ich staunte über Dans Unversöhnlichkeit und darüber, wie sich Vergangenheit und Gegenwart in seinem Denken nahtlos zu einem Ganzen fügten. Aber er hatte recht; es war wie mit dem Süden und dem Bürgerkrieg oder dem Vichy-Regime und der Résistance. So mancher Schmerz saß einfach zu tief, und an manche Wunden rührte man besser nicht. Auch wenn sein Argwohn womöglich einer paranoiden Wahnvorstellung entsprang, konnte man ihm eine gewisse Logik nicht absprechen.

Ich warf einen Blick aus dem Rückfenster. Der Fremde war nur noch eine winzige Gestalt in der Ferne, und im selben Moment geriet er auch schon außer Sicht, als wir um die nächste Kurve bogen. Rhythmisch marschierte er die Straße entlang – genau in die Richtung, in die wir fuhren.

17

HERRSCHER UND ANFÜHRER

Sitting Bulls Denkmal war ein Obelisk auf einem Felsvorsprung hoch oben über dem Missouri River. In majestätischer Einsamkeit ragte es vor dem wolkenlosen blauen Himmel auf. Trotz des sonderbar klassischen Stilkonzepts ging eine solitäre Erhabenheit von ihm aus, die nur allzu genau zu einem Mann zu passen schien, der sich der Übermacht der Usurpatoren allein entgegengestellt hatte.

Unweit entfernt befand sich ein rechteckiger Steinsockel mit einer scheußlichen drittklassigen Büste, die wie das Werk eines Schülers aussah – offenbar die Herzensangelegenheit eines indianischen Autodidakten, der dem großen Häuptling auf seine bescheidene Weise Tribut gezollt hatte.

Da ungebetene Kommentare meinerseits gerade nicht sonderlich gefragt waren, versuchte ich den Rat zu beherzigen, den ein guter Freund von mir seiner geschwätzigen zehnjährigen Tochter gegeben hatte: «Du musst nicht immer gleich losplappern, nur weil dir gerade etwas durchs Köpfchen rauscht.»

Während Dan sich die Beine vertrat, standen Grover und ich schweigend vor der Büste Sitting Bulls. «Das Denkmal ist von demselben Typen, von dem auch die Riesenskulptur von Crazy Horse in den Black Hills stammt», erklärte er mir.

«Tatsächlich?» Ich konnte es nicht glauben.

«Aber hallo. Ist derselbe Bildhauer.»

Grover sprach von einem polnischen Einwanderer namens

Ziolkowski, der den Indianern hatte helfen wollen, einem ihrer großen Häuptlinge ein Denkmal zu setzen, nach dem Vorbild der vier amerikanischen Präsidenten am Mount Rushmore. Ziolkowski, ein Autodidakt mit eisernem Willen, hatte Ende der Vierzigerjahre damit begonnen, in den nördlichen Black Hills eine monumentale Skulptur in die Felsen zu hauen – Crazy Horse zu Pferd, den Arm in Richtung der heiligen Gebiete ausgestreckt. Inzwischen war er verstorben, doch seine Söhne führten das gigantische Projekt fort. Sicher, dahinter steckte eine noble Idee, doch beim Gedanken an eine felswandgroße Skulptur von ähnlich fragwürdiger Qualität wie die Büste stellten sich mir die Nackenhaare auf.

Doch mir blieb nicht viel Zeit für solche Überlegungen, da Dan sich wieder zu uns gesellte.

«Wissen Sie, warum diese Gedenkstätte hier errichtet wurde?», fragte er.

Ich verneinte.

«Nach Sitting Bulls Tod ging den Zirkusaffen derart die Muffe, dass sie nicht einmal wagten, ein anständiges Begräbnis für ihn zu fordern. Die Soldaten verfrachteten ihn in eine Kiste aus Kiefernholz und dann ins nächste Erdloch, nur in eine Decke gehüllt. Ich habe sogar gehört, dass sie irgendwelches Chemiezeugs auf seine Leiche streuten, um den Verwesungsprozess zu beschleunigen – auf einen Mann, den sein Volk auf den Knien hätte verehren müssen!

Die Polizisten wurden mit Riesenbohei und allen militärischen Ehren auf dem katholischen Friedhof begraben, und alle Speichellecker verdrückten Tränen und trauerten. Anschließend haben sie Sitting Bulls Leuten ihre gesamte Habe gestohlen. Das war oben in Fort Yates.

Eigentlich wollten Sitting Bulls Leute ihn nicht dort liegen lassen, sondern in seine Heimat zurückbringen, davon habe ich schon als Kind gehört. Wie auch immer, ein paar Jahre später wurde dann beschlossen, die ganze Gegend um Fort Yates zu fluten, wegen eines Damms, der dort gebaut werden sollte. Aber Sitting Bulls Verwandte wollten nicht zulassen, dass sein Grab überschwemmt wurde. Sie raubten seine Gebeine und beerdigten sie hier, in seiner Erde – so haben sie seine Seele befreit.»

Dan griff in seine Tasche, nahm die Zigarette heraus, die ihm der Fremde gegeben hatte, und rollte sie zwischen den Fingern, bis der Tabak herausfiel. Er ging zu dem Obelisken und verstreute den Tabak auf allen vier Seiten. Grover tat es ihm gleich. Dann hielten sie den Rest gen Himmel, und der Wind trug die Krümel davon.

Schweigend gingen wir zum Wagen zurück. Fatback lag im langen Schatten des hinteren Kotflügels, den Kopf auf den Pfoten. Wir stiegen ein und fuhren die Serpentinenstraße wieder hinunter. Der Fremde war nirgends zu sehen.

Dan dachte sichtlich angestrengt nach, murmelte vor sich hin, ehe er schließlich das Wort an mich richtete. «Ich möchte, dass Sie eins begreifen, Nerburn. Sitting Bull war ein Anführer, ein wahrer Häuptling. Sein Volk folgte ihm, weil er Größe besaß. Er hat nie eine Wahl gewonnen oder wurde von irgendeiner offiziellen Seite ernannt. Das macht einen Mann nicht zum Anführer.»

«Worauf wollen Sie hinaus? Dass die Polizisten keine echte Autorität hatten?»

«Genau. Sie waren Polizisten, weil sie von der Regierung dazu ernannt worden waren. Den Job und ihre Uniformen hatten sie einfach so bekommen. Früher musste man sich eine solche Ehre erst mal verdienen.»

«Tja, aber so funktioniert unser System eben leider», sagte ich halbherzig.

«Deshalb ist es ja auch weitgehend untauglich», gab er zurück. «Für Indianer jedenfalls. Wir hatten ein brauchbares System, bevor die Weißen mit ihren Wahlen und Gesetzen ankamen, und jetzt funktioniert so gut wie gar nichts mehr. Sie hätten uns einfach in Ruhe lassen sollen.»

«Aber was läuft falsch?», fragte ich.

«Ach, das ist zu kompliziert zu erklären. Dazu müssten Sie mehr über die alten Zeiten wissen.»

«Versuchen Sie's doch einfach. Es interessiert mich.»

Er gab einen erschöpften Seufzer von sich und hob die Hände, als würde er das Gewicht zweier Gegenstände gegeneinander abwägen.

«Es gibt Anführer, und es gibt Herrscher. Wir Indianer sind es gewohnt, Anführer zu haben. Und wenn sie nicht führen, wenden wir uns von ihnen ab.

Ihr Weißen habt das nie verstanden. Euer System bestimmt die Herrscher per Gesetz, auch wenn sie keine Anführer sind. Und wir mussten eure Regeln übernehmen, weil ihr uns Verfassungen und Verwaltungen aufgezwungen habt. Aber das war nie unser Ding und wird es auch nie sein.

Warum sollen wir uns von einem Kalender diktieren lassen, wie lange jemand unser Führer ist? Das ist doch gaga! Ein Anführer bleibt so lange Anführer, wie seine Leute an ihn glauben, solange er der Beste für diese Aufgabe ist. Führen kann nur der, dem die anderen folgen.

Wenn wir einen Krieger an unserer Spitze brauchten, haben wir einen Krieger zu unserem Anführer gemacht. Aber wenn der Krieg vorbei war und wir einen Heiler als Führer benötigten, haben wir eben einen solchen bestimmt – oder manchmal auch einen großen Redner oder Denker.

Der Krieger wusste, wann seine Zeit vorbei war, und spielte dann auch nicht weiter unseren Anführer. Er war stolz darauf, seinem Volk zu dienen, aber er wusste auch, wann er abtreten musste – und wenn nicht, wandte sich das Volk einfach von ihm ab. Anführer kann nur sein, wer die Rolle erfüllt, die sein Volk von ihm verlangt.

Und so kommen wir wieder zu Sitting Bull. Das Volk brauchte ihn, folgte ihm. Er hatte Mut, und er hatte Köpfchen. Er wusste, wann der Kampf unausweichlich war, und er durchschaute die Weißen. Und genau deshalb stand das Volk hinter ihm. Weil alle wussten, dass die Weißen ihn nicht austricksen konnten.

Und eben deshalb war er der Regierung auch so verhasst. Dass er Custer in eine Falle gelockt hatte – geschenkt, das hätten auch andere hinbekommen. Sie hassten ihn, weil sein Volk hinter ihm stand und er sich nicht von der Regierung über den Löffel balbieren ließ.»

Ich nickte.

«Und wenn sich jemand gegen seinen Weg entschied, hegte er keinen Groll. Auch nicht gegen Gall. Er hatte Seite an Seite mit Sitting Bull und Crazy Horse gegen Custer gekämpft, dann aber beschlossen, sich mit den Weißen zu arrangieren, damit es nicht zu einem Völkermord kam. Ich persönlich glaube, dass er die falsche Entscheidung traf, aber so war es nun mal. Hätten sich genug Leute hinter Gall gestellt, wäre Sitting Bull weg vom Fenster gewesen. Aber das Volk stand weiter hinter ihm, und so blieb er der Anführer.»

«Das klingt utopisch», sagte ich.

Er musterte mich leicht irritiert. «Perfekt», ergänzte ich.

«Perfekt war's nicht, aber es funktionierte», fuhr er fort. «Wie das bei uns Indianern eben so ist. Bei uns wurde niemand durch Wahlen zum Häuptling, sondern weil die Leute ihm folgten. Und mit den Lehrern war es genauso.»

Ich hatte den Verdacht, dass das auf mich gemünzt war. Offenbar bekam er nicht zusammen, dass ich einerseits im Red-Lake-Reservat Kinder unterrichtet hatte, andererseits aber nicht verstand, warum ein hundert Jahre zurückliegendes Ereignis den Umgang mit Fremden bis in die Gegenwart beeinflusste. «Man wurde nicht Lehrer, weil man studiert hatte. Man wurde Lehrer, weil man etwas wusste und die Leute einem Respekt entgegenbrachten. Wer nichts wusste, wurde auch kein Lehrer. Und wenn das, was jemand wusste, für uns nicht von Nutzen war, ging niemand zu ihm. Jetzt werden wir von euch gezwungen, unsere Kinder Lehrern zu überlassen, über deren Fähigkeiten wir nicht das Geringste wissen – nicht einmal, ob es sich um gute Menschen handelt, die die Herzen unserer Kinder aufblühen lassen. Wir wissen nur, dass sie Lehrer sind, weil ihnen jemand bescheinigt hat, dass sie ein paar Seminare absolviert haben. Können Sie mir folgen?»

«Ja», sagte ich. «Besser, als Sie glauben.»

«Wir wollen erst einmal wissen, mit was für einem Menschen wir es zu tun haben, wie es um sein Herz bestellt ist. Uns jemanden mit einem Stück Papier vorzusetzen ist etwa so, als würde man uns eine hübsch verpackte Schachtel in die Hand drücken. Wir wollen wissen, was in der Schachtel ist. Eine leere Schachtel ist eine leere Schachtel, und wenn die Verpackung noch so schön sein sollte.

Es stinkt uns, wenn sich jemand vor uns aufbaut und uns erklärt, was wir zu tun oder zu lassen haben, Lehrer, Abgeordnete, wer auch immer. Niemand kann sich mal so eben zu unserem Anführer ernennen, und auch eure Gesetze machen ihn nicht dazu.

Die Polizisten, die Sitting Bull erschossen, waren Angsthasen. Sie hatten Angst, bestraft zu werden, wenn sie nicht machten, was die falschen, vom Gesetz bestimmten Anführer ihnen befahlen. Sie glaubten, sie würden sonst nichts mehr zu essen bekommen. Und so gehorchten sie, auch wenn ihnen klar sein musste, dass sie schweres Unrecht begingen.

Es wird oft erzählt, dass die Polizisten weinten, als sie Sitting Bull erschossen hatten. Tja, das hätten sie sich vorher überlegen sollen, statt auf die Falschen zu hören. Sie kannten den Unterschied zwischen Anführern und Herrschern nicht.»

Wie gewohnt war Dan über tausend Umwege zum eigentlichen Punkt gelangt.

«Ich verstehe, dass die Leute Sitting Bull folgten», sagte ich. «Aber waren sie nicht sowieso verpflichtet, hinter ihrem Häuptling zu stehen?»

«So lief das nicht», erwiderte Dan. «Sie mussten sich den Respekt des Volkes verdienen. Man konnte seinem Vater als Häuptling nachfolgen, aber wenn man sich als Feigling oder Dreckskerl erwies, war man schnell nur noch sein eigener Häuptling. Ein Häuptling musste gleichzeitig auch Anführer sein.

Deshalb lief das auch so häufig mit den Verträgen schief. Meist wollten unsere echten Anführer sie nicht unterzeichnen. Aber bei eurer Regierung ging ja nichts ohne einen Fetzen Papier, also suchten sie sich einen Indianer, erzählten ihm, er wäre ein Anführer, und ließen ihn unterschreiben. Aber selbst wenn dieser Indianer zu unserem Stamm gehörte, war er noch lange kein Anführer, solange wir ihn nicht als solchen anerkannten. Er konnte einen Vertrag genauso wenig unterzeichnen, wie irgendjemand um die Ecke mal eben so ihr Haus verkaufen könnte. Diese Männer waren falsche Anführer, ernannt von den Weißen, die jemanden brauchten, der für alle Indianer sprach.

Nur, dass kein wahrer indianischer Führer je für alle sprechen würde, solange er nicht alle gehört hat. Er würde den Ältestenrat oder den Rat der Häuptlinge einberufen. Das kam auf den jeweiligen Stamm an.

Dann wurden alle gehört. Jeder konnte das Wort ergreifen. Und wenn jemandem die gefällte Entscheidung nicht gefiel, stand es ihm frei zu gehen. Traf der Häuptling eine Entscheidung, die der Mehrheit widerstrebte, konnte ein neuer Häuptling berufen werden. Sie mussten lediglich ihre Tipis um sein Zelt herum aufbauen, und schon war er der neue Anführer.

Früher berieten sich die klügsten Köpfe unter uns, und ich wünschte, es wäre immer noch so. Wenn jemand innerhalb des Stammes mehr wusste als die anderen, kam ihm eine besondere Stellung zu.

Und jetzt tanzen wir nach eurer Pfeife. Ihr schreibt uns vor, dass wir einen Anführer wählen müssen, der uns in allem vertritt. Er soll in schlicht jeder Hinsicht den Durchblick haben, weil er ja auch für alles verantwortlich ist. Selbst wenn er in irgendeiner Angelegenheit nicht für uns sprechen soll, muss er es doch tun, wegen der Reservatsverfassungen, die ihr uns aufs Auge gedrückt habt.

Aber das ist falsch. Gute Anführer warten darauf, gerufen zu werden, und geben ihre Macht ab, wenn ihre Zeit vorbei ist. Egoisten und Narren denken zuerst an sich und klammern sich an ihre Macht, bis jemand sie fortjagt. Und was taugt ein System, in dem fortwährend Egoisten und Narren um die Macht ringen, während die Guten außen vor gelassen werden?

Nichts taugt es. Und so haben wir jetzt eine Stammesregierung, die ihren Namen nicht wert ist. Unsere Anführer sind machtlos; diejenigen, die über unser Los bestimmen, sind Herrscher, aber keine Anführer.

Darin lag Sitting Bulls Größe. Er herrschte nicht, er führte.»

18

BESOFFEN VON JESUS

Dan schien fürs Erste alles gesagt zu haben. Grover grunzte zustimmend, öffnete das Handschuhfach und kramte darin herum. «Haben Sie Streichhölzer?», fragte er mich.

«Sorry, keine dabei.»

«Ich muss mal eine rauchen.»

Dan klopfte seine Taschen ab. «Fehlanzeige», verkündete er.

«Verdammt!», fluchte Grover. «Ich habe Schmacht, weil mir der Bursche Lust auf 'ne Zigarette gemacht hat. Jetzt müssen wir erst mal nach Mobridge und Feuer und Kippen holen.»

Ich merkte, dass Dan nicht sonderlich angetan von der Idee war. Allmählich ging mir auf, dass er anscheinend nicht allzu oft in weiße Orte kam und sich dort unwohl fühlte.

Die Sonne stand als flammend orangefarbener Ball in unserem Rücken, als wir ins Missouri-Becken hinunterfuhren. Ein goldener Schimmer lag auf den braunen Hügeln, und die frühabendlichen Schatten krochen mit langen Fingern in Schluchten und Senken. Am anderen Flussufer lag Mobridge wie ein Außenposten der Zivilisation. Dahinter in der Ferne erstreckte sich das fruchtbare Schwemmland in der schwindenden Sonne.

Die zwei Uferlandschaften hätten unterschiedlicher nicht sein können, atmosphärisch wie geologisch. Das Gebiet auf der östlichen Seite war durch einen Gletscher Zentimeter für Zentimeter zu einer durch und durch kargen Landschaft geformt worden, der man ebenso alles Zentimeter für Zentimeter abtrotzen musste. Wer sein Leben diesem Boden verschrieb, ihn pflügte und bewirtschaftete, dem gab er zurück. Es war ein Land für Farmer und Arbeiter; Träumer waren hier fehl am Platz.

Westlich des Stroms türmten sich die goldenen Kämme der Missouri Breaks zu den poetisch erstarrten Wogen eines riesigen ausgetrockneten Meeres. Am Fluss hatte der Gletscher haltgemacht, und hier wirkte das Terrain nicht eingekerbt und geschliffen, sondern sanft ausgespült – ein Land voller Überraschungen und Tücken, Verstecke und hügeliger Weiten, die den Blick mit dem Verlauf der Sonne mehr und mehr in die Ferne lockten, ein Land, das nicht von Fron und Strapazen kündete, sondern Hoffnung und Freiheit verhieß.

Mit einem Wort: den Westen.

Der krasse Gegensatz fiel auch Grover und Dan ins Auge. «Sieht komplett anders aus da drüben», bemerkte Grover, als wir uns der Stahlträgerbrücke über den Missouri näherten. Ich erklärte ihnen, wie die Eismassen des Gletschers durch den Strom gestoppt worden waren.

«Das ist ja mal richtig interessant», sagte Grover. «Kaum zu glauben, aber anscheinend sind Sie ja doch zu etwas zu gebrauchen.»

Ich lächelte schwach. Von Anfang an war so gut wie jedes Wort von mir belächelt worden. Wer ich war und wie ich die Welt sah, hatte keinerlei Bedeutung. Die ganze Zeit über hatte ich mich komplett überflüssig gefühlt, und abgesehen von meinen Bemühungen, Dan zum Reden oder auf meine krude Art zum Lachen zu bringen, hatte ich versucht, mich möglichst unauffällig zu verhalten. Grovers beiläufiges Lob erfüllte mich mit einem Anflug von Stolz, so süffisant es auch gewesen sein mochte.

Im selben Moment kam mir der Gedanke, dass die meisten Indianer erst recht dieses Gefühl der Wertlosigkeit, der Nichtigkeit verspüren mussten, wenn sie sich in Gesellschaft von Weißen befanden. Ihre einzigen Optionen bestanden darin, sich wohl zu verhalten oder möglichst nicht aufzufallen. Welche Fähigkeiten, welches Know-how einer von ihnen besaß, spielte so gut wie keine Rolle; vielmehr hatte man sie darauf reduziert, weise Sprüche über Mutter Erde und die Weite des Himmels abzusondern. Plötzlich verstand ich, warum Dan lieber als Trunkenbold angesehen werden wollte. So wurde man als Indianer wenigstens wahrgenommen, statt zur Projektion weißer Fantasien zu gerinnen.

Dan schüttelte wieder und wieder den Kopf, als wir uns Mobridge näherten, ließ den missmutigen Blick über die Werbetafeln am Straßenrand schweifen, die die windgepeitschte Landschaft verschandelten.

Er deutete auf ein Schild. «Sehen Sie das da?»

«Mobridge Indian Bible College?», las ich ab. «Was ist das?»

«Dort machen sie aus Indianern Missionare. So schlimm wie die alten Erziehungsanstalten.»

«Fürs Christentum haben Sie nicht viel übrig, was?»

«Das stimmt nicht», gab er zurück. «Jesus gefällt mir. Ich mochte ihn schon als Kind. Er war wakan. Er hätte als Indianer geboren werden sollen.»

Es war nicht das erste Mal, dass ich so etwas hörte.

«Er besaß nichts. Er schlief draußen im Freien. Er zog von einem Ort zum anderen. Er teilte alles mit anderen, nannte den Großen Geist sogar seinen Vater. Er war so wie wir Indianer.

Ich liebte ihn damals, und ich liebe ihn noch heute. Ich spreche immer noch zu ihm, so wie ich es damals von den Priestern und Schwestern gelernt habe. Das waren gute Menschen.

Aber wenn ich mir vor Augen führe, was die Kirchen meinem Volk angetan haben, empfinde ich nichts als tiefe Abscheu. Und wenn ich Indianer vor Kreuzen stehen sehe, überkommt mich tiefe Traurigkeit. Was ist mit unserem alten Glauben geschehen? Warum hat man ihn uns genommen? Es tut mir in der Seele weh, wenn unsere Alten Jesus um Hilfe anflehen.»

Er wandte sich leicht zu mir um, wartete auf eine Reaktion von mir, doch ich schwieg.

«Na ja, wahrscheinlich ist es besser, dass Jesus kein Indianer war», fuhr er fort. «Die amerikanische Regierung hätte ihn verfolgt und ermordet, so wie Crazy Horse und Sitting Bull. Ein roter Störenfried weniger.»

Einen Augenblick lang starrte er hinaus auf die träge dahinfließenden Wasser des Missouri. In der Scheibe sah ich sein Spiegelbild; seine Züge waren schmerzerfüllt.

«Wissen Sie, warum Sitting Bull sein Lager hier oben aufgeschlagen hatte?»

«Nein.»

«Er wollte herausfinden, ob der Messias kommen würde. Haben Sie schon mal vom Geistertanz gehört?»

«Ja.»

«Sitting Bull wollte mehr über den Geistertanz erfahren, eine Mischung aus Tanz und Beschwörung. Deshalb hatte er Fort Yates überhaupt verlassen. Er wollte ‹das Gebet kennenlernen›, so hat er es selbst gesagt. Er wollte wissen, ob der Geistertanz seinem Volk nutzen konnte.

Der Geistertanz hing unmittelbar mit Jesus Christus zusammen, da können die Weißen in ihren Büchern schreiben, was sie wollen. Ein Mann aus dem Westen hat ihn gelehrt, ein Paiute-Indianer namens Wovoka. Er war während einer Sonnenfinsternis in den Himmel gestiegen und war dort dem *Wanekia* begegnet.»

«Wem?», fragte ich.

«Dem Messias», erklärte Dan. «Ich weiß es nicht genau, ich habe verschiedene Versionen der Geschichte gehört – etwa, dass Wovoka behauptete, selbst der Erlöser zu sein. Aber das spielt keine Rolle. Der springende Punkt ist, dass die Wiederkehr des Messias kurz bevorstand, so wie Priester und Missionare es uns gelehrt hatten. Nur, dass er sich diesmal uns Indianern offenbaren sollte, nachdem die Weißen ihn ja beim ersten Mal getötet hatten.

In euren Büchern steht, Wovoka sei ein Verrückter gewesen, ebenso wie die Indianer, die ihm folgten. Aber ich sag Ihnen was: Die Indianer interessierten sich überhaupt nicht für Wovoka. Sie harrten eines Mannes, der an den Malen in Händen und Seite leicht zu erkennen war. Haben Sie vielleicht eine Idee, wen ich meine?»

«Jesus Christus», sagte ich.

«Richtig getippt. Die Indianer suchten Jesus. Vielleicht hatte er einen neuen Namen, aber er war immer noch Jesus. Die Leute waren völlig aus dem Häuschen, fieberten seiner Wiederkehr entgegen, weil sie Jesus liebten und ihm einen anderen Empfang bereiten wollten als die Weißen vor zweitausend Jahren.»

Er senkte die Stimme. «Sie hatten nicht vor, ihn ans Kreuz zu schlagen. Sie wollten ihm ein großes Fest bereiten, viele große Feste. Sie glaubten an ihn, wollten ihn ehren. Und deshalb tanzten sie. Wovoka hatte ihnen verkündet, dass im Tanz die Erlösung lag.

Und Sitting Bull wollte diesen Messias mit eigenen Augen sehen. Herausfinden, ob sein Tanz wakan war.

Es herrschte ein ungekannter Überschwang. Unser Volk hatte nie geglaubt, dass der Große Geist es dem Hungertod oder den Waffen der weißen Eindringlinge preisgeben würde. Die Menschen sehnten die Ankunft Jesu Christi herbei, waren fest davon überzeugt, dass er ihnen helfen würde. Sie glaubten an die Lehre der Weißen.»

Er schien mich nicht mehr wahrzunehmen. Komplett in seine Gedanken versunken, starrte er mit leerem Blick aus dem Fenster.

«Doch der Regierung war dieses Treiben ein Dorn im Auge. Erst hatte man uns umgebracht, weil wir nicht an Jesus glaubten; nun wurden wir umgebracht, weil wir es taten. Männer und

Frauen, die so voller Hoffnung waren – Menschen, die stärker an die Lehre der Weißen glaubten als die Weißen selbst.»

So fremd Tränen seinem Wesen sein mochten, sah es einen Moment lang so aus, als würde er jede Sekunde hemmungslos zu weinen anfangen.

«Aber eure Regierung war außer sich vor Wut. Darüber, dass die Indianer Hoffnung geschöpft hatten. Unser aller Herzen waren tot gewesen, aber wer Hoffnung schöpft, beginnt wieder zu leben – und genau das konnten sie nicht zulassen! Hoffnung war das Letzte, was sie uns zugestanden hätten. Am Ende hätten sich womöglich noch Träume daraus entwickelt. Und wo kämen wir hin, wenn Indianer zu träumen anfangen?

Sie nannten es Hirngespinste, Hysterie. So stand es in den Zeitungen. Aber soll ich Ihnen sagen, wovon nie geschrieben wurde? Dass vielen Weißen der Arsch auf Grundeis ging, wir könnten recht behalten. Sie glaubten nämlich auch an Jesus. Und plötzlich fürchteten sie, er könne tatsächlich zurückkehren – aber nicht zu ihnen, sondern zu uns!

Sie wussten nämlich genau, dass sie kein gottgefälliges Leben führten. Von wegen Bescheidenheit und Demut; ihnen ging es nur darum, immer noch mehr zu raffen. Natürlich hatten sie tausend Ausreden parat. Aber wir hielten ihnen das Leben vor Augen, das Jesus sein Leben lang gelehrt hatte. Wir entlarvten ihre Ausreden als pure Heuchelei.

Sie hatten uns abgeschlachtet und von unserem Land vertrieben, damit sie reich werden konnten. In ihren Herzen wussten sie, dass sie Unrecht taten. Sie hatten Angst, Jesus Christus würde uns zu Hilfe kommen!»

Es war, als würde ich die Strudel und Strömungen eines nächtlichen Meeres beobachten. Dans tiefer Zorn stieg gleichsam schäumend empor, verebbte und begann erneut zu brodeln, bevor eine gewaltige Woge der Trauer über alles hinwegspülte.

«Unser Verbrechen bestand darin, dass unser Glaube zu stark

war – so stark, dass die Weißen es mit der Angst zu tun bekamen. Dabei tanzten wir bloß. Wovoka hatte uns gesagt, wir müssten nur lange genug tanzen und fest genug daran glauben, dann würde der Büffel zurückkehren. Wir würden unsere Vorfahren wiedersehen, und alles würde wieder so wie früher sein.

Und so tanzte unser Volk immer weiter. Die Menschen tanzten im Kreis, so lange, bis sie sich nicht mehr auf den Beinen halten konnten. Manche hatten Visionen. Der Tanz war wakan. Es würde nicht mehr lange dauern.

Die Weißen gerieten in Panik. Das durfte nicht wahr sein. Sie hatten uns gebrochen, und nun schöpften wir wieder Mut. Man hatte uns auseinandergerissen und in getrennten Reservaten zusammenpfercht, doch nun vereinten wir uns wieder im Tanz. Einige der jungen Männer bekamen Oberwasser. Sie glaubten, dass uns der Messias helfen würde, unser Land zurückzuerobern, und machten sich bereit für den Kampf.

Wir waren besoffen, aber nicht vom Feuerwasser. Wir waren besoffen von Jesus.»

Er hielt inne und holte tief Luft, sichtlich bemüht, seine Gedanken zu sammeln.

«Wir haben unsere Herzen geöffnet, Jesus zu einem der Unseren gemacht. Was war daran falsch? Das Einzige, was ihr uns je gegeben habt, war Jesus, und als wir ihn annahmen, war es euch auch nicht recht.»

Er verfiel in Schweigen. Doch diesmal war es kein bedächtiges, friedvolles Schweigen, sondern ein dumpfes Brüten, schwer und finster wie die Fluten des Missouri, den wir unlängst überquert hatten. Das Innere des Buick schien sich regelrecht zu verdüstern, und selbst Fatback sah schuldbewusst drein. Grover hielt den Blick krampfhaft auf die Straße gerichtet.

«Nicht einmal die Hoffnung habt ihr uns gelassen», sagte Dan schließlich. «Es gibt keine Armeen, die uns befreien, keine Regierungen, die uns helfen könnten. Unsere Schreie verhallen ungehört, unser Hunger bleibt ungestillt. Nur die Hoffnung ist uns geblieben, und selbst die mordet ihr hin, wenn ihr sie erkennt.»

Zu unserer Linken tauchte das Bible College auf, eine Reihe von langen, von hoch aufragenden Eichen und Pappeln umgebenen Backsteingebäuden. Die Anlage sah aus wie eine alte Kaserne. Einen Moment lang fragte ich mich, wie die Studenten hier wohl über den Geistertanz dachten.

Dans Worte erstarben im schwindenden Tageslicht. «Unser Glaube war zu stark. Wir liebten Jesus zu sehr. Wir wollten ihm folgen, er sollte unser Anführer sein, aber allein der Gedanke jagte euch einen kalten Schauder über den Rücken. Und als wir seine Ankunft erwarteten, habt ihr uns abgeschlachtet. All die Frauen. All die kleinen Kinder. So viel Hoffnung. Tot. Alles tot.»

* * *

Die fahlen Neonreklamen von Schnapsläden und Restaurants verströmten kaltes Licht, als wir auf die Hauptstraße von Mobridge abbogen. Es war fast dunkel. Dan gab keinen Ton von sich.

Grover hielt vor einem Supermarkt und verschwand im grellweißen Licht. Seine Beine waren steif vom langen Fahren. Er wirkte klein und fehl am Platz – ein hinkender alter Indianer in Cowboyhemd und Cowboystiefeln auf dem Weg in den hübsch verpackten Überfluss der amerikanischen Konsumgesellschaft.

«Ich geh mal eben Gassi mit Fatback», sagte ich zu Dan. Er hob nur kurz die Hand, das Kinn in die Rechte gestützt, den geistesabwesend wirkenden Blick nach innen gerichtet.

Fatback hatte es eilig. Nach ein paar Schritten hob er das Bein und urinierte an den Reifen eines Pickups. Zwei alte Frauen verlangsamten ihre Schritte und musterten mich missbilligend.

«Ist der Hund meiner Mutter», sagte ich. Sie lächelten und gingen weiter. Fatback schnüffelte am Boden herum und verschwand zwischen den parkenden Wagen. Aus dem Augenwinkel sah ich Dan, der mit leerem Blick in die violette Dämmerung starrte.

Der schwere, faulige Mief des Flusses stieg mir in die Nase, als ich in die Richtung ging, in die Fatback verschwunden war.

Und plötzlich überkam mich ein geradezu überwältigendes Heimweh. Wir hatten den Missouri überquert; von hier aus hätte ich direkt nach Hause fahren können. Dans Humor, seine Streitbarkeit, sein Zorn waren einer schweren geistigen Erschöpfung gewichen. Mit seinem langen, strähnigen Haar sah er nun ganz und gar wie ein Greis aus, stur, aber gebrochen, ein Mensch ohne Zuversicht, jenseits aller Hoffnung. Er war müde. Wir alle waren müde. Es war ein langer Tag gewesen.

Fatback tauchte wieder auf, eine fetttriefende Fast-Food-Tüte im Maul. «Aus jetzt, Fatback!», befahl ich, doch er ließ mich stehen und verkroch sich mit seiner Beute unter einem Busch am Rand des Parkplatzes. Durch die Scheibe des Supermarkts sah ich, wie Grover gerade einen Einkaufswagen zur Kasse schob.

Ich war mit meinen Kräften am Ende.

19

AUS DEM DUNKEL ANS LICHT

Die Berge hoben sich wie Scherenschnitte gegen den nächtlichen Himmel ab, als wir über die Brücke zurückfuhren. Kurz darauf war Mobridge nur noch Erinnerung. Der Vollmond tauchte die Hügel in silbriges Licht, die Senken in violette Schatten. Es war eine Landschaft wie von Riesen gemalt.

«Haben noch ein ganz schönes Stück vor uns», verkündete Grover. Dan rauchte schweigend.

«Wie weit?», fragte ich.

«Ne Stunde, vielleicht zwei.»

«Nehmen wir diesmal die Straße?»

Grover lachte. «Bis auf die letzten Meilen.»

Strommasten säumten den Highway wie stumme Kruzifixe. Im Auto bewegte sich nichts außer der Tachonadel, die ihren Bogen entlang der geisterhaften Leuchtziffern auf der Anzeige zog.

Dans Stimmung hatte sich nicht gebessert. Sein Geist war immer noch nicht zurückgekehrt aus der tiefen Finsternis, in die ihn seine Gedanken über Sitting Bull und den Geistertanz gestürzt hatten. Ich wollte irgendwie zu ihm durchdringen, aber etwas hielt mich zurück. Worte erschienen mir zu weiß, Scherze unangebracht, eine Berührung zu vertraulich, und oberflächliches Geplauder kam schon gar nicht in Frage.

Am Straßenrand glühten einen Moment lang die Augen einer Katze im Scheinwerferlicht.

Ich beschloss, ihn direkt anzusprechen, aber so behutsam wie eben möglich.

«Dan?»

Er wandte sich mir kaum merklich zu.

«Darf ich etwas sagen?»

«Warum nicht?», erwiderte er tonlos.

«Ich weiß nicht genau, wie ich es ausdrücken soll. Es kommt mir töricht vor.» Ich rang nach Worten. «Ich verabscheue aus tiefster Seele, was Ihrem Volk angetan worden ist. Wir haben ein Verbrechen begangen, das durch nichts wiedergutzumachen ist.»

«Das kann man wohl sagen.»

«Ich weiß. Aber ich habe es nicht begangen. Selbst wenn Blut an den Händen meiner Großeltern kleben sollte, kann ich das Geschehene nicht rückgängig machen.»

«Schon klar.»

«Und was ist die Lösung?»

«Es gibt keine», sagte er schlicht.

«Aber was können wir dann tun?»

Rauch kräuselte sich um seinen Kopf wie ein Heiligenschein. Ich hörte, wie er an seiner Zigarette zog, während wir durch die Dunkelheit fuhren.

«Ich wünschte, ich wüsste es», erwiderte er. «Ist Ihnen klar, was mit meinem Volk passiert ist? Man hat uns entzweit. Es fing mit dem Streit zwischen Sitting Bull und Gall an, ob wir uns den Weißen unterwerfen sollten oder nicht. Heute schließen sich junge Männer wieder dem militanten Widerstand an, während großkotzige Stammeshäuptlinge sich wie weiße Bosse aufführen. Niemand weiß, wie es weitergehen soll.

Einige von uns versuchen, ums Verrecken Weiße zu werden. Anderen ist alles Weiße zutiefst zuwider. Und manche wiederum versuchen, nach alter Tradition zu leben, als wäre in den letzten zweihundert Jahren nichts passiert. SAlle sind ständig auf der Suche nach einer Lösung, aber keiner hat je eine gefunden. Jede Generation muss ihre eigenen Antworten finden, aber vielleicht wäre es das Beste, alles dem Großen Geist zu überlassen.»

«Na ja», wandte ich ein. «Sie wissen doch selbst, wohin das geführt hat.»

«Der Große Geist denkt nicht in Jahren oder Jahrzehnten», gab er zurück. «Jetzt ist der Brunnen vergiftet, verseucht mit Zorn und Verzweiflung. Vielleicht müssen wir einfach nur warten, bis das Wasser wieder rein ist.»

Ich wollte ihn unterbrechen, doch er hieß mich schweigen.

«Verdammt, Nerburn, ich weiß es doch auch nicht», zischte er. «Ich bin alt. Ich kann nur beurteilen, was sich vor meinen Augen abspielt. Die Jungen müssen selbst entscheiden, ob sie kämpfen wollen. Und wie ihr Kampf aussehen soll.»

Ich war nicht bereit, es dabei bewenden zu lassen. «Aber deshalb schreiben wir doch das Buch», sagte ich. «Wollten Sie nicht Ihr Wissen an die Nachwelt weitergeben?»

«Ich bin müde. Und schlechter Dinge. Die Jungen sollen unsere Sprache lernen, den Alten Respekt entgegenbringen und wieder wie Indianer leben. Mehr habe ich nicht zu sagen, und jetzt lassen Sie's gut sein.»

Seine Lunge rasselte bedenklich, als er den nächsten Zug von seiner Zigarette nahm.

Ein Schatten huschte vor uns über die Straße.

«Was war das?», fragte ich Grover.

«Ein Kaninchen», erwiderte er. «Oder ein Fuchs. Hab nicht drauf geachtet.»

Dan räusperte sich. «Die Weißen sollten sich lieber mal ein Vorbild am Kaninchen nehmen. An seiner Bescheidenheit. Aber Demut werden die Wasichus wohl nie lernen.»

Ich fühlte mich immer unbehaglicher. Es war, als würde Dans finstere Stimmung wie eine dunkle Wolke über uns hängen. Die silbrig schimmernde Landschaft hatte etwas geradezu Übernatürliches an sich. Ich war bereit, mir anzuhören, was immer ihm auch gerade durch den Kopf ging; der Gedanke, schweigend durch die Nacht zu fahren, war mir unerträglich.

«Sprechen Sie mit mir, Dan», sagte ich.

Er gab ein genervtes Stöhnen von sich. «Sie geben wohl nie Ruhe, was? Immer müsst ihr uns drangsalieren.» Sein geistesabwesender Tonfall ließ mich rätseln, ob er mich meinte oder irgendwen im Allgemeinen ansprach. Seine Worte klangen hohl und emotionslos.

«Bevor die Weißen kamen, waren wir frei im Herzen. Wir gingen, wohin wir wollten, dachten, was wir wollten. Das Land stand uns offen mit all seinen Möglichkeiten. Doch von dem Moment an, in dem ihr an unseren Küsten gelandet seid, habt ihr uns drangsaliert. Und daran hat sich bis heute nichts geändert.

«Ich weiß», sagte ich vorsichtig. Ich wollte, dass er weiterredete.

«Nun ja», fuhr er fort. «Es hat uns gelehrt, auf der Hut zu bleiben. Wir hatten nicht die Macht, euch Widerstand zu leisten. Unsere Alten haben das gleich erkannt, und auch unseren Jungen wurde es bald klar. Wir hatten keine Chance gegen eure Übermacht, mussten einen anderen Weg finden, um zu überleben.»

Er verfiel ein, zwei Momente lang in Lakota und wechselte dann ins Englische zurück.

«Und so verließen wir uns auf unsere Klugheit – Klugheit im Gewand des Schweigens. Wir haben euch beobachtet, euch zugehört, bis wir wussten, was ihr wirklich von uns wolltet. Wenn wir eine Möglichkeit zum Zurückschlagen sahen, nahmen wir sie wahr. Und wenn nicht, haben wir uns noch mehr zurückgezogen.»

Er blickte in die Nacht hinaus. «Das Dumme war nur, dass es irgendwann kein Land mehr gab, auf das wir uns noch hätten zurückziehen können. Wohin wir auch zogen, stets wurden wir von euch gejagt. Wir hörten euch kommen, konnten euch wittern, bevor ihr wusstet, wo wir waren. Die Tiere verrieten es uns. Wir sahen es in ihren Augen, hörten es an ihren Stimmen. Wir erkannten es an ihrem Verhalten, daran, dass ihre Bestände weiter und weiter zurückgingen.

Abermals verstummte er, nahm sich eine Zigarette aus dem Päckchen auf dem Armaturenbrett und klopfte damit auf seinen Handrücken.

«Wir verstanden von jeher, die Zeichen zu deuten. Und wir haben es nicht verlernt. Heute kommt ihr nicht mehr mit Waffen und Krankheiten, Tabak und Alkohol, sondern mit Geld. Ihr wollt kein Land mehr von uns, sondern das, was sich unter unserem Grund und Boden befindet. Ihr seid scharf auf unsere Mineralien, auf unsere Wälder, wollt auf unserem Land Atom- und Giftmüll entsorgen.

Ha!», platzte er jäh heraus, als wären seine Worte nur die Spitze seiner Gedanken. «Aber wir haben gelernt, euch zu durchschauen. Wir wissen, dass ihr nichts mehr fürchtet als Rechtsanwälte – Männer und Frauen, die eure Gesetze nach allen Regeln der Kunst verdrehen. Vor langer, langer Zeit haben wir an die Macht eurer Gesetze geglaubt, aber dann haben wir gesehen, dass ihr selbst nicht daran glaubtet. Eure Gesetze dienten allein eurer Bereicherung – und dem Zweck, andere daran zu hindern, euch das wegzunehmen, was ihr euch unter den Nagel gerissen hattet. Für Menschen wie uns galten eure Gesetze nicht.

Wir unterzeichneten Vertrag um Vertrag, erhielten Versprechen um Versprechen. Und was hat uns das gebracht? Gar nichts. Ihr habt uns immer weiter eingelullt, euch unser Vertrauen erschlichen. Und als wir uns dann im Tiefschlaf befanden, habt ihr eure Gesetze so hingebogen, dass sie euch alles zusprachen, auf das ihr ein Auge geworfen hattet.

Mit euren Gesetzen sind wir fertig, aber eure Anwälte leisten inzwischen wertvolle Arbeit für uns. Für Geld beugen sie eure

Gesetze für uns, wie sie es sonst für euch getan haben. Und wir haben das Geld, mit dem wir ihre Dienste in Anspruch nehmen können.»

Sein momentaner Optimismus wich wieder dem dumpfen Brüten, in das er zuvor verfallen war. Er haderte mit sich selbst.

«Aber jedes Mal, wenn wir euch zeigen, was eine Harke ist, findet ihr doch wieder einen Weg, uns auszuhebeln. Immer. Es hört nie auf.»

Er war wieder lauter geworden, sprach mich direkt an, als könnte ich irgendwie – allein durch mein Verständnis – etwas an den Tatsachen ändern.

«Ich wünschte, ihr würdet endlich aufhören, uns zu tyrannisieren, und einfach mal über euch selbst nachdenken. Ihr wisst ja nicht mal, warum ihr so mit uns umspringt.

Ihr strebt nach Reichtum, nach mehr, mehr, mehr. Kolumbus stellte sich gegen die ganze Welt, nur um zu sehen, was passieren würde.

Früher habe ich geglaubt, ihr würdet aus reiner Gier handeln. Aber inzwischen denke ich, dass dieses Streben Teil eures Wesens ist, so wie es uns innewohnt, der Erde zu lauschen.

Ihr tut mir leid. Sehr glücklich könnt ihr nicht sein. Und über den Weg trauen kann man euch auch nicht, weil ihr nie aufhören werdet, uns zu drangsalieren.»

Er wandte sich zu mir um. «Mein Volk hat sich gut geschlagen. Ihr habt versucht, uns alles zu nehmen, und trotzdem haben wir überlebt. Mittlerweile schikaniert ihr uns seit fünfhundert Jahren, aber wir werden auch die nächsten fünfhundert überleben.

Aber auch wenn es schmerzen wird – wir müssen tun, was nicht zu ändern ist. Ihr habt uns den Argwohn eingeimpft, auch wenn wir das nie so wollten. Vielleicht wird sich das eines Tages ändern. Aber ehrlich gesagt glaube ich nicht daran.»

Mein Unbehagen schnürte mir die Kehle zu. Vor einer solchen Verallgemeinerung hatte ich mich am meisten gefürchtet – dass ich am Ende für alle Weißen, er für alle Indianer stehen würde. Er wusste sicher selbst, dass er den Bogen überspannt hatte, doch Erschöpfung, Zorn und Schmerz vernebelten ihm den Blick. Seine Gedanken liefen in eine Richtung, die für uns beide gleichermaßen gefährlich war. Wir mussten irgendwie aus dieser Falle herausfinden. Aus dem Dunkel ans Licht.

Grover, wachsam wie immer, spürte die Spannung. Er fuhr rechts ran und schaltete den Motor aus. Eingehüllt in die Dunkelheit saßen wir da, während Dan plötzlich einen leisen Gesang auf Lakota anstimmte. Er stieg aus und entfernte sich ein paar Schritte von der Straße. Seine Stimme, nun lauter, wehte zu uns herüber.

«Was singt er da?», fragte ich Grover.

«Ein Lied, das er als kleiner Junge gelernt hat. Er singt es manchmal, wenn er die Nähe der Alten spürt. Die Worte stammen von Red Cloud und lauten etwa so: ‹Die Schatten dräuen lang und dunkel. Bald werde ich mich niederlegen und nie mehr aufstehen.› Jetzt spricht er gerade von der Sonne und davon, dass er ihr immer treu bleiben wird.»

Mit unsicheren Schritten verschwand Dan im Dunkel. Ich gab mir alle Mühe, so cool wie möglich zu klingen, doch meine Stimme widerhallte hoch und hilflos in meinen Ohren. «Was ist los? Habe ich irgendwas falsch gemacht?»

«Keine Sorge. Er ist alt, steht an der Schwelle zum Jenseits. Und manchmal wirft er eben einen Blick auf die andere Seite.» Grover langte in die Einkaufstüte auf der Mittelkonsole und nahm einen kleinen Kuchen heraus. «Auch ein Stück?»

Dan hatte einen kleinen Hügel erklommen und die Arme ausgebreitet. Das Mondlicht hüllte ihn in einen geisterhaften Schein.

«Danke, nein.» Um ein Haar hätte sich meine Stimme überschlagen.

Schulterzuckend riss Grover die Verpackung auf. «Apfelkuchen.» Fatback hob den Kopf, saß da wie eine Sphinx.

«Hier, alte Töle.» Grover brach ein Stück vom Rand ab und

hielt es über die Lehne. Gierig riss Fatback es ihm aus der Hand und verschlang es mit einem lauten Schmatzen.

«Sehen Sie die großen Mulden da drüben?», fragte Grover. «Die Alten haben erzählt, tanzende Büffel hätten sie gemacht.»

Dan war weitergegangen und kaum noch zu erkennen.

Fatback bettelte um mehr Kuchen, und Grover warf ihm ein Stück über die Schulter zu. Der alte Hund setzte sofort hinterher, als das Stück zu Boden fiel und unter den Sitz kullerte.

«Übrigens», sagte Grover unvermittelt. «Der Alte kann Sie echt gut leiden, Nerburn.»

«Meinen Sie?»

«Sonst würde er Ihnen garantiert nicht so viel erzählen.»

Ich wusste nicht recht, was ich darauf antworten sollte. «Schon klar», sagte ich.

Er fuhr sich über die raspelkurzen Haare. «Kriegen Sie das hin mit dem Buch?»

Fatback hatte sich den Kopf unter dem Sitz einklemmt.

«Ähm, was? Na ja, ich glaub schon.»

«Wie lang soll es eigentlich werden?»

Das war noch unmöglicher zu beantworten. Dan war hinter dem Hügel verschwunden, und Fatback kämpfte mit der Fußmatte, um seinen Kopf zu befreien. Am Himmel standen mehr Sterne als bei einem Feuerwerk.

«Wissen Sie, was die Alten noch erzählt haben?», fragte Grover. «Dass es da oben einen Stern gäbe, der sich nie bewegt, einen Stern, um den sich die anderen im Kreis herumbewegen. Um ihn tanzen. Trotzdem ist Vorsicht geboten. Den Sternen kann man nicht trauen, weil sie die Sonne fürchten.»

Die Büffelmulden waren von geisterhaftem Licht erfüllt. Fatback hatte endlich sein Stück Kuchen ergattert und kletterte auf den Sitz zurück.

Fast panisch ließ ich den Blick über die Landschaft wandern. Wir waren allein auf einem einsamen Meer.

«Sie rauchen nicht, oder?», fragte Grover.

«Ich? Nein.»

«Ist mir nur aufgefallen, dass Sie die Zigarette von dem Indianer abgelehnt haben, den wir heute mitgenommen haben.»

«Ich habe nie angefangen damit. Zigaretten schmecken mir einfach nicht.»

Grover riss ein Streichholz an und hielt es in die Höhe. «Wär schön, wenn der Zigarettenanzünder noch funktionieren würde, aber der ist schon seit Jahren kaputt.» Er steckte sich eine neue Zigarette an und lehnte sich zurück. «Ist der einzige Nachteil von Buicks. Nach meiner Zeit bei der Marine hatte ich einen Roadmaster, 55er-Baujahr, glaube ich. Unverwüstlich. Einmal habe ich sogar den Vergaserflansch mit einem Pappdeckel abgedichtet, bin jahrelang damit gefahren. Nur der Anzünder hat nie funktioniert. Hatten Sie schon mal 'nen Buick, Nerburn?»

Eine Sternschnuppe schoss über den Horizont. Die Schatten verdichteten und verschoben sich. «Mal ernstlich, Grover», platzte es aus mir heraus. «Haben Sie keine anderen Sorgen als Ihre verdammten Buicks? Er ist achtzig Jahre alt. Und fast blind!»

«Es gibt nicht nur eine Art zu sehen», erwiderte Grover gelassen. Er verlagerte sein Gewicht und lümmelte sich gegen die Tür. «Der Alte zieht sein Ding durch. Nacht oder Tag, das macht für ihn keinen großen Unterschied. Lassen Sie ihn nur.» Er nahm einen tiefen Zug und blies den Rauch an die Decke.

Von der anderen Seite der Hügel drang das Motorgeräusch eines Wagens zu uns herüber, und Sekunden später leuchteten Scheinwerfer in der Ferne auf. Das Auto kam mit geradezu unheimlichem Tempo auf uns zu und rauschte an uns vorüber, ohne dass sich der Fahrer auch nur die Mühe machte, uns kurz zuzuwinken. Das dumpfe Dröhnen des Motors schnitt wie ein Messer durch die Dunkelheit.

«Was macht er da draußen?», fragte ich.

«Er spricht mit den Alten.» Grover kramte in der Supermarkttüte herum. «Es dauert nicht lange.»

«Und wenn ihm etwas passiert?»

«Besser, er stirbt hier als in irgendeinem Krankenhaus. Aber vergessen Sie's. Er wird nicht stürzen.»

Etwas huschte am dunklen Himmel vorbei.

«Ein Nachtfalke», sagte Grover. «Er beobachtet den Alten – für Yanpa, den Ostwind.» Er schraubte den Verschluss von einer Flasche Eistee. Eine heiße Bö rüttelte am Wagen.

«Sehen Sie?», sagte Grover. «Ich hab's doch gesagt.» In einiger Entfernung erblickte ich die Umrisse einer Gestalt, die einen Hang herunterkam. Grover genehmigte sich einen großen Schluck Eistee und setzte sich wieder auf. Schritt für Schritt näherte sich die Gestalt, ohne auch nur einmal zu stolpern oder innezuhalten. «Zäher alter Sack», sagte Grover.

Dan ging mit seitlich ausgestreckten Armen durch das kurze, trockene Gras, wie jemand, der auf einzelnen Steinen einen Bach überquert. Als er nur noch ein paar Meter entfernt war, hob er den Kopf. Sein trübes Auge schimmerte im Mondlicht.

Grover ließ den Motor an. Im selben Moment öffnete Dan auch schon die Tür und stieg ein. Grover legte den ersten Gang ein und fuhr los. Keiner von uns sprach ein Wort, doch diesmal war es ein friedvolles, fast brüderliches Schweigen.

20

ENTHÜLLUNGEN

«Hier geht's lang», sagte Grover. Zwei Reifenfurchen zweigten von der Straße ab, führten in die vom Mond beschienenen Hügel.

Weit und breit war kein Briefkasten zu sehen, kein Schild, gar nichts. Seit Stunden waren wir durch die konturlose Landschaft gefahren; ich konnte mich nicht erinnern, irgendwo einen Wegweiser oder Ähnliches gesehen zu haben.

Grover bog ab, und schon rumpelten wir auf die Hügel zu. Es ging permanent auf und ab; mal schoss unser Scheinwerferlicht gen Himmel, dann bohrte es sich wieder in den Boden, während der Buick durch das Gestrüpp holperte.

Die Karosserie ächzte und stöhnte, die Federung quietschte. Ein Maultierhirsch lief uns beinahe vor den Kühler, blieb einen Moment lang wie erstarrt stehen, ehe er mit einem Satz wieder im Dunkel verschwand. Hier und da erhoben sich die Umrisse verrosteter Autowracks wie die massigen Leiber von Nashörnern im hohen Gras.

Hinter der ersten Anhöhe erwartete uns ein schier schwindelerregendes Panorama von Hügeln und Senken. Im Silberschein des Mondes waren keine Einzelheiten zu erkennen, nur riesige, mal helle, mal dunkle Flächen.

Grover hatte offenbar Nerven wie Drahtseile; Angst schien er jedenfalls nicht zu kennen. Ein oder zwei Mal befürchtete ich, wir würden in einem Loch stecken bleiben, doch er schaltete wie ein Offroad-Experte von einem Gang in den anderen, mal hoch, dann wieder runter, und überwand alle Hindernisse, als wären sie gar nicht vorhanden. Aus dem bedächtigen Sonntagsfahrer war plötzlich ein gnadenloser Draufgänger geworden – ein Kapitän, der sein Schiff durch ein Meer aus Gras steuerte.

Auf und ab, auf und ab – wir wurden hin und her geschleudert wie bei einer Achterbahnfahrt. In der Supermarkttüte klirrten die Flaschen; im Kofferraum knallte ein Kreuzschlüssel oder Wagenheber polternd gegen das Blech.

Wir arbeiteten uns zum Kamm eines langgestreckten Hügels hinauf, und Grover hielt an. In der Senke vor uns erspähte ich ein einzelnes, von ein paar krüppeligen Bäumen umgebenes Haus. Es war noch etwa fünfhundert Meter von uns entfernt und wirkte auf den ersten Blick unbewohnt, doch als ich genauer hinsah, entdeckte ich ein schwaches Licht in einem der Fenster.

Das Haus war nicht viel größer als ein Hühnerstall. Rundherum lagen irgendwelche Gegenstände verstreut. Ein Wagen war nirgendwo zu sehen.

«Geschafft», verkündete Grover.

Dan nickte.

Eine kleine Gestalt erschien im Hof. Gebell hallte durch die nächtliche Stille, und schon hetzten drei Hunde den Hang hinauf. Fatback sprang auf und begann zu winseln. Grover griff hinter sich, öffnete die hintere Tür und ließ ihn hinaus.

Fatback lief vorn um den Wagen herum. Die anderen Hunde kamen in einem Affenzahn bei uns an, rannten ihn beinahe über den Haufen, und dann begann das große Beschnuppern, Knurrlaute und wildes Schwanzwedeln inklusive.

Grover blinkte mehrmals mit den Scheinwerfern. Die Gestalt vor dem Haus winkte, und wir fuhren den Hügel hinunter.

Als wir näher kamen, sah ich, dass die Gestalt eine alte Frau war, kaum jünger als Dan. Ihr weites, bedrucktes Kleid wurde von einem Männergürtel zusammengehalten; um die Schultern hatte sie einen dünnen schwarzen Pullover geschlungen.

Ihr langes, nach hinten gebundenes Haar war weiß oder silbern; im Mondlicht ließ sich das nur schwer sagen.

Die Hände in die Hüften gestemmt, stand sie da wie eine gestrenge Mutter, deren Tochter nach einem Date zu spät nach Hause kommt. Doch nun sah ich im Scheinwerferlicht, dass sie lächelte – ein mütterliches Lächeln, in dem sich eine Art wissender Vorfreude spiegelte.

Grover rief etwas auf Lakota aus dem Fenster. Sie schlug die Hände zusammen und wiegte sich ein paar Mal vor und zurück. Ihr Lächeln wurde noch breiter. Die beiden wechselten noch ein paar Worte, ehe uns Grover aussteigen hieß.

Die alte Frau wandte sich zum Haus. Die Hunde wuselten hinter ihr her. Sie ging vornübergebeugt; ihre Knöchel waren geschwollen.

«Das ist Annie», erklärte mir Grover, als wäre damit alles gesagt. «Kommen Sie.»

Nun, da die Scheinwerfer ausgeschaltet waren, schimmerten die Sterne wie Kristalle. Als sich meine Augen an das Dunkel gewöhnt hatten, blickte ich mich um. Das Haus war tatsächlich nur unmaßgeblich größer als ein Hühnerstall. Es bestand aus grob behauenen Balken, die von Lehm oder Mörtel zusammengehalten wurden. Das Dach war mit Teerpappe gedeckt, die von Vierkanthölzern und alten Autoreifen an Ort und Stelle gehalten wurde. Weiter hinten stand eine hohe, schmale Außentoilette, links des Hauses ein alter Wohnwagen, dessen Deichsel auf einem Baumstamm ruhte.

Auf dem Hof, wenn man ihn denn so nennen wollte, gab es einen kleinen, mit Maschendraht eingezäunten Garten, in dem allerlei niedriges Gemüse wuchs. Neben dem Haus stand ein Metallbett mit Matratze, aus welchen Gründen auch immer.

Auf der anderen Hausseite stapelte sich Feuerholz bis zum Dach. Vom Schwengel einer alten Pumpe nahe der Tür hing ein Blecheimer.

Das Ganze wirkte wie ein winziger Vorposten menschlicher Besiedlung inmitten der riesigen Senke, die sich meilenweit in alle Richtungen erstreckte.

«Wohnt sie hier allein?», fragte ich Grover.

«Holen Sie die Einkaufstüte aus dem Wagen», war alles, was er sagte. Dan war bereits vorgegangen und im Haus verschwunden.

Von innen wirkte das Haus sogar noch kleiner. Es war in zwei Zimmer unterteilt, keins davon größer als ein geräumiger Schrank; eine rot-grün gestreifte Decke diente als Tür zwischen den beiden Räumen. Der Boden bestand aus Holzplanken, und die dicken Balkenwände hatten schmale Fenster. Auf einem Tisch neben der Tür verströmte eine Petroleumlampe schwaches gelbes Licht – die einzige Beleuchtung.

Das Zimmer, vor dem ich stand, beherbergte lediglich vier Möbelstücke: den Kiefernholztisch mit der Lampe nebst einem einzelnen Küchenstuhl, einen massiven, grau-weiß emaillierten Holzherd, der fast die gesamte Wand einnahm, sowie einen alten Polstersessel, der links von mir in der Ecke stand. Der Raum war derart vollgestopft, dass man zwar stehen oder sitzen konnte, aber so gut wie keine Bewegungsfreiheit hatte.

Auf einem Regal über dem Tisch standen Töpfe und Teller neben Gläsern mit Bohnen und Mehl. Von einem Gestell darüber hing getrocknetes Fleisch.

Ich hatte das Gefühl, jede Sekunde ersticken zu müssen. Der Geruch von etwas, das auf dem Herd vor sich hin brodelte, vermischte sich mit dem beißenden Gestank des Petroleums. Der Herd strahlte eine gnadenlose Hitze aus, die von der trockenen Brise, die durch die Fenster hereinwehte, nicht im Mindesten gemildert wurde. Es war schlicht zu eng.

Aus dem hinteren Zimmer drang Dans Stimme an meine Ohren. Er und ein anderer Mann unterhielten sich auf Lakota und lachten. Ich verstand nur ein einziges Wort: Wasichu.

Leider war ich mit der Etikette nicht vertraut. Die Frau hatte mich zwar mit einem warmen Lächeln bedacht, mir sonst aber keine weitere Beachtung geschenkt. Ich wusste nicht, ob ich mich vorstellen sollte, geschweige denn, ob sie überhaupt Englisch sprach. Und so verharrte ich schweigend auf der Schwelle, während sie die Lebensmittel aus der Tüte nahm und sie in verschiedenen Regalen und Ecken unterbrachte.

Sie war offensichtlich eine gute Seele. Ihr Gesicht war zerfurcht von tiefen Falten, die sich anmutig um ihre Augen- und Mundwinkel verteilten. Ein leicht verschmitzter Ausdruck stand in ihren Augen, als würde sie irgendein amüsantes Geheimnis hüten.

Da mir niemand einen Platz angeboten hatte, blieb ich in der offenen Tür stehen und lächelte jedes Mal, wenn die alte Frau zu mir herübersah. Grover hatte die Decke zwischen den beiden Zimmern zur Seite geschoben und war in die Unterhaltung zwischen Dan und dem anderen Mann eingestiegen.

Draußen balgten sich die Hunde unter dem Sternenhimmel. Ich spielte gerade mit dem Gedanken, mich zu ihnen zu gesellen, als die Frau mich hereinwinkte. Es war eine herzliche, einladende Geste, das universale Willkommen aller Großmütter. «Möchten Sie etwas essen?», fragte sie.

Es überraschte mich, dass sie Englisch sprach. Sie deutete auf den Küchenstuhl. «Setzen Sie sich doch.»

Ich sah davon ab, mich groß zu zieren. Ich war in letzter Zeit wahrlich in genug Fettnäpfchen getreten.

Ich zwängte mich an den Tisch. Die alte Frau nahm eine Schale aus dem Regal und füllte sie mit einer Portion von dem, was in der gusseisernen Pfanne vor sich hin schmurgelte. Ich hatte keine große Wahl; fest stand, dass ich essen musste, was auf den Tisch kam. Zu allem Überfluss erinnerte ich mich daran, dass die Chippewa-Kids in Red Lake die Lakota – oder «Sioux», wie sie sie nannten – als «Hundefresser» verspottet hatten. Gut, es waren bloß irgendwelche Geschichten, die sie vom Hörensagen kannten. Aber irgendeinen Grund musste es ja dafür geben.

Mit Argusaugen spähte ich in die halb suppenartige Pampe, konnte aber nichts entdecken, was verdächtig nach Hund ausgesehen hätte, auch wenn ein paar undefinierbare Brocken Fleisch in der dunklen Soße schwammen. Nun ja, mit den kleinen Klößen aus Gemüse oder Getreide war ich garantiert auf der sicheren Seite. Ich griff nach dem verbogenen Metalllöffel und führte ein wenig von dem ominösen Sud an meine Lippen.

Die alte Frau grinste.

Es schmeckte verblüffend gut – nach Mais und Chili, mit einem Hauch von Beere. Und auch die Bällchen waren definitiv nicht übel. Ich hielt mich an die Flüssigkeit, ohne das Fleisch anzurühren.

Grover wandte sich um, warf einen Blick in meine Schale und sah die unberührten Brocken. Er wandte sich zu Annie. «Mal 'ne Frage», sagte er auf Englisch. «Hattest du nicht neulich noch vier Hunde?»

* * *

Bald darauf übermannte mich die Erschöpfung. «Sie schlafen auf dem Bett im Hof», sagte Annie. Ich erinnerte mich an das seltsame Eisengestell und die verblichene Matratze. Solange es nicht gewitterte, war das gar keine schlechte Idee.

Ich holte meinen Schlafsack aus dem Kofferraum und rollte mich auf den ächzenden Federn des alten Betts zusammen. Trotz der Hunde und des Gelächters, das aus dem Haus zu mir herüberdrang, nickte ich kurz darauf ein.

Offenbar hatte ich tief und fest geschlafen; Dan und Grover mussten irgendwann zum Wohnwagen und zur Toilette gegangen sein, doch davon hatte ich nichts mehr mitbekommen. Als ich die Augen aufschlug, kroch die Sonne gerade über den östlichen Horizont. Das Farbenspiel am Himmel, eine Symphonie aus Lila und Purpur, war schlicht überwältigend, und Tau schimmerte auf dem Gras. Ich lag still da und lauschte den Geräuschen der Insekten, dem Rascheln der Tiere im Gestrüpp.

Dann hörte ich, wie jemand die Haustür öffnete. Ich schälte mich aus dem Schlafsack und ging zum Wagen, um meine Zahnbürste und frische Sachen zu holen.

Annie stand an der Pumpe, bewegte den rostigen Schwengel mit kurzen, kräftigen Bewegungen auf und ab. Sie trug dieselben Sachen wie am Vortag, dazu aber ein Kopftuch wegen des Winds. Lächelnd winkte sie mir zu.

Nun, bei Tageslicht, konnte ich meine Umgebung besser in Augenschein nehmen. Das Haus stand inmitten einer Senke, deren Durchmesser bestimmt zwanzig Meilen betrug. Weit und breit waren keine anderen Gebäude zu sehen; nur ein paar Baumgruppen durchbrachen das schier endlose Auf und Ab der braunen, grasbewachsenen Hügel.

Der Weg, auf dem wir gekommen waren, führte über die nächste Anhöhe. Ansonsten gab es keine Straßen oder Pfade, so weit das Auge reichte. Ein einsamer Reiter oder Wanderer wäre meilenweit sichtbar gewesen.

Der Himmel beherrschte die Landschaft, war wie sie selbst zu weit, zu gewaltig, um in seiner ganzen Erhabenheit erfasst werden zu können. Der Sonnenaufgang tauchte den Osten in ein leuchtendes Spektrum von Gold, Orange und Violett. Die Farben strömten nachgerade über den Horizont, illuminierten die Wolken, und langsam kam die Sonne in Sicht, scheuchte die Schatten tiefer in die Täler und Klüfte. Ich fühlte mich wie in einem Amphitheater der Götter.

Annie war mit ihrem Wassereimer zurück ins Haus gegangen. Ich trat an die Pumpe und betätigte den Schwengel, bis ein kleiner Strahl aus dem Hahn kam. In Erwartung des eiskalten Wasser hielt ich die Luft an, bevor ich den Kopf unter die Pumpe hielt.

Aber das Wasser war alles andere als kalt. Es roch faulig und nach Schwefel, war lauwarm und brackig. Ich begnügte mich mit einer Katzenwäsche und rubbelte mir die fiese Substanz mit dem Handtuch von Kopf und Händen, so gut es eben ging.

Annie stand in der Tür, und plötzlich kam mir die Suppe vom Vorabend in den Sinn. «Trinken Sie das nicht», sagte sie. «Hier.» Sie hielt mir einen Becher hin. Ich nahm ihn entgegen; es war Wasser, das augenscheinlich nicht aus der Pumpe stammte. Ich bedankte mich und putzte mir damit die Zähne.

In der Zwischenzeit hatte Annie den Holzstuhl herausgebracht und neben die Tür gestellt. Sie hielt etwas im Schoß, putzte entweder Gemüse oder beschäftigte sich mit einer Handarbeit. Ich achtete nicht weiter darauf und zog mich an. Weder Dan noch Grover waren irgendwo zu sehen – kurz fragte ich mich, wo sie geschlafen hatten –, und auch der geheimnisvolle Mann, dessen Stimme ich am Abend zuvor gehört hatte, war bislang nicht aufgetaucht.

Ich spürte, dass Annie mich beobachtete. Eigentlich hätte ich dringend einen Kaffee gebraucht, aber aus irgendeinem Grund traute ich mich nicht zu fragen. Vielleicht tranken sie ja Tee oder waren zu arm, um sich Kaffee leisten zu können. Oder sie hatten Kaffee, brühten ihn aber mit Wasser aus der Pumpe auf.

Annie bedeutete mir, zu ihr zu kommen. Ihre Hände arbeiteten weiter, mit raschen, automatischen Bewegungen. Ich lächelte und trat zu ihr.

«Setzen Sie sich.» Sie nickte in Richtung des Treppenabsatzes. Ich warf einen Blick auf ihre Hände. Sie betete einen Rosenkranz.

Ich war fast genauso perplex wie in jenem Moment, als sie mich auf Englisch angesprochen hatte; nicht, weil es komplett unwahrscheinlich gewesen wäre, sondern weil ich schlicht nicht damit gerechnet hatte.

«Sind Sie katholisch?», platzte ich heraus.

Sie lächelte und nickte, als hätte ich etwas Wichtiges erkannt. «O ja», sagte sie, während sie die einzelnen Perlen mit geradezu schlafwandlerischer Sicherheit durch die Finger gleiten ließ. Ich erwartete noch irgendetwas – vielleicht eine Erklärung oder eine Frage nach meinem religiösen Hintergrund –, doch es kam nichts. Einer inneren Melodie lauschend, wiegte sie sich sachte hin und her.

Schweigend saßen wir da, während die Sonne aufging. Ein paar Minuten später drang das rostige Knarren der Wohnwagentür an meine Ohren, kurz darauf gefolgt vom Zuschlagen der Toilettentür. Alsbald erspähte ich Dan, der im Unterhemd zum Wagen ging. Seine fleckige Khakihose hatte er zugeknöpft, aber der Reißverschluss stand noch offen, die Hosenträger waren verdreht und hingen links und rechts herunter, und in seine alten Hirschleder-Latschen war er nur halb hineingeschlüpft. Er sah aus wie ein Greis, der aus einem Altersheim abgehauen war.

Er ging direkt zum Wagen, ohne uns zu beachten. Er kramte im Kofferraum herum, förderte schließlich eine zerknitterte braune Papiertüte zutage und verschwand wieder hinter dem Haus. Annie wiegte sich weiter hin und her und betete. Das Summen der Insekten erfüllte die Morgenluft.

Ich hätte mich gern mit ihr unterhalten, wusste aber nicht, was ich sagen sollte, und weil sie mich extra gebeten hatte, mich zu ihr zu setzen, war ich jetzt hier festgenagelt. Leise hörte ich sie murmeln: «Gegrüßet seist du, Maria, voll der Gnade.» Sie betete auf Englisch.

Die Sonne stieg den Horizont hinauf, während sie ihre Perlen herunterbetete. Es würde ein heißer Tag werden. Stumm saß ich da, bis sie an dem Kruzifix am Ende des Rosenkranzes angelangt war. Sie führte es an die Lippen und küsste es rituell, ehe sie den Rosenkranz schließlich einsteckte und aufstand. Mit erhobenem Finger bedeutete sie mir zu warten und ging ins Haus.

Gleich darauf kehrte sie mit einem auf Pappe aufgezogenen Schwarz-Weiß-Foto zurück. Es war alt und verblichen und zeigte eine Gruppe von etwa fünfzig Kindern, die in Reihen vor einer Veranda posierten, Jungs und Mädchen getrennt, alle um die sieben, acht Jahre alt. Die Mädchen trugen weiße Kleider, die Jungen Anzüge, dazu Porkpie-Hüte und Fedoras. Rechts hinter ihnen stand ein einzelner Erwachsener, ein Weißer mit einem Beffchen.

Annie deutete auf einen der Jungen, die allesamt mit Pokerface in die Kamera blickten. «Dan.» Sie nannte ihn bei seinem indianischen Namen. Sie richtete den Finger auf ein kleines Mädchen mit Zöpfen, das die Hände züchtig im Schoß gefaltet hielt. «Ich.»

Ich lachte. Dans ledriges Stirnrunzeln war im abweisenden Gesichtsausdruck des Jungen auf dem Foto sofort wiederzuerkennen. Annie schlug die Hand vor den Mund und kicherte wie eine Göre.

«O ja», sagte sie. «Er steckte ständig in Schwierigkeiten. Dauernd ist er weggelaufen.»

Ich betrachtete das strenge Gesicht des Priesters. «Oh», sagte ich.

«Mir hat's dort gefallen», gab sie zurück. «Ich durfte den Nonnen in der Küche helfen.»

«Haben die dort je über den Geistertanz gesprochen?», fragte ich.

Sie gab ein Glucksen von sich und winkte ab. «Ach, das waren doch nur ein paar verrückte Indianer.»

Mir lagen noch mehr Fragen auf der Zunge, doch im selben Augenblick wurden wir von Gebell unterbrochen. Die Hunde hetzten die Anhöhe hinter dem Haus hinauf, und dann hörte ich Motorengeräusch, gefolgt von einer Staubwolke in der Ferne. Bald darauf fuhr ein weißer Pickup über den Hügelkamm und rumpelte zum Haus hinunter, während die Hunde bellend um ihn herumtobten.

Annie ging dem Wagen entgegen. Vorn saßen vier Personen – ein Mann, eine Frau und zwei Kinder. Hinten saß ein etwa zwölf-, dreizehnjähriger Junge.

Nacheinander stiegen sie aus. Der Mann war Ende dreißig und trug, was so gut wie alle hier in der Gegend trugen – Jeans, weißes T-Shirt und Cowboy-Boots. Sein Haar unter dem weißen Stetson glänzte wie das Gefieder einer Schwarzdrossel, und um seinen Mund kräuselte sich ein Spielerlächeln.

Die Frau, einige Jahre jünger, trug ein Hard-Rock-Café-Shirt und Jeans. Sie war hager, eine harte, hohlwangige Schönheit, Typ Tresenkönigin. Sie scheuchte die Kids aus dem Wagen wie Entenküken.

Die Kids wirkten ärmlich, aber sauber. Sie liefen zu Annie, die sie mit ausgebreiteten Armen empfing. Die zwei älteren Kinder hatten dunkle Haare und runde Gesichter. Das dritte – es konnte nicht älter als fünf sein – hatte blaue Augen und lange, dicke blonde Locken.

Annie schloss sie nacheinander in die Arme, sprach Lakota mit ihnen; sie antworteten auf Englisch. Das Foto in meiner Hand hatte Annie offenbar vergessen. Ohne mich vorzustellen, führte sie die Kids ins Haus, aus dem gleich darauf die Rufe «Grandpa, Grandpa» ertönten.

Ein paar Momente später wurde eine Gestalt im Rollstuhl von den Kindern durch die Tür geschoben. Es war der Mann, dessen Stimme ich am Abend zuvor gehört hatte. Er war in Dans Alter, vielleicht zwei, drei Jahre jünger. Sein Gesicht war kastanienbraun; das lange, schlohweiße Haar hatte er zur Seite gekämmt. Er trug ein langärmliges weißes, bis obenhin zugeknöpftes Hemd und eine blaue Hose. Seine Beine waren unterhalb der Knie amputiert.

Verlegen lächelte ich den Mann und die Frau aus dem Pickup an. Zu meiner Überraschung streckte mir der Mann die Hand hin. Ich stellte mich vor: «Kent Nerburn. Ich bin ein Freund von Dan und Grover.»

«Delvin», sagte er, beließ es dabei und schüttelte lässig meine Hand. Der Händedruck der Frau war um einiges förmlicher: «Danelle.» Sie hielt meine Hand einen Augenblick lang fest, wie um den Wert einer Ware zu schätzen. Fest stand, dass das Paar zumindest eine Zeitlang unter Weißen gelebt hatte.

Der Name «Danelle» weckte meine Neugier. Es mochte reiner Zufall sein, aber die Frau war Wenonah verblüffend ähnlich, sowohl vom Aussehen als auch von der Art her. Ich überlegte, in welchem verwandtschaftlichen Verhältnis sie wohl zueinander standen, traute mich aber nicht zu fragen. Ich war einfach froh, mich in Gesellschaft von Menschen zu befinden, die zumindest teilweise mit den Grundregeln der Weißen vertraut waren.

Wie jemand im Ausland, der gerade einem Landsmann begegnet ist, hätte ich am liebsten erst mal ein wenig mit ihnen geplaudert. Doch ich hielt mich zurück. Die kühle Reserviertheit der Frau und die Stille der weiten Prärie luden nicht gerade zu einem Schwätzchen ein.

Danelle sah das Foto in meiner Hand und taute ein wenig auf. «Hat Grandma von den alten Zeiten erzählt?» Im frühen Licht der Sonne konnte ich erkennen, dass sie als Kind offenbar schwer an Windpocken erkrankt war.

«Nicht viel», sagte ich. «Sie hatte gerade erst angefangen.»

«Grover ist auch hier, oder?», fragte sie.

«Sie kennen sich ja bestimmt», erwiderte ich.

Ihre Miene umwölkte sich. «Ja, ich kenne ihn.»

Die Kids hatten den alten Mann auf den Hof hinausgeschoben; Danelle trat zu ihm und begrüßte ihn mit einem Wangenkuss. Delvin öffnete die Ladeklappe des Pickups, und ich ging hinüber, um ihm zu helfen. Auf der Ladefläche befanden sich ein paar Kartons mit Lebensmitteln und ein großer, zerbeulter Stahltank mit etwa 50 Gallonen Fassungsvermögen.

Wir brachten die Kartons ins Haus. Anschließend stieg Delvin wieder in den Pickup und parkte an der Hausseite. Dankbar, etwas zu tun zu haben, folgte ich ihm. Er kletterte auf die Ladefläche, griff nach einem grünen Gartenschlauch und steckte ihn in eine kleine Öffnung in der Wand. «Bin so weit!», rief er.

Danelle antwortete ihm aus dem Haus. Ich stand neben dem Truck und sah zu. «Wasser», erklärte er, als er meinen fragenden Blick sah. «Den Dreck kann man ja nicht trinken.» Er nickte in Richtung der Pumpe.

«Leben die beiden den ganzen Winter hier draußen?», fragte ich.

«Früher ja, jetzt nicht mehr. Der Alte hat Diabetes, aber wenn wir ihn ließen, würde er trotzdem hierbleiben.»

«Bestimmt nicht ganz leicht, hier draußen zu überleben, wenn man alt und krank ist.»

«Lange kriegen die das auch nicht mehr hin.»

Delvin lehnte sich an den Pickup. «Schreiben Sie ein Buch oder so?» Ich fragte mich, woher er das wusste. Als er meine Überraschung sah, fuhr er fort: «Habe ich mir irgendwie gedacht. Warum sollte ein Weißer sonst mit Rothäuten rumhängen?»

«Ich mach das für Dan», sagte ich.

«Ach nee. Würden wir zehn Cent für jedes Buch bekommen, das irgendwer über uns schreibt, könnten wir uns ruckzuck die Black Hills zurückkaufen.»

Er meinte es nicht böse, doch die Bemerkung versetzte mir trotzdem einen Stich.

«Dan hat mich darum gebeten», protestierte ich.

Delvin winkte ab. «Da müssen Sie aber schwer den Märchenonkel geben, um aus dem alten Schwachmaten einen Weisen zu machen.»

«Ich habe gar nicht vor, ein Buch über einen ‹weisen Alten› zu schreiben.»

«Wie? Keine großen Worte vom Schwarzen Hirsch?»

«Höchstens vom schwarzen Köter.» Ich nickte in Fatbacks Richtung, der es sich im Schatten unter dem Bettgestell gemütlich gemacht hatte.

Er grinste. «Na, das würde ich gern mal lesen.» Wir teilten dieselbe Skepsis.

«Das Wasser läuft nicht!», ertönte Danelles Stimme von drinnen. Delvin stieg auf die Ladefläche und justierte den Schlauch. «Jetzt ist es besser!», rief sie.

Delvin deutete auf die Wand. «Er ist ihr Großvater, wissen Sie.»

«Wer, Dan?»

Meine entgeisterte Reaktion ging ihm sichtlich runter wie Öl. «Ach, das wussten Sie nicht? Sein Sohn war Danelles Dad.»

Ich wusste nicht, was ich sagen sollte. Durch ein paar Sätze seinerseits hatte ich mehr über Dan erfahren als in all den Monaten, die ich mit ihm verbracht hatte. Einmal mehr wurde mir bewusst, wie verschlossen er war.

«Sie meinen den Sohn, der ums Leben gekommen ist? Der das Haskell College besucht hat?»

«Ja, genau. Und das wussten Sie wirklich nicht?»

«Ich weiß gar nichts», sagte ich. «Ich habe nichts zu melden.»

Er lachte leise – ein warmes, freundliches Glucksen. «Genauso wenig wie ich, Mann.» Er kippte den Tank, damit das Wasser besser ablaufen konnte.

«Wenonah ist also Danelles Schwester?», hakte ich nach.

«Ja. Wenonah war immer die Brave von den beiden. Ist nach dem Tod ihrer Eltern bei Grandpa geblieben.»

Ich hatte mit allem Möglichen gerechnet, aber nicht mit derartigen Enthüllungen. Für sich genommen waren sie nichts Besonderes, nichts weiter als Fragmente wie die Notizen in Dans Schuhkarton. Aber sie fügten sich zusammen, ergänzten das Bild dieses alten Mannes, der mir jenseits allen Respekts, den ich vor ihm empfand, mittlerweile ans Herz gewachsen war. Nur zu gern hätte ich mehr erfahren, doch war ich mir unsicher, ob Delvin weitere Fragen nicht womöglich als übergriffig empfinden würde. Dennoch beschloss ich, die Flinte nicht gleich ins Korn zu werfen. Allzu vieles war mir immer noch schleierhaft, und ich wollte endlich klarsehen. Womöglich fand ich ja einen Hebel, der es mir ermöglichen würde, Dan und seine Mission zu verstehen, eine Mission, mit der ich anscheinend untrennbar verbunden war.

«Macht es Ihnen was aus, über diese Dinge zu reden?», fragte ich.

«Nee, überhaupt nicht. Ich wundere mich bloß, dass Ihnen der Alte nichts davon erzählt hat.»

«Er schweigt sich gern aus. Seinen Vater und seine Großeltern hat er schon mehrmals erwähnt, und ich habe ein paar Fotos in seinem Haus gesehen. Aber das war's dann auch schon.»

«Sie wissen also nichts von der Sache mit seiner Frau?»

Ein leiser Anflug von Verzweiflung überkam mich. «Ich weiß gar nichts.»

«Verstehe», sagte Delvin. «Ja, er ist schon ein ausgekochtes Schlitzohr. Hat gern den Daumen drauf.»

«Was war denn mit seiner Frau?», setzte ich nach. «Ich habe mich schon gefragt, warum er nie Besuch von Frauen bekommt.»

«Ist 'ne seltsame Geschichte. Sie war eine Weiße, eine christliche Sozialarbeiterin, die während des Kriegs ins Reservat kam. Ich meine den Zweiten Weltkrieg. Tja, wegen seines schlimmen Auges konnte er nicht zur Armee, und das hat ihn schwer getroffen. Er wollte unbedingt kämpfen – diese Indianer alten Schlags nehmen den Army-Kram bierernst, das kann ich Ihnen sagen.

Er versuchte dann, irgendeine Arbeit im Reservat zu finden, aber sie wollten ihm keine geben. Tja, falsche Familie, der ewige Schwachsinn. Inzwischen waren sie verheiratet und hatten ein Kind. Aber irgendwann ist sie durchgedreht und hat sich vom Acker gemacht. Die Prärie hat sie kirre gemacht. Sie ist dann zurück in den Osten gegangen, und ich glaube, das hat er nie verwunden.»

Eine Sozialarbeiterin. Unwillkürlich musste ich lächeln. Das erklärte schon mal, warum er am Vortag derart über diesen Berufsstand hergezogen war.

Delvin genoss die Situation. Er sah, dass ich nach Informationen gierte, und warf mir einen kleinen Brocken nach dem anderen hin.

«Tja, und Bobby – sein Sohn – hatte wohl 'ne schwere Zeit. Von wegen ‹Halbblut› und so. Er wollte es beiden Eltern recht machen und ging aufs Haskell – wollte Lehrer werden oder so. Was dann passiert ist, weiß ich nicht. Wahrscheinlich landete er wieder im Reservat. Die Leute sagen, er hätte sich dem American Indian Movement angeschlossen, dem indianischen Widerstand. In der Zeit hat er auch Dannies Mutter geheiratet.»

«Dannie?»

«Danelle.»

«Ähm ... Dannies Mutter ist also Annies Tochter?» Um ein Haar wäre ich rot geworden, als ich ihren Kosenamen aussprach.

«Ja.»

«Aber was ist passiert? Wie ist er ums Leben gekommen?»

«Ich weiß es nicht. Es hat sie beide erwischt, Bobbie und Katherine – Dannies Mutter. Die Cops haben behauptet, sie wären bei einem Autounfall ums Leben gekommen. Aber das war eine Lüge. Beide hatten Schusswunden, und sie waren nicht mal in ihrem eigenen Reservat. Vielleicht haben sie gemeinsam Selbstmord begangen, wer weiß? Aber aus welchem Grund würde die Polizei dann offiziell erklären, sie hätten einen tödlichen Unfall gehabt? Typisch Reservatsbullen – man weiß ja, wie die drauf sind.»

«Okay», rief Danelle von drinnen.

Delvin zog den Schlauch aus der Wand und rollte ihn ordentlich auf. Nun hatten die beiden Alten wieder genug Wasser für die nächsten Tage.

Ich hörte Danelles Schritte auf den Bodendielen. Da sie jede Sekunde bei uns sein würde, beschloss ich, das Thema lieber fallenzulassen.

Offensichtlich hielt es auch Delvin für das Beste, lieber über etwas anderes zu reden. Er lehnte sich wieder an den Pickup und zog seine Hutkrempe ins Gesicht wie ein Cowboy bei der Siesta. Er begann, eine tonlose Melodie zu pfeifen und mit den Händen rhythmisch auf der Fahrertür zu trommeln – eine Geste demonstrativer Unbeteiligtheit, zu bemüht, um glaubwürdig zu wirken, zu augenfällig, um übersehen zu werden. Er sah aus wie der Lümmel von der letzten Bank, der den Unschuldsengel mimte.

Danelle kam um die Hausecke.

«Voll?», fragte sie.

«Bis obenhin.» Bestätigend klopfte Delvin auf den leeren Tank.

«Wie lange wird das reichen?»

«Schätzungsweise 'ne Woche, wenn die Jungs nicht länger bleiben.» Er nickte mir zu.

«Fragen Sie nicht mich», sagte ich. «Ich habe keine Ahnung.»

Danelle musterte mich leicht missbilligend. Für sie war ich ein ungebetener Gast, jemand, der wertvolle Ressourcen verbrauchte. Sie blickte zur Sonne auf. «Wird heiß heute.» Ihre Stimme klang leicht besorgt. «Vielleicht sollten wir Grandma und Grandpa doch lieber mitnehmen, bis es wieder kühler wird.»

Delvin zuckte mit den Schultern. «Frag sie.»

Ich stand schweigend daneben. Meine Neugier war hier zweitrangig, sosehr ich gern mehr über Dans Vergangenheit erfahren hätte. Doch nun, da ich wusste, dass Danelle Dans Enkelin war, konnte ich nicht den Blick von ihr wenden. Es war, als könnte ich mehr über den Alten in Erfahrung bringen, wenn ich sie nur lang genug beobachtete.

Sie bemerkte, dass ich sie anstarrte, und erwiderte meinen Blick hart und unverwandt, wenn auch weniger herausfordernd als taxierend. Ich war gewarnt; mit dieser Frau war garantiert nicht gut Kirschen essen.

Mit der Behändigkeit eines Cowgirls schwang sie sich auf das Heck des Pickups. «Dann lassen Sie mal hören, Mister. Was treiben Sie hier draußen mit Dan und Grover?»

Ihre schulmädchenhafte Direktheit traf mich völlig unvorbereitet. Ich war unsicher, was ich preisgeben konnte, wie viel ich über ihr Verhältnis zu Dan wissen durfte. Und da sie von ihrem Großvater als «Dan» sprach, beschloss ich, mich lieber bedeckt zu halten. «Nun ja, nichts Besonderes. Ich schreibe. Eine Zeit lang habe ich mal im Red-Lake-Reservat in Nord-Minnesota gearbeitet. Dans Enkelin – Wenonah – hat mich angerufen und den Kontakt hergestellt.»

«Wenonah?» Sie klang überrascht, ließ sich aber nicht weiter dazu aus.

«Ja. Sie sagte, Dan brauche meine Hilfe bei einem Buch. Und ich habe dann zugesagt.»

Das war vielleicht etwas zu kurz angebunden, musste aber reichen, dachte ich. Sie biss sich auf die Unterlippe und fixierte mich mit kühlem Blick. «Ein Buch?»

«Genau.»

«Was für ein Buch?»

«Das ist noch nicht ganz klar. Dan hatte einen Schuhkarton voller Notizen, denen ich so etwas wie eine Struktur geben sollte. Wir haben uns dann darauf geeinigt, das zu lassen und stattdessen eine Art Story zu entwickeln, in der ich als Chronist versuche, seine Ansichten über die Welt und das Leben festzuhalten.»

«Was war in dem Schuhkarton?»

«Alle möglichen handschriftlichen Aufzeichnungen. Hunderte davon, dazu Briefe und Zeitungsausschnitte. Ein ziemlich wildes Sammelsurium.»

Sie schwieg einen Moment. «Weiße sollten keine Bücher über Indianer schreiben.»

«Ich schreibe kein Buch über Indianer.» Ich fühlte mich in die Defensive gedrängt. «Sondern ein Buch für einen Indianer. Ich habe Dan gefragt, wie er sich das Ganze vorstellt, und genau das versuche ich jetzt zu verwirklichen.»

«Wieso hat er keinen Indianer darum gebeten?» Ihre Fragen

waren so direkt wie meine Antworten gewunden. Zeit, dass ich mich nicht länger einschüchtern ließ.

«Keine Ahnung. Das habe ich mich auch schon gefragt.»

«Dann hält er ja wohl große Stücke auf Sie.» Das klang fast herausfordernd. Sie musterte mich auf seltsam eindringliche Weise, als könne sie so herausfinden, warum ihr Großvater gerade mich auserwählt hatte. Aber dann kam sie offenbar zu dem Schluss, dass das sinnlos war, da sie von der Ladefläche glitt und die Heckklappe schwungvoll zuschlug. «Dann sehen Sie besser mal zu, dass Sie die Sache nicht vermasseln, Mister Wasichu. Nur weil Sie schon mal in einem Reservat gearbeitet haben, sind Sie noch lange kein Indianer. Komm, Delvin.»

Delvin grinste mich wissend an.

Ich hätte das Ganze auf sich beruhen lassen sollen, doch aus irgendeinem unerfindlichen Grund ergriff ich erneut das Wort. Ich wollte mich irgendwie mit ihr verständigen, sie dazu bewegen, mit mir in Dialog zu treten.

Wer nicht wagt, der nicht gewinnt. «Ich mache das für Ihren Großvater», sagte ich. «Und nicht für mich, falls Sie das glauben.»

Sie fuhr zu mir herum. «Wasichus machen grundsätzlich alles nur für sich selbst! Sie wissen nur manchmal nicht, warum.» Dass ich wusste, in welchem verwandtschaftlichen Verhältnis sie zu Dan stand, war ihr anscheinend egal. Stattdessen zog sie meine Absichten in Zweifel, weshalb ich noch einen draufsetzte.

«Ich werde das Buch schreiben, Dannie», sagte ich. «Es ist der Wunsch Ihres Großvaters, und ich wünschte, ich könnte auch auf Ihre Hilfe zählen.» Ihre Augen blitzten zornig, als ich sie mit ihrem Kosenamen ansprach, doch dann lenkte sie ein.

«Wie sollte ich Ihnen denn helfen? Offensichtlich haben Sie doch auch so den großen Durchblick.» Der Sarkasmus troff geradezu von ihren Lippen.

«Wollen Sie die Wahrheit hören?», sagte ich.

«Dafür wäre ich Ihnen ausgesprochen dankbar», gab sie zurück. Delvin grinste bis über beide Ohren. Anscheinend war er selbst schon öfter Zielscheibe ihres Missmuts geworden.

«Ganz ehrlich, mir macht dieses Projekt sogar ein bisschen Angst.»

«Und mir macht Angst, dass Sie sich damit beschäftigen.»

«Und das zurecht. Ich könnte es nämlich tatsächlich vermurksen. Ich war sogar drauf und dran, die Sache abzublasen. Aber er wollte unbedingt, dass ich es mache. Ich habe keine Ahnung, warum.»

Sie stand reglos da, blickte mich lauernd an. In ihren Zügen spiegelte sich der Zwiespalt wider, in dem sie sich befand. Sie sprach in ernstem Ton, um ja keine Missverständnisse aufkommen zu lassen.

«Mein Großvater ist einer der wichtigsten Menschen auf der Welt für mich. Er ist alles, was mir von meinem Vater geblieben ist. Da meine Schwester Sie angerufen hat, bin ich bereit, Ihnen zu vertrauen. Aber trotzdem gefällt mir das alles nicht. Wenn Sie mich fragen, haben Wasichu-Schreiberlinge bei uns im Reservat nichts verloren. Dabei kann nichts Gutes herauskommen. Aber wenn mein Großvater es denn so will, dann tun Sie es. Aber tun Sie es in seinem Sinne.»

«Glauben Sie mir, Dannie, genau das versuche ich.»

Abermals biss sie sich auf die Unterlippe, straffte die Schultern. Ihre Körpersprache ließ keinen Zweifel daran, wie aufgewühlt sie war.

«Kannten Sie meinen Vater?»

«Nein. Zum ersten Mal habe ich ihn auf einem Foto im Haus Ihres Großvaters gesehen.»

«Wissen Sie, dass er ermordet wurde?»

Ich warf Delvin einen Blick zu, und er nickte. «Delvin hat mir davon erzählt», sagte ich.

Sie sah Delvin an. Er ließ die Zähne sehen und hob abwehrend die Hände.

«Du quatschst zu viel, Delvin», sagte sie.

Delvin grinste wieder und schwieg.

«Mein Vater war ein guter Mensch. Er wollte anderen helfen, hat sich für die Indianer eingesetzt. Aber dann wurde er umgebracht. Zusammen mit Mom.»

Ich blieb stumm. Jetzt war sie an der Reihe, und ich wollte sie nicht beeinflussen, überließ ganz ihr, was sie sagen wollte. Sie schniefte kurz und fuhr fort.

«Er wollte eine Brücke zu Grandma bauen. Das hat er ganz oft gesagt – dass er eine Brücke zu Großmutter bauen wolle.»

«Was meinte er damit?», fragte ich so behutsam wie möglich.

«Grandpa und Grandma ...»

«Ihr Großvater Dan», sagte ich.

«Ja. Grandpa und Grandma lagen sich ständig in den Haaren. Sie war eine Wasichu. Ich glaube, Grandpa verstand sie einfach nicht. Nun ja, am Ende trennten sie sich, und sie ging zurück in den Osten, wo sie aufgewachsen war. Mein Dad war noch ein ziemlich kleiner Junge, um die zwölf muss er damals gewesen sein. Ich weiß das alles nicht genau, nur, was Annie mir erzählt hat.

Ich glaube, dass mein Vater ein sehr unglücklicher Mensch war. Er hat Grandpa immer die Schuld an dem gegeben, was passiert war. Er wollte, dass sie sich wieder miteinander versöhnten – das hat er gesagt, als ich noch ein ganz kleines Mädchen war.

Ja, mein Dad hatte ein gutes Herz. Oft ist er mit mir auf den Hügel bei unserem Haus gegangen, und wenn wir da oben waren, hat er mir erklärt, wir müssten lernen zu vergeben, so wie auch die Erde vergibt. Er zeigte mir Stellen, wo das Land zerstört worden war, und sagte, dass die Erde es mit neuem Gras bedecken würde. Und dass wir Indianer genauso mit den Wunden umgehen sollten, die uns die Weißen zugefügt hatten.»

«Und er ist bei seinem Vater im Reservat geblieben?»

«Ein paar Mal hat er seine Mom im Osten besucht, aber das war jedes Mal ein Reinfall. Sie hatte noch einmal geheiratet. Einen Weißen, und sie hatten wieder Kinder. Aber die Kinder konnten ihn nicht leiden, nannten ihn Tonto und hänselten ihn ständig. Dabei hatte er sich immer Geschwister gewünscht. Selbst als er erwachsen war, hat er ihnen noch Briefe geschrieben, aber von ihnen ist nie etwas gekommen. Er wollte sogar dort aufs College gehen, aber aus irgendeinem Grund hat es nicht geklappt. Stattdessen ist er dann ans Haskell gegangen.»

Sie weinte jetzt, kleine Tränen, die geradewegs aus den Tiefen ihrer Kindheitserinnerungen zu quellen schienen.

Sie wischte sie fort. «Er wollte ein Buch für Grandma schreiben – eins, das ihr die Lebensweise der Indianer erklären sollte. Er war besessen von dem Gedanken, eine Brücke zwischen ihr und Grandpa zu schaffen.»

Ich spürte, wie mich ein Schauder überlief. Ich atmete tief aus.

«Wie weit ist er mit dem Buch gekommen?», fragte ich.

«Ich weiß es nicht. Nur, dass er aus dem College oft Briefe an Grandpa geschrieben hat. Er hat viele davon aufgehoben.»

Delvin wandte sich mir zu und nickte. Ein schmales Lächeln spielte um seine Lippen, als wolle er sagen: «Na, sehen Sie?»

«Nutzen Sie ihn nicht aus.» Fast flehentlich blickte sie mich an. «Hinter allem steckt viel mehr, als Sie glauben.»

«Das wird mir allmählich auch klar», sagte ich. «Das wird schwieriger als alles, was ich je unternommen habe. Aber ich werde mein Bestes geben – Ehrenwort.»

«Das hoffe ich. Es ist wirklich wichtig.»

Wir sahen, wie Grover und Dan drüben beim Wohnwagen ihre Morgentoilette verrichteten. Dan, die Hosenträger immer noch auf Hüfthöhe, wusch sich gerade. Ich wusste nicht, was ich sonst noch sagen sollte, um sie zu beschwichtigen.

«Er ist ein wahrhaft weiser Mann», versuchte ich meinen Gefühlen Ausdruck zu verleihen.

«Ich weiß», erwiderte Dannie. «Mein Vater war ganz wie er. Dan hat ihn traditionell erzogen, ihn gelehrt, die Natur zu beobachten. Er hat meinem Dad alles beigebracht.»

Keiner von uns beiden wagte es, das Offensichtliche auszusprechen.

«Was erzählt er Ihnen eigentlich so?», fragte sie.

«Nun ja, manchmal hält er ...»

«Kleine Vorträge», fiel sie mir ins Wort.

«Genau. Und manchmal kommt er vom Hölzchen aufs Stöckchen, lässt sich über die verschiedensten Dinge aus.»

«Und? Wie ist das so?»

«Wollen Sie mal hören?», fragte ich. «Ich habe alles aufgenommen.»

Sie nickte, und ich ging zum Wagen, um den Recorder zu holen. Als ich zurückkam, trottete mir Fatback hinterher.

Delvin und Dannie saßen nebeneinander auf der Heckkante. «Fatback, alte Töle», sagte Dannie. Der Anblick des Hundes schien ihre Stimmung erheblich zu verbessern.

Fatback wedelte enthusiastisch und versuchte sich auf die Hinterbeine zu stellen. Dannie glitt von der Ladefläche, beugte sich zu ihm und kraulte ihn hinter den Ohren. Fatback fiepte und winselte wie ein überglücklicher Welpe. «Früher hat er meinem Dad gehört», erklärte sie. «Er hat ihn aufgezogen, aber kurz darauf ist er ums Leben gekommen.»

«Aufgezogen?»

«Er hat ihm alles beigebracht. Er sollte kein gewöhnlicher Reservatsköter sein. Komm, Fatback, zeig's ihm! Auf den Rücken!»

Der alte Hund setzte sich langsam, ließ sich seitlich zu Boden fallen und rollte sich auf den Rücken.

«Er kriegt's nicht mehr so richtig hin», sagte Dannie. «Aber früher hatte er Kunststücke ohne Ende drauf.»

«Ich habe schon das eine oder andere gesehen», erwiderte ich.

«Dan und er sind unzertrennlich.» Fatback zerrte spielerisch an ihrem Hosensaum, eine freundschaftliche Geste aus der Tiefe ihrer gemeinsamen Erinnerungen. «Er glaubt, dass die Seele meines Vaters in ihm steckt.»

«Der arme Kerl ist doch schon scheintot», warf Delvin nicht sehr sensibel ein. «Kaum zu glauben, dass er die Fahrt hierher überstanden hat.» Während er sprach, versuchte ich zu überschlagen, wie alt Fatback sein mochte – beinahe zwanzig, wenn ich richtig gerechnet hatte. Im selben Moment erinnerte ich mich, wie Dan mir erzählt hatte, dass Fatback eines Tages vor seinem Haus aufgetaucht war, und gleichzeitig kamen mir Grovers Worte in den Sinn, der Alte sei mit allen Wassern gewaschen. Es stimmte: Nichts war so, wie es schien.

«Dann lassen Sie mal hören», sagte Dannie.

Ich hatte aufs Geratewohl eine Cassette aus meiner Reisetasche gekramt. Es war die mit Dans Rede über die Erde. Dannies Miene hellte sich auf, als die blecherne Stimme des Alten davon sprach, wie die Weißen irgendwo eine Flagge in den Boden gerammt und behauptet hatten, von diesem Punkt an gehöre alles ihnen.

«Dieselben Geschichten hat er mir schon erzählt, als ich noch ein kleines Mädchen war.» Sie lächelte. Das Tape lief weiter. Dan räsonierte über den Unterschied zwischen Land und Grundbesitz.

Delvin stocherte mit einem Klappmesser zwischen seinen Zähnen herum. «Hat's ja voll drauf, der alte Schwachmat.»

«Grandma Annie hat gesagt, er wäre der klügste Indianer, dem sie je begegnet sei», sagte Dannie stolz.

Drüben beim Wohnwagen war Dan fertig mit Waschen und zog gerade die Hosenträger über sein geripptes, langärmliges Unterhemd.

«Leck mich fett», sagte Delvin spöttisch. «Schon satte dreißig Grad, und er trägt ein Unterhemd mit Ärmeln.» Dannie hatte den Aus-Knopf gedrückt und reichte mir den Recorder zurück.

«Sie müssen mir noch etwas versprechen.»

«Was denn?»

«Hören Sie nicht auf das, was die beiden über Frauen verzapfen. Vor allem nicht auf Grovers Geschwätz.»

Ich verstand nur Bahnhof.

«Was hat Grover damit zu tun?», fragte ich.

Sie spie die Antwort fast aus. «Er glaubt, er wäre immer noch bei der Marine.»

«Seine Ansichten über Frauen nerven sie», warf Delvin ein.

«Mich nervt alles an ihm», gab sie zurück.

«Sie kennen ihn ja offenbar recht gut», sagte ich.

«Ich bin ihm nur einmal begegnet», erwiderte sie. «Aber den Typ Mann brauche ich kein zweites Mal zu treffen.»

«Er hat ihr auf den Arsch geklatscht, als wir Dan vor einiger Zeit besucht haben», erklärte Delvin. «Hat Dannie gar nicht gut gefallen.»

«Die Hand verrät des Herzens Wesen», stellte sie fest.

Delvin lachte. Für ihn war die Sache halb so schlimm.

«Mit so was hat Dan nichts am Hut», sagte ich.

«Nein, bestimmt nicht. Aber Grover, und Grandpa schenkt ihm einfach zu viel Gehör, jedenfalls sagt Wenonah das. Vergessen Sie nicht, dass meine Großmutter eine Wasichu war, so wie Sie. Grandpa ist über ihre Trennung nie hinweggekommen. Er hat keine Ahnung von indianischen Frauen oder davon, wie es heute zwischen Männern und Frauen läuft. Alles, was er dazu absondert, hat er wahrscheinlich von Grover.»

Ihre Fingerspitzen strichen über meinen Arm – eine überraschende, selbstbewusste Geste, keineswegs vertraulich, sondern so bestimmt wie die Berührung einer Krankenschwester. «Hören Sie», fuhr sie fort. «Grandpa tut, was er tun muss. Und ich bin überzeugt, dass Sie Ihr Bestes geben. Aber Sie verstehen nicht, worum es geht. Das können Sie auch gar nicht. Wir Frauen sind jetzt die Hoffnung unseres Volkes, und ich will nicht, dass

Grandpa dummes Zeug von sich gibt, das von vorn bis hinten nicht stimmt.»

«Ich verstehe nicht genau, worauf Sie hinauswollen.»

«Genau darauf. Egal wie sehr Ihnen all das am Herzen liegen mag, am Ende ist die indianische Kultur für Sie nichts weiter als ein Steckenpferd. Aber wenn wir nicht mehr existieren, werdet ihr immer noch da sein. Umgekehrt gilt das leider nicht. Wenn unsere Kultur verschwindet, dann wir mit ihr. Alles, wofür unsere Alten gehungert haben, alles, wofür unsere Vorfahren gekämpft haben, wird ein für alle Mal verschwunden sein. Sehen Sie sich nur meine Großeltern an, das, was von ihnen übrig geblieben ist. Sie betet von morgens bis abends den Rosenkranz, und er hat keine Beine mehr. Ihm haben sie den Körper und ihr die Seele gestohlen.»

«Ich weiß», sagte ich. «Deshalb bin ich ja hier. Ich will, dass die Leute davon erfahren. Das müssen Sie mir glauben.»

«Ich glaube Ihnen, aber das heißt noch lange nicht, dass Sie es auch richtig machen. Männer wie mein Großvater Dan, sie kämpfen immer noch. Sie helfen ihnen dabei, und das ist auch gut so. Aber jetzt sind wir an der Reihe – die indianischen Frauen. Die Männer sind müde nach fast zweihundert Jahren Kampf. Jetzt sind wir dran.»

«Erzählen Sie mir mehr.» Es war mir wichtig, ihre Sicht der Dinge zu hören.

«Sie waren Krieger. Sie sind ausgezogen und haben für uns gekämpft. Aber ihr wart in der Überzahl. Ihr habt sie geschlagen, und das haben sie bis heute nicht verwunden. Ihre Herzen sind voller Zorn und Scham. Sie kämpfen weiter, doch der Krieg ist längst vorbei.

Hätte Ehre eine Rolle gespielt, hätten sie gesiegt, und wir wären immer noch ein starkes, gesundes Volk. Aber Ehre zählte nicht. Nur eure Übermacht, und so mussten sie unweigerlich verlieren. Sie kämpfen immer noch, nur mit Worten, so wie Dan – und trotzdem sind sie die Besiegten.

Alles habt ihr ihnen genommen, alles. So war es von Anfang an geplant, und genau so ist es gekommen. Ihr habt ihnen die Seelen geraubt und nichts als Schande gelassen. Nur uns Frauen hat niemand Beachtung geschenkt. Dabei waren wir es, die die Dinge am Leben erhalten haben – mit unseren Herzen, unseren Händen.»

Sie lächelte wissend und ließ den Blick über die weite Landschaft schweifen wie die Hüterin eines großen Geheimnisses.

«Sie haben uns ignoriert. Wir waren ja nur die Frauen. Dabei waren wir es, die das Zepter unserer Kultur hochgehalten haben. Das war von jeher unsere Aufgabe. Die Männer können keine Büffel mehr jagen, aber wir können immer noch kochen, nähen und die alten Bräuche pflegen. Wir können uns immer noch um die Alten kümmern, Licht in ihren Lebensabend bringen, uns der Kinder annehmen und sie lehren, was wichtig ist. Unsere Männer mögen geschlagen sein, aber die Herzen unserer Frauen sind stark wie eh und je.»

Dannies Worte waren so wunderbar wohlgesetzt, dass ich sie eigentlich nicht unterbrechen wollte. Doch brannte mir eine wichtige Frage auf der Zunge, und jetzt schien der richtige Zeitpunkt, sie zu stellen.

«Dannie», sagte ich. «Darf ich Ihnen eine ernste Frage stellen? Ich hoffe, Sie nehmen sie mir nicht übel.»

«Deshalb rede ich ja mit Ihnen. Damit Sie nichts falsch verstehen.»

«Als ich in Red Lake gearbeitet habe, ist mir aufgefallen, wie stark die indianischen Frauen waren – in vielerlei Hinsicht stärker als weiße Frauen. Aber sie waren auf andere Weise stark als die Männer, als Mütter, als Großmütter. Und das Zusammenleben mit den Männern schien nicht gerade gut zu klappen. Ich habe Frauen mit einem blauen Augen gesehen, und viele zogen ihre Kinder mit einem Mann auf, der nicht der Vater war. Irgendetwas war aus dem Gleichgewicht geraten.»

«Sie sind wenigstens ehrlich», gab sie zurück. «Aber es ist genau so, wie ich schon sagte. Sie verstehen nicht, was tatsächlich vor sich geht. Ja, es stimmt, in den Reservaten ist häusliche Gewalt an der Tagesordnung. Meist ist der Alkohol daran schuld. Aber es gibt auch gute Familien, in denen es um vieles liebevoller zugeht als in den meisten weißen – Familien, in denen drei Generationen unter einem Dach leben und alle sich gegenseitig respektieren.

Darum glaube ich auch, dass jetzt unsere Zeit gekommen ist, die Zeit der indianischen Frauen. Die indianische Familie war immer wie ein Kreis, mit der Frau im Mittelpunkt. Weiße Familien hingegen sind wie eine gerade Linie, mit dem Mann an der Spitze.

Deshalb können uns weiße Frauen auch nicht verstehen. Sie reden von Schwesternschaft und Emanzipation, aber ihr Kampf ist nicht der unsere. Wir müssen uns nicht befreien. Unsere Aufgabe ist es, unsere Männer zu befreien.»

Sie sah mich an, um sich zu vergewissern, dass ich auch zuhörte. Ihre Fingerspitzen bohrten sich in meinen Arm.

«Wir führen ein komplett anderes Leben. Wir wissen, wer wir sind. Wir sind Mütter. Wir sind die Fackelträgerinnen unserer Rasse, und daraus speist sich unser Stellenwert. Wir werden dafür geachtet, was wir sind. Wenn unsere Männer uns schlecht behandeln, dann deshalb, weil ihr ihnen die Würde genommen habt. Warum sollten wir uns gegen sie stellen und das dann Emanzipation nennen? Solange ihre Herzen nicht frei sind, wird kein Indianer je wieder frei sein.»

Ich hatte etwas angesprochen, was ihr überaus wichtig zu sein schien. «Das sollten Sie wissen», fuhr sie fort. «Vielleicht hilft Ihnen das, uns besser zu verstehen. Wir Frauen können für euch Wasichus arbeiten, ohne das Gesicht zu verlieren. Wir können abends nach Hause kommen, ohne uns mit dem Gefühl herumschlagen zu müssen, unsere Haut zu Markte getragen zu haben. Wir werden auch so geachtet.

Aber für unsere Männer gilt das nicht. Wenn sie zu den Wasichus gehen, ist das für sie eine Demütigung, auch wenn sie es nicht zugeben. Und ihre einzige Möglichkeit, die Schande zu bewältigen, besteht darin, ihre Herkunft zu verleugnen und weiß zu werden. Diese Vorstellung ist ihnen ein Gräuel, aber wenn sie im Reservat bleiben, finden sie keine Arbeit, und wenn sie keine Arbeit haben, können sie nicht für ihre Familien sorgen. Und wenn sie nicht für ihre Familien sorgen können, gehen sie weg, fangen an zu trinken oder beginnen an ihrem Zorn zu ersticken. Und dann lassen sie ihn an uns aus, obwohl sie uns lieben.

Sie sehen nur den Alkohol und die Gewalt. Die weißen Frauen sehen nur das Schweigen und die Blutergüsse. Aber wir sehen einen zerbrochenen Kreis, und wir wissen, dass unsere Aufgabe darin besteht, ihn wieder zu schließen. Es geht nicht um Männer und Frauen. Es geht um unsere gesamte Kultur, unsere Vorfahren, unsere Kinder. Weiße denken immer zuerst an sich selbst und an ihre Rechte. Aber wir denken zuerst an unsere Kultur, daran, wie wir an ihrer Kraft wachsen können.

Uns fällt es zu, unsere Kultur wiederaufzubauen. Das ist unsere Aufgabe, und deshalb sind jetzt wir Frauen an der Reihe.»

Sie ließ meinen Arm los und rutschte von der Ladefläche. «Verstehen Sie?», sagte sie über die Schulter. «Eigentlich kinderleicht.» Ein leiser Anflug von Ironie schwang in ihrer Stimme mit.

Delvin grinste und hob achselzuckend die Hände. Danelle ging ein paar Schritte Richtung Hof und wandte sich wieder um. «Jetzt muss ich aber dringend mal mit Grandpa sprechen», sagte sie, als könne sie kein Wässerchen trüben. Halb auf dem Weg zum Wohnwagen, drehte sie sich noch einmal zu uns um. Sie sah mich an. «Ach, übrigens. Wenn wir Indianerinnen so schlimm unterdrückt werden, wie kommt's dann, dass die weißen Schwestern unsere Alten aufsuchen, um Weisheit zu finden? Ich glaube kaum, dass Sie sich trauen, das zu schreiben.»

Ich zog meinen Stift aus der Tasche und bewegte ihn kurz hin und her, um ihr zu signalisieren, dass sie sich da bloß nicht täuschen sollte. Sie lächelte keck und machte einen kleinen Hüpfer.

Delvin lachte. «Mit ihr legt man sich besser nicht an.»

«Da ist sie garantiert nicht die Einzige», sagte ich.

Delvin deutete mit der Spitze seines Klappmessers auf Danelle. «Sie halten unser Volk zusammen», sagte er, und die Bewunderung in seiner Stimme war nicht zu überhören. Danelle scheuchte zwei der Kinder zum Wohnwagen, gestikulierte mit der einen Hand, während sie mit der anderen einen Kragen geradezog. «Sie hätten wir den Weißen auf den Hals hetzen sollen. Ihr wärt in Booten nach Hause gerudert.»

21

HALBBLUT

Wir blieben bis zum frühen Nachmittag. Dan befand sich in einem langen Gespräch mit dem Mann ohne Beine, und Grover blödelte mit den Kindern herum, misstrauisch beäugt von Danelle. Die meiste Zeit über wurde Lakota gesprochen, weshalb ich mich möglichst unsichtbar machte, den Ölstand von Grovers Buick überprüfte und den Unterboden in Augenschein nahm. Außerdem gab es wahrlich genug Dinge, die mir Stoff zum Nachdenken gaben.

Annie saß auf ihrem Stuhl im Schatten neben der Tür und putzte das Gemüse, das Delvin und Dannie aus dem Supermarkt mitgebracht hatten, mit beinahe religiöser Hingabe; ihre Hände bearbeiteten die Blätter und Schoten mit derselben meditativen Konzentration, mit der sie zuvor den Rosenkranz gebetet hatte.

Der Auspuff hatte merkwürdig gerasselt, und ich kroch unter den Wagen, um das Rohr näher zu begutachten. Zwar konnte ich ohne Werkzeug wenig ausrichten, selbst wenn ich der Sache auf den Grund kam, doch ich wollte nicht stören. Sie alle waren eine Familie – Grover eingeschlossen –, und ich gehörte nicht dazu. Und da mir weder der Sinn nach gezwungener Konversation noch nach untätigem Herumhängen stand, zog ich die Gesellschaft von Abgasanlage und Stoßdämpfern vor.

Kurz darauf lugte ein Paar Augen unter den Wagen, dann noch eins und noch eins. Die drei Kids waren zu mir herübergekommen, um zu sehen, was der Wasichu so trieb.

Ich glitt unter dem Wagen hervor und sagte hallo. Schweigend standen die Kids vor mir, die Hände in den Taschen vergraben. Gelächter schallte zu uns herüber. Dan vollführte einen seltsamen Tanz; Staubwolken stoben um seine Füße und wehten über den Hof.

«Wie heißt du?», fragte ich den Jungen mit den blonden Locken. Sein Äußeres faszinierte mich, und ich wollte mehr über ihn erfahren.

«Eugene», sagte er schüchtern.

Ich deutete zu Danelle hinüber. «Ist das deine Mama?»

«Ja.»

«Und wie heißen deine Geschwister?»

Er zeigte auf die anderen, stolz, dass er die Antwort wusste. «Myron und April.»

Das kleine Mädchen schlug die Hände vors Gesicht und kicherte. Der andere Junge starrte mich nur mit unbewegter Miene an.

Der kleine blonde Junge fuhr sich mit der Zunge über die Lippen. Dass er meine Fragen richtig beantwortet hatte, verlieh ihm erst richtig Mut. Er hatte es fertiggebracht, mit dem Wasichu zu sprechen.

«Bist du Grizzly Adams?», fragte er. Ich musste lächeln. Ob sich seine Frage nun auf mein Aussehen bezog oder auf die Legende vom Bärenmann in der Wildnis, die hier in aller Munde war – allmählich wurde mir der alte Adams zum vertrauten Begleiter.

«Nein», erwiderte ich. «Sehe ich so aus?»

Das Mädchen kicherte wieder und schüttelte den Kopf.

Der blonde Junge ging aufs Ganze. «Wie heißt du denn?»

Ich überlegte einen Moment. «Mr Nerburn» erschien mir zu förmlich, und «Nerburn», wie mich die meisten Indianer nannten, wäre in dieser Situation einfach lächerlich gewesen.

«Kent», sagte ich mangels anderer Alternativen.

«Hast du Kinder?», fragte er weiter.

«Ja.»

«Und wo sind sie?» Er hakte nacheinander seine Fragen ab.

«Bei mir zu Hause. In Minnesota.»

«Bist du ein Weißer?»

Seine Offenheit brachte mich zum Lachen. «Na klar.»

«Mein Vater auch. Er wohnt in Kalifornien.»

«Bist du schon mal da gewesen?», fragte ich.

«Nein.» Unwillkürlich schob er die Unterlippe vor. Mir ging das Herz auf, und gleichzeitig musste ich an meinen eigenen Sohn denken, fast tausend Meilen von mir entfernt. Am liebsten hätte ich den kleinen Kerl fest an meine Brust gedrückt.

Die beiden anderen standen hinter ihm und beobachteten uns. Im Blick des Mädchens spiegelten sich Scheu und Sittsamkeit, und irgendwie hatte ich das Gefühl, als würde sie ein Geschenk erwarten. Weshalb ich in die Tasche griff und ihr 25 Cent in die kleine Hand drückte. Sie stieß einen kleinen Freudenschrei aus und rannte zu ihrer Mutter.

Der ältere Junge rührte sich nicht. Ich kramte noch eine Handvoll Kleingeld aus der Tasche. Da er älter war, erschien es mir angemessen, ihm ein bisschen mehr zu geben, und hielt ihm ein paar Münzen hin. Er verzog keine Miene, schnappte sie mir dann aber förmlich aus der Hand und stopfte sie in seine Hosentasche. Im Gegensatz zu seiner Schwester lief er aber nicht weg, sondern blieb stehen.

Der kleine Blonde – Eugene – starrte mit großen Augen auf meine Tasche in der Hoffnung, dass auch für ihn etwas abfallen würde. Womit ich mich in die Bredouille manövriert hatte: Egal, was ich ihm gab, es würde entweder zu viel oder zu wenig sein.

«Wie alt ist deine Schwester?», fragte ich.

«Acht.»

«Dann kriegst du auch einen Quarter.» So unlogisch meine Worte waren, hoffte ich, dass sie als unwiderlegbare Erklärung durchgehen würden. Ich ließ die silberne Münze in seine Hand fallen, als handele es sich um einen Edelstein.

Der andere Junge sah mich aus dunklen Augen an.

«Du bist also Myron?», versuchte ich ihm eine Antwort zu entlocken. Der Junge schwieg. Ein Ausdruck nach dem anderen huschte über seine Miene, wie Spiegelungen auf einem See.

«Wo wohnst du?», hakte ich nach. Keine Antwort.

«Besuchst du deine Urgroßmutter gern?» Er wandte sich von mir ab, ließ mich einfach stehen. Er hatte mich begafft, abgecheckt, Zwiesprache mit mir gehalten und mein Freundschaftsangebot ausgeschlagen, ohne auch nur ein Wort mit mir zu wechseln.

Ich sah wieder den blonden Jungen an. Er blickte mir in die Augen, drehte sich zu seinem Bruder um und wandte sich wieder zu mir. Einen Moment lang schien er mit einem inneren Zwiespalt zu ringen. Dann stopfte er sein Hemd in die Hose und lief zum Haus zurück.

* * *

Als wir uns zur Abfahrt bereit machten, brannte die Sonne gnadenlos vom Himmel. Sie hing über uns wie eine schwärende Wunde, kaum sichtbar durch den gleichsam schwelenden Dunst, der so trocken war, dass er einem nachgerade die Lunge versengte. Selbst die Hunde balgten nicht mehr herum, sondern verharrten in kleinen, staubigen Löchern, die sie sich im kargen Schatten der Bäume gescharrt hatten.

Die Hitze flimmerte über allem, verhexte Büsche in Gestalten, die plötzlich auf einen zuzulaufen schienen, Menschen in wabernde Gespenster mit wächsernen Gliedmaßen und schmelzenden Gesichtern. Die große Senke, Stunden zuvor noch gesegnet mit der zarten Brise des morgendlichen Winds, hatte sich in einen quälenden, glühenden Kessel verwandelt.

Die Kinder hockten im Schatten einer Baumgruppe, stocherten mit Ästen in der staubigen Erde und wechselten ab und zu ein paar Worte miteinander. Delvin, Danelle und der Mann mit den amputierten Beinen hatten sich in den schmalen Schattenstreifen zurückgezogen, den das überstehende Dach der Hütte spendete. Annie hielt nach wie vor die Stellung auf ihrem Holzstuhl neben der Tür; auch in der brütenden Hitze arbeiteten ihre Hände unablässig weiter. Ab und zu hob sie den Kopf, um sich zu vergewissern, wie weit wir mit Packen und Einladen waren. Ich saß im Schatten des Buick und wünschte mir nichts mehr, als endlich in den Wagen zu steigen und loszufahren.

Grover ging zwischen Wohnwagen und Auto hin und her, lud diverse Taschen und Tüten in den Kofferraum. Dan wechselte ein paar Abschiedsworte mit dem Mann ohne Beine. Offenbar waren sie sehr enge Freunde. Sie sprachen Lakota und brachen alle naselang in lautes Gelächter aus – zwei Menschen, die in gemeinsamen Erinnerungen schwelgten.

Grover schlug den Kofferraum zu. «Startklar», rief er unter seinem Cowboyhut hervor. Ich beneidete ihn um die breite Krempe und den Schatten, den sie warf.

«Kleinen Moment noch», rief Dan von der Tür aus.

Er verschwand im dunklen Innern des Hauses und kehrte kurz darauf wieder zurück.

Wir sahen zu, wie er langsam den Hof überquerte. Seine Umrisse flimmerten und verschwammen in der sengenden Hitze – schwer zu sagen, ob sein langärmliges Shirt ihn vor der Glut schützte oder die Qualen noch verschlimmerte.

Grover ließ den Motor an. Dan stieg ein und schlug die Tür hinter sich zu. Keiner im Haus oder unter den Bäumen rührte sich. Der Horizont flirrte in der Hitze. Eins der Kids griff sich einen Lehmbrocken und warf ihn halbherzig in unsere Richtung. Kein Abschiedsruf erschallte, keine Hand regte sich, während wir den staubigen Hof hinter uns ließen.

Als wir den Gipfel der Anhöhe erreicht hatten, hupte Grover zwei Mal. Ich wandte mich um, warf einen letzten Blick auf die Hütte. Alle hatten sich im Hof versammelt und sahen uns hinterher, die Hände in die Seiten gestemmt. Der heiße Wind presste die Kleider an ihre Körper. Grover hupte noch einmal, und dann fuhren wir den Hügel hinab, entschwanden ihren Blicken, ihrer Welt, ihrem Leben.

***

Die Meilen flogen nur so dahin auf dem Highway, und die Landschaft zu beiden Seiten der Straße begann sich alsbald zu verändern. Hohe Felsen ragten wie gebrochene Knochen im Präriegras empor. Es war, als würden die Gebeine der Erde bloßgelegt; ihre dünne Krume, eben noch ein Meer aus Gras, war nun kaum noch mehr als eine fragile Schicht, die vor den prähistorischen geologischen Kräften schützte, die unter unseren Füßen gärten. Zinnen und Mesas türmten sich in der Ferne, Felszylinder mit flachen Kuppen säumten den Horizont wie erloschene Vulkane. Das hier war der echte «West River», wie die Einheimischen diesen Landstrich nannten – die westlich des Missouri gelegene Gegend, wo sich die gigantischen Wände der Rockies wie ein schlummernder Riese über dem ehemaligen Meeresboden der High Plains von Dakota erhoben.

Die Hitze war erdrückend. Wir fuhren mit heruntergekurbelten Fenstern, vom Rauschen des Fahrtwinds zum Schweigen gezwungen. Der Himmel dräute schwer und bedeutungsschwanger über uns. Wolken ballten sich zusammen, fegten geradezu über den Horizont. Ein Vogelschwarm stob am Straßenrand auf wie Blätter bei einem Windstoß. Ein Gewitter lag in der Luft.

Gedankenverloren blickte ich hinaus auf die unheilvollen Wolken. Der blonde Junge und seine Familie hatten meine Sehnsucht nach meinem Sohn, meinem Zuhause noch verstärkt. Ich fühlte mich fremd, ausgeschlossen, allein, nicht zuletzt wegen Delvins und Dannies Enthüllungen über Dans Vergangenheit. Es wurmte mich, dass er mir nicht selbst davon erzählt hatte.

Dan schien meine Gedanken zu lesen. «Sie mochten den kleinen Blonden, was?», brüllte er mir über den Fahrtwind zu.

«Er hat mich an meinen Sohn erinnert», gab ich zurück. «Er fehlt mir.»

«Sie haben anders mit ihm gesprochen als mit April und Myron.»

Seine Bemerkung irritierte mich. Es gefiel mir nicht, von jemandem ausgeforscht zu werden, der über seine eigenen Motive so gut wie nie etwas preisgab. Davon abgesehen wollte ich einfach nur meinen Gedanken nachhängen. «Ich habe Ihnen doch gerade gesagt, dass er mich an meinen eigenen Sohn erinnert hat», gab ich scharf zurück.

«Es ist gut, an sein Kind erinnert zu werden», sagte er sibyllinisch. Mittlerweile schien alles, was er von sich gab, einen Doppelsinn zu haben. «Aber ich glaube nicht, dass das der einzige Grund war.»

«Dan», erwiderte ich genervt. «Er stand ganz vorn. Er war der Einzige, der etwas sagte. Es war das Natürlichste von der Welt, dass ich mich mit ihm unterhalten habe.»

«Das kaufe ich Ihnen nicht ab», beharrte er. «Und die anderen Kids haben es auch gemerkt. Sie merken es immer.» Er kurbelte sein Fenster hoch, um mit mir reden zu können.

Ich lenkte ein. Es hatte keinen Sinn, ihn zurückzuweisen, wenn ihn der Drang zu reden überkam. Ich kurbelte mein Fenster ebenfalls hoch. «Na schön, worauf wollen Sie hinaus?»

«Dass er für Sie kein Indianer war. Und deshalb haben Sie mit ihm mehr geredet als mit den anderen.»

«Heiliger Strohsack!» Ich hatte ganz und gar keine Lust, dieses Thema weiterzuverfolgen. «Für mich war er nichts weiter als ein ganz normaler Junge. Was spielt es für eine Rolle, dass sein Vater weiß ist?» Um ein Haar hätte ich hinzugefügt, «wie Ihre ehemalige Frau», doch verzichtete ich lieber auf den Seitenhieb, da mir nicht noch nach weiteren Auseinandersetzungen zumute war. «Das hat er mir erzählt.»

«Also ist er kein Indianer.»

«Er ist halb Indianer, halb Weißer.»

«So was nennt man ein Halbblut, stimmt's?»

«Was soll ich jetzt sagen?», entgegnete ich. Die Hitze verursachte mir Kopfschmerzen, und mein Hemd klebte am Rücksitz.

«Er ist ein Halbblut, richtig?»

«Wenn Sie's sagen.»

Dan begann sich in Rage zu reden, hatte sich offenbar in eine Idee verbissen. «Gut, Sie haben ihn vielleicht nicht so genannt. Aber andere nennen ihn so. Er ist ein Bastard. Die anderen Kinder – die älteren – haben zwei Jahre in Denver unter Weißen gelebt. Aber Eugene ist nie über Rapid City hinausgekommen. Er spricht Lakota. Seinen weißen Vater hat er nie kennengelernt. Aber für Sie sind die beiden anderen richtige Indianer und er nicht.»

Ich dachte an ihre verschlossenen Mahagoni-Gesichter und ihr glänzendes glattes Haar. «Ethnisch gesehen ist das ja auch so.»

«Und das macht sie zu echten Indianern für Sie?»

«Na ja, gewissermaßen. Ich weiß es nicht.» Unser Gespräch schaukelte sich mit jedem Wort weiter hoch, und ich hätte es liebend gern abgebrochen, doch Dan war noch lange nicht fertig. Meine Einlassungen waren Wasser auf seine Mühlen.

«Mal wieder typisch weiß, Ihr Gerede. Als würde bloß die Rasse zählen.»

«Wieso? Mir kommt das eher wie eine Wunschvorstellung von Ihnen vor.»

«Von wegen», erwiderte er. «Aber ich denke häufig darüber

nach. Und Ihr Verhalten gegenüber Eugene hat mich an etwas erinnert.»

«Ach ja?»

«Und ob. Und darüber sollten Sie sich mal ein paar Gedanken machen. Passen Sie auf, ich erzähle Ihnen was. Vor weniger als vierzig Jahren wurden die Kids in der Schule noch in Gruppen unterteilt. In ‹Vollindianer›, ‹Halbindianer› und ‹Viertelindianer›. Sie mussten Schilder hochhalten, und dann wurden sie fotografiert. Es waren bloß Kinder, aber sie wurden aufgeteilt, als wären sie Rezeptmischungen in irgendeinem Scheißkochbuch.»

«Das ist lange her, Dan», sagte ich.

«Und deshalb glauben Sie, so was gäbe es nicht mehr? Führen Sie sich einfach mal vor Augen, wie Sie mit Eugene geredet haben.»

«*Er* hat mit *mir* geredet, wie oft soll ich Ihnen das noch sagen?»

Doch Dan ging nicht auf mich ein. «Es ist immer dasselbe. Jedes Mal, wenn Weiße in ein Reservat kommen, wundern sie sich schwer über die ganzen Kids, die nicht wie Indianer aussehen. Manche sind blond, so wie Eugene, andere rothaarig, sogar Kinder mit blauen Augen gibt es, auch wie bei Eugene. Und das bringt euch Weiße aus dem Konzept, das sehen wir ganz genau. Ihr sprecht anders mit diesen Kindern. Weil sie für euch keine richtigen Indianer sind.

Jedem von uns fällt das sofort auf. Für uns sind diese Kinder Indianer, für euch aber nicht. Von Anfang an haben wir Weiße bei uns aufgenommen, mit ihnen zusammengelebt. Sie wurden Indianer, und wir hatten kein Problem damit. Aber euch macht das verrückt.

In den alten Zeiten, während all der Kämpfe, haben wir Gefangene gemacht oder Heimatlosen eine neue Heimat gegeben – darunter viele Kinder, deren Eltern bei Unfällen oder im Bürgerkrieg ums Leben gekommen waren.»

«Oder durch die Hand von Indianern.» Allmählich wurde ich sauer.

«Ja, möglich.» Er schluckte den Köder nicht. «Wie auch immer, wir nahmen diese Kinder und Erwachsenen bei uns auf. Wir machten sie zu Indianern, und wenn sie Kinder mit Angehörigen unseres Volkes hatten, waren diese Kinder automatisch Indianer. Heutzutage ist es ja keine Seltenheit, das unsere Frauen Kinder mit Weißen zeugen ...»

Das konnte ich so nicht stehenlassen. «Oder Indianer mit weißen Frauen.»

«Ja, kommt vor.» Er funkelte mich an. «Manche Kids haben auch einen weißen Großvater oder eine weiße Großmutter.» Jetzt war es ein offener Schlagabtausch. «Aber für uns sind sie trotzdem Indianer.»

Ich erinnerte mich an Delvins Bemerkung, dass Dans Sohn als Halbblut «eine schwere Zeit» durchgemacht hatte, und fragte mich, was genau er damit gemeint hatte – Probleme mit Weißen, mit Indianern, mit seiner Identität? Dan schien meine Frage zu ahnen. «Aber für euch sind diese Kinder keine Weißen. Ihr seht nicht ihr weißes Erbe, sondern das indianische – und dann nennt ihr sie ‹Halbblut›, ‹Tonto›, ‹Pocahontas› – schon in der Schule geht das los. Glauben Sie, wir wüssten das nicht? Was meinen Sie, was uns die Kids erzählen, wenn sie nach Hause kommen?»

Allmählich dämmerte mir, warum Dans Sohn ins Reservat zurückgekehrt war, nachdem er versucht hatte, im Osten bei seiner Mutter zu leben.

«Stellen Sie sich das mal vor!», zischte er. «Für uns war wichtig, wie sie aufwuchsen, was für Menschen aus ihnen werden würden. Während für euch nur Haut- und Haarfarbe zählten, ihr sie in Kategorien eingeteilt habt, danach, wie viel weißes Blut in ihnen floss! Halbblut, das war euer Name für sie. Ihr habt sie dazu verurteilt, halbe Menschen zu sein, die weder Weiße noch Indianer sein durften!»

Trotz der Hitze und meiner schlechten Stimmung konnte ich spüren, wie viel persönlicher Schmerz in Dans Äußerungen mitschwang. Vor meinem inneren Auge sah ich das Foto des ernst dreinblickenden jungen Mannes mit dem Doktorhut, das an der Wand in seiner Küche hing – das feierliche, entschlossene Gesicht eines Jungen, der eine Brücke zu seiner Mutter hatte bauen wollen.

«So ist das nun mal, Nerburn», fuhr Dan fort. «Für euch Weiße steht die Rasse an oberster Stelle. Schauen Sie doch nur mal selbst, wie Weiße mit Menschen reden, die nicht weiß sind. Früher oder später geht es bei euch immer um Rasse, Rasse, Rasse.

Wenonahs eine Tochter ist wie Eugene. Sie sieht nicht aus wie eine Indianerin, also wird sie auch nie drauf angesprochen, außer dass vielleicht jemand sagt, ‹Oh, da würde ja niemand drauf kommen, dass du Indianerin bist›. Aber ich, Wenonah oder Grover, wir sehen so aus, und sobald wir mit einem Weißen reden, kommt das Gespräch über kurz oder lang unweigerlich auf Indianer.»

«Wohl wahr», ließ sich Grover vernehmen.

«Und dann lassen sie sich entweder über irgendeinen anderen Indianer aus, der ihnen mal irgendwo über den Weg gelaufen ist, über irgendeinen Film oder sonst etwas, das irgendwas mit Indianern zu tun hat. Wahrscheinlich, um durchblicken zu lassen, wie sympathisch sie Indianer finden. Ich könnte der Präsident der Vereinigten Staaten sein oder ein Wissenschaftler, der ein Mittel gegen Krebs gefunden hat, und trotzdem würden sie mir zuerst den Indianer aufs Brot schmieren.

Ich weiß von Schwarzen, dass es bei ihnen genauso ist. Ihr Weißen seht immer erst die Rasse.

Und das Lustige daran ist, dass ihr immer so tut, als würde die Rasse für euch keine Rolle spielen. Ist mir neulich erst wieder aufgefallen, als Grover und ich einen Boxkampf im Fernsehen geschaut haben.»

Er wandte sich zu Grover. «Weißt du noch?»

«Logo. Lausiger Fight.»

«Wie auch immer, jedenfalls sprach der Kommentator die ganze Zeit von dem Boxer in der schwarzen Hose mit den weißen Streifen und seinem Gegner in der schwarzen Hose mit den goldenen Streifen. Ja, Teufel auch, wer sollte das denn auseinanderhalten? Und jetzt passen Sie mal gut auf – der eine war ein Weißer, der andere ein Schwarzer! Aber der Reporter brachte es ums Verrecken nicht über sich, die Dinge beim Namen zu nennen, das darf man ja heutzutage nicht mehr. Ich meine, ist das irre?

All das ist Teil der großen Lüge, die ihr euch und der Welt weiszumachen versucht. Rasse ist für euch das ganz große Ding, aber darüber sprechen, das könnt ihr nicht.»

«Da habe ich wohl einen wunden Punkt getroffen, was?» Ich hoffte nach wie vor, mehr über seinen Sohn zu erfahren.

«Höchstens Ihren eigenen», gab er zurück. «Ich sag Ihnen, was wirklich Sache ist. Ihr Weißen fürchtet euch vor allen, die nicht weiß sind. Überlegen Sie doch nur mal, wie ihr das bei den Schwarzen macht. Sieht man jemandem an, dass er irgendwann mal einen dunkelhäutigen Vorfahren hatte, ist er für euch ein Schwarzer. Eine Familie mag tausend Jahre lang weiß gewesen sein, aber eine schwarze Großmutter reicht, und schon gilt jemand für euch als Schwarzer. Italiener oder Iren dagegen sind fein raus. Hat einer eine italienische Urgroßmutter, die vor hundert Jahren mit dem Schiff herübergekommen ist, würdet ihr nie auf die Idee kommen, er sei Italiener. Aber eine schwarze Großmutter – Bingo, schon bist du schwarz! Hätten Sie ein Kind mit einer Schwarzen, Nerburn, wäre es nicht mehr Ihres. Es wäre schwarz. Trotzdem würdet ihr nie offen sagen, es sei schwarz. Sondern dass es nicht weiß sei.

Weiß ist eine schwache Farbe. Ein Tropfen einer anderen Farbe, und schon hat man kein Weiß mehr. Und egal, wie viel Weiß man später dazugeben mag, das reine Weiß bekommt man nie wieder zurück. Genau davor habt ihr Angst, panische Angst.

Aber die Schwarzen lasst ihr ja wenigstens in Ruhe, wenn ihr sie einmal für schwarz erklärt habt. Ihr habt sie einfach alle zusammen in einen Topf geworfen – Schwarze, Braune, hellhäutigere Farbige. Aber uns Indianer konntet ihr nicht einfach Indianer sein lassen. Nein, ihr musstet uns in Kategorien unterteilen, Vollblut, Halbblut, Viertelblut. Versuchen Sie doch mal, einen schwarzen Mischling als ‹Halbblut› zu bezeichnen. Testen Sie gelegentlich mal, wie das ankommt.»

Er hob die Hände, legte die Fingerspitzen aneinander wie ein Priester, der etwas eindringlich klarmachen will. «Sehen Sie, bei uns ist das umgekehrt. Haben Sie einen Indianer in der Familie, *sind* Sie Indianer, wenn Sie das wollen. Für Weiße hingegen gilt man nur dann als weiß, wenn der gesamte Stammbaum bis in die kleinste Verzweigung lupenrein ist. Verstehen Sie, worauf ich hinauswill?»

«Ja.»

«Dann lassen Sie sich das mal durch den Kopf gehen. Ihr habt tausend ungeschriebene Gesetze. Dass Weiße chinesische Kinder adoptieren, ist kein Problem, aber andersrum wird es nicht gern gesehen. Und wenn Angehörige verschiedener Rassen zusammen ausgehen, werden Frauen weitaus lieber in Begleitung weißer Männer gesehen.»

Er sah mich an, wartete darauf, dass ich ihm zustimmte. Ich schwieg.

«Das ist die Wahrheit», fuhr er fort. «Ist ein Weißer mit einer Schwarzen zusammen, gilt er als liberal. Aber ein Schwarzer mit einer Weißen, das muss ein Zuhälter sein. Und mit Indianern läuft es genauso. Ein Weißer mit einer Indianerin, das kann man durchgehen lassen, sieht man ja auch häufiger im Kino. Aber eine Weiße, die mit einem Indianer zusammen ist – die hat ja wohl ein Problem, oder?

Ich glaube, es hat mit der Unterwerfung anderer zu tun. Ihr Weißen wollt immer die Kontrolle behalten. Und wenn ein Mann anderer Hautfarbe eine Frau erobert hat, muss entweder mit ihm oder ihr etwas nicht stimmen. Ich meine, warum sollte sich eine anständige weiße Frau mit einem Indianer einlassen? Da kann es sich doch nur um eine Masochistin oder eine Schlampe handeln.»

Unwillkürlich musste ich lächeln. Er hatte den Nagel auf den Kopf getroffen.

«Und mit Kindern verhält es sich ebenso. Wenn ein Weißer und eine Indianerin Kinder haben, wird es lieber gesehen, wenn das Kind unter Weißen aufwächst. Aber wenn das Kind von Indianern großgezogen wird, heißt es gleich: ‹Ach, das arme Hascherl. Nirgendwo gehört es richtig hin.›

Geben Sie's zu. Es würde Ihnen besser gefallen, wenn der kleine Eugene bei seinen weißen Verwandten aufwachsen würde. Na los, geben Sie's schon zu.» Er war sichtlich stolz auf seine Argumentation. «Aber wenn der Kleine unter Weißen leben würde, müsste er sich dauernd Kriegsgeheul anhören und von den anderen Kids als Tonto und Halbblut anlabern lassen. So sieht die verdammte Wirklichkeit aus.»

«Der Kleine und ich haben uns bloß unterhalten», sagte ich. «Und das war auch schon alles.»

«Erklären Sie das April.» Er griff in seine Tasche und förderte ein Stück liniertes Papier zutage, offenbar aus einem Schulheft herausgerissen, und reichte es mir. Darauf befand sich eine Kinderzeichnung mit viel Liebe fürs Detail, auf der vier Figuren zu sehen waren. Eine große, runde, rosa umrandete Gestalt mit einem gekritzelten Bart stand neben einer kleinen runden Gestalt mit gelben Locken. Die beiden – ihre Stricharme endeten in vogelkrallenartigen Händen – blickten mit runden Augen nach vorn, ein breites Lächeln auf ihren Wassermelonengesichtern. Ein Stück entfernt von ihnen standen zwei andere runde, etwas kleinere Figuren, die eine mit Beinen, die andere mit einem dreieckigen Kleid. Die Figur mit dem Kleid hielt eine silberne Münze in ihrer Vogelhand. Ihr Gesicht war dunkelbraun, ebenso wie das des Strichmännchens neben ihr. Beider Augen waren Punkte, die wie Rosinen aussahen, und beide hatten keinen Mund.

Darunter stand in Schönschrift: «Für mister kent. von April. Danke. Wiedersehen.»

Ich spürte, wie ich errötete, während ich auf ihre Worte starrte. «Schon okay, Nerburn», hörte ich Dan sagen. «Sie haben ihr ja einen Quarter gegeben.»

22

DAS LIED DER GESCHICHTE

Wir fuhren weiter, dem sich verdunkelnden Himmel entgegen. Die Zahl der Reklameschilder am Straßenrand nahm zu. Die meisten warben für Möchtegern-Attraktionen oder versuchten auf andere Art und Weise, Durchreisende zu einem Zwischenstopp zu animieren: «Lebende Bären», «Reptilien», «Der Welt größte Autoausstellung», «Elvis' Original-Motorrad», «Kürzester Weg in die Black Hills».

Andere Schilder forderten dazu auf, sich gegen Abtreibung stark zu machen oder zu Jesus zu finden.

Grover machte es einen Riesenspaß, die Botschaften laut vorzulesen, ließ die Aufschriften für sich sprechen, ohne je einen Kommentar zu ihnen abzugeben.

Ab und zu kicherte er, wenn ihn etwas besonders amüsierte, auch wenn mir die Logik dahinter nicht recht einleuchtete.

Dan rauchte wie üblich eine Zigarette nach der anderen. Die Missstimmung, die sich seiner nach unserer Abfahrt bemächtigt hatte, schien verflogen zu sein. Ich war mir nicht sicher, ob es nur meine Wahrnehmung gewesen war oder er tatsächlich um seinen Sohn getrauert hatte; jedenfalls wirkte er jetzt nicht mehr schwermütig, sondern hoch konzentriert, während er den Blick mit neu erwachtem Interesse über die vorbeiziehende Landschaft schweifen ließ.

Die uns entgegenkommenden Wagen hatten die Scheinwerfer an. Hoch oben auf einem Hügel hatte ein Rancher ein Kreuz errichtet, das in seiner weiß getünchten Blöße vor dem grauen Gewitterhimmel aufragte.

«Das Land Jesu», sagte ich beiläufig.

«Das Land von Wakan Tanka», berichtigte mich Dan.

«Jedenfalls ein Land des Glaubens», sagte ich, um sämtliche Alternativen abzudecken.

«Ja, es rührt an die Seele.»

Die Hitze war drückend, unheilschwanger. Dan hatte sich entspannt zurückgelehnt, ließ den rechten Arm aus dem Fenster hängen. Sein altes kariertes Hemd flatterte im Fahrtwind.

«Wie denken Sie über Jesus, Nerburn?», fragte er.

Ich schwieg, weil ich der Frage lieber aus dem Weg gehen wollte.

«Glauben Sie, er ist heute noch lebendig?»

«Meinen Sie die Wiederkunft Christi?»

«Die hat vielleicht längst stattgefunden.» Ein Grinsen huschte über sein Gesicht. «Nee, ich meinte, ist sein Geist noch lebendig?»

Ich wollte mich mit einer theoretischen Bemerkung aus der Affäre ziehen, doch er unterbrach mich sofort.

«Das können Sie sich sparen. Mir geht's um den Rancher, der das Kreuz da oben aufgestellt hat. Was hat er sich dabei gedacht?»

Ich überlegte, was ich sagen sollte, als Grover uns die Aufschrift auf der nächsten Reklametafel vorlas – irgendetwas über den Mount Rushmore.

«Genau das meinte ich», sagte Dan. Ich hatte keine Ahnung, wovon er sprach.

«Diese Präsidenten. Ich habe viel über sie nachgedacht. Nehmen wir nur mal die beiden.»

«Welche beiden?»

«Habe ich doch gerade gesagt. Jesus und Abraham Lincoln.»

Einen Moment lang fragte ich mich, ob er den Bezug zur Realität verloren hatte. «Vielleicht gedacht, aber nicht gesagt, Dan. Ich glaube, die Hitze macht Ihnen zu schaffen.»

Er fuhr unbeirrt fort. «Neulich waren wieder ein paar von diesen Betschwestern bei uns im Reservat. Drei, vier Ladys in einem Auto, alle schwer aufgetakelt. Sie wollten mit uns über Jesus reden. Tja, aber Jesus ist schon lange, lange tot. Warum also kommen die zu uns und erzählen uns einen über Jesus Christus?»

Die Pferde gingen mal wieder mit ihm durch, und ich hatte Mühe, nicht den Anschluss zu verlieren. Immerhin wurde unser Gespräch nicht vom Geist seines toten Sohns überschattet. «Weil sie davon überzeugt sind, dass die Gläubigen erlöst werden, wenn sie Jesus in ihrem Herz lebendig werden lassen», erwiderte ich.

«Ah ja!», platzte Dan heraus. «Aber wieso werfen sie sich nicht in Schale und erzählen uns einen von Abraham Lincoln?»

Die Vorstellung war so bizarr, dass ich lieber keine Antwort riskierte.

«Ich sag Ihnen, warum. Weil Abraham Lincoln tot ist. Aber obwohl Jesus ebenfalls tot ist, kann er wieder lebendig werden, wenn man ihm sein Herz öffnet – zumindest sagen sie das immer. Und deshalb frage ich Sie: Wieso kann Abraham Lincoln nicht wieder lebendig werden, wenn man ihn in sein Herz lässt?»

Ich fühlte mich, als würde ich an einer surrealen Quizshow teilnehmen. «Ich weiß es nicht.»

Er warf mir einen triumphierenden Blick zu. «Weil Abraham Lincoln zur Geschichte der Weißen gehört.»

«Und Jesus nicht?»

«Nein. Er ist Teil einer anderen Art von Geschichte. Einer Geschichte, mit der Indianer etwas anfangen können. In der Dinge Bedeutung haben, weil sie wakan sind. Und das ist auch der Grund, warum so viele Indianer an Jesus glauben.»

Trotz aller bruchstückhaften Logik schienen Dans Gedanken um etwas Wichtiges, ja Wesentliches zu kreisen. Ich setzte mich auf und spitzte die Ohren.

«Sehr schön», sagte er. «Endlich hören Sie mal zu. Ich dachte schon, bei Ihnen wäre Hopfen und Malz verloren.»

«Ich bin ganz Ohr.» Ich schaltete den Recorder an und versuchte, es mir auf dem verschwitzten grünen Kunstledersitz so bequem wie möglich zu machen. Fatback gab ein verdrossenes Schnaufen von sich, döste aber sofort wieder ein.

«Also. Eure Geschichte mit Abraham Lincoln und so weiter, wie sie an euren Schulen gelehrt wird, taugt nichts für Indianer. Was für eine merkwürdige Art von Geschichte, in der nur zählt, was wann wo passiert ist. Ihr wollt alles darüber wissen, wie viele Leute irgendwann irgendwo waren, was sie anhatten, wie sie dachten. Das steht für euch über allem. Ihr glaubt, je mehr Wissen ihr anhäuft, desto mehr Geschichte habt ihr auch.

Aber so funktioniert Geschichte nicht, jedenfalls nicht für Indianer. Eure Geschichtsschreibung ist so, als würde man alle Teile des Körpers studieren und hinterher behaupten, jetzt wüsste man Bescheid über das Leben. Aber alles, was ihr in der Hand habt, sind bloß Fakten, Fakten und nochmal Fakten.

Eure Art zu denken hat großes Unglück über uns gebracht. Eure Geschichtsschreibung war sinnlos, und dann habt ihr auch noch alles falsch verstanden.»

«Falsch verstanden?», hakte ich nach. «Wie meinen Sie das?»

Er gab einen resignierten Seufzer von sich. «Wer redet hier eigentlich – ich oder Sie? Ich dachte, Sie wollten etwas dazulernen?»

«Sorry.»

Er drohte mir mit seinem arthritischen Zeigefinger. «Genau deshalb habt ihr Weißen in einem fairen Kampf keine Chance gegen uns! Weil ihr immer bloß gerade drauf geht. Wir dagegen schleichen uns geschmeidig an, kommen von allen Seiten. Und jetzt halten Sie endlich die Klappe!»

Grover schlug vor Vergnügen aufs Lenkrad.

Dan fuhr fort – streitbar, impulsiv und unzähmbar wie eh und je.

«Führen Sie sich doch mal vor Augen, was ihr uns angetan

habt! Als ihr hierhergekommen seid, habt ihr drauf gepfiffen, was in unseren Herzen lebendig war. Euch ging es nur um eure Fakten.

Wenn ihr uns gefragt habt, wann dies oder das geschehen sei, haben wir etwa geantwortet, dass das in jenem Jahr war, als all die Büffel erfroren. Und ihr wurdet dann sauer, wolltet es genauer wissen. Und wir haben erwidert, das sei in dem Jahr gewesen, als die Sterne fielen. Das war eben unsere Art, die Jahre zu zählen.

Aber das reichte euch immer noch nicht. Ihr wolltet eine Jahres*zahl* – als würde es irgendetwas nützen, die Zahl eines Jahres zu kennen. Und wenn wir einen Tag nicht per Zahl benennen konnten oder uns nicht erinnerten, seid ihr schier durchgedreht.

Also habt ihr unsere Geschichte geschrieben. Ihr habt sie zusammengezimmert aus dem, was eure Leute zu Papier gebracht hatten – Händler, Missionare, Soldaten. Wenn wir gegen euch kämpften, habt ihr festgehalten, welche Waffen wir benutzten und wie viele Opfer es gab.

Wenn ihr einen Indianer gefunden habt, der bereit war, für euch zu arbeiten, habt ihr ihn zum Häuptling gemacht, damit er euch unser Land verscherbeln konnte. Anschließend habt ihr seine Worte aufgeschrieben, und wenn er nichts gesagt hatte, habt ihr irgendetwas für ihn erfunden und ihn dann unterschreiben lassen. Und das war dann unsere indianische Geschichte.

Ist Ihnen klar, was ihr damit bewirkt habt? Denken Sie drüber nach. Die Händler führten Buch darüber, wie viele Felle sie bekamen, vielleicht hielten sie nebenbei noch etwas über unsere Lebensweise fest. Die Missionare zeichneten auf, warum wir unzivilisiert waren, schrieben über unsere Rituale und wie befremdlich sie ihnen erschienen. Und diejenigen, die uns bekämpften, schrieben sowieso, was sie wollten, um sich ins rechte Licht zu rücken.

Glauben Sie, die hätten geschrieben, ‹Die Indianer hatten einen besseren Schlachtplan und waren uns im Kampf überlegen?› Oder ‹Heute haben wir wieder mal reichlich Säuglinge abgeschlachtet?› Wohl kaum.

Und was die falschen Häuptlinge angeht – um sie zu Anführern zu machen, habt ihr euch die schamlosesten Lügen aus den Fingern gesogen. Und sie haben euch natürlich nach dem Mund geredet, es gab ja Häuser und Geld dafür! Ihr habt sie sogar Papiere unterzeichnen lassen, die sie nicht einmal lesen konnten, aber wegen der Unterschrift war das alles rechtmäßig für euch, auch wenn es keinen einzigen Indianer gab, der gewusst hätte, was in diesen Verträgen stand.

Nachdem ihr unser Land aufgeteilt und uns mit Parzellen abgespeist hattet, sollten wir dann auch noch Nachnamen annehmen, als wären wir Weiße. Alles habt ihr schriftlich fixiert. Manche von uns fanden das so hirnverbrannt, dass sie euch jedes Mal einen anderen Namen nannten, wenn ihr sie danach gefragt habt. Und was kam bei all dem heraus? Das reine Chaos, ein Haufen Quatsch – aber ihr hattet eure *Wahrheit* ja schwarz auf weiß, und deshalb habt ihr sie dann auch eure Kinder gelehrt.

Das ist es, was wir eurer weißen Geschichtsschreibung zu verdanken haben.»

Triumphierend zog er an seiner Zigarette. Alle naselang tauchten nun Mount-Rushmore-Werbetafeln mit miserablen Zeichnungen der vier Präsidentenköpfe am Straßenrand auf; sie wirkten winzig, ja absurd unter dem dräuenden Dunkel des Himmels. Ich dachte, Dan sei fertig, doch er blies nur demonstrativ Rauch aus und fuhr fort.

«Aber das Ganze hatte noch etwas viel Schlimmeres zur Folge. Unsere gesamte Geschichte aus der Zeit vor eurer Ankunft wurde komplett ausradiert. Heute ist es, als hätten wir vorher gar nicht existiert. Und ihr glaubt uns kein Wort von dem, was wir euch erzählen, immer müsst ihr erst irgendwelche Tongefäße oder

Pfeilspitzen ausgraben, die ihr dann in euren Laboren mit irgendwelchem Chemiezeugs untersucht. Und am Ende werden die Ergebnisse der Analysen veröffentlicht, andere Leute wiederum schreiben darüber, und das nennt ihr dann Geschichte.

Erzähle hingegen ich euch, was ich von meinen Großvätern weiß, ist das keine Geschichte, solange eure Chemikalien es nicht untermauern. Selbst wenn ich euch in die geheimen Kräfte des Medizinbeutels einweihen oder preisgeben würde, wie man sich in eine Doppelfrau verwandelt – was ich selbstverständlich nicht tun werde –, würdet ihr das als Ammenmärchen abtun.

Nichts von all dem, was wir wissen, wird von euch als Geschichte akzeptiert. Unsere heiligen Geschichten sind für euch bloße Legenden, die Kräfte, die von unseren Vorfahren an uns weitergegeben worden sind, nichts als Aberglaube. Unsere Geschichte ist für euch nicht real.

Aber unterm Strich liegt das nur daran, dass unsere Geschichte nirgends *geschrieben* steht. Und für euch spielt keine Rolle, dass eure Schreiber nichts als Lügen über uns verbreitet haben. Für euch zählte nur, dass sie schriftlich festgehalten wurden. Und das war dann die Wahrheit für euch. Unsere Alten sagten immer: ‹Der Wasichu baut sein Haus auf Lügen.› Tja, und genau das haben sie gemeint.»

Ich konnte ein Lächeln nicht unterdrücken. Dan sah mich an und blinzelte; sein trübes Auge funkelte im Dämmerlicht. Ein leises «He, he» drang wie Donnergrollen aus seiner Brust – er wusste, dass er meine ungeteilte Aufmerksamkeit hatte.

«Und an dieser Stelle kommt Jesus ins Spiel. Als ich damals zur Kirche gehen musste und dort von Jesus hörte, fragte niemand nach irgendwelchen Daten. Mal ernstlich, da war die Rede von einer unglaublich wichtigen historischen Persönlichkeit, und kein Mensch hakte nach, wann genau all diese Dinge eigentlich passiert waren. ‹Zu Jesu Zeiten› hieß es einfach nur. Sein Wirken war entscheidend, nicht irgendwelche Zahlen.

In der Kirche haben wir dann etwa erfahren, dass bei seinem Tod die Erde bebte.»

«Ja.» Ich warf einen Blick auf den düsteren Himmel. «Um die sechste Stunde brach eine Finsternis über das ganze Land herein.»

Dan war nicht in der Stimmung für Klugscheißerei. «Das Erdbeben stand in unmittelbarem Zusammenhang mit seinem Tod. Niemand hat je gefragt, wie viele Menschen bei diesem Beben ums Leben kamen, wie viele Menschen dabei waren, als Jesus starb, oder in welchem Jahr das war. Wichtig war, dass bei Jesu Tod ein Erdbeben stattgefunden hatte.

Verstehen Sie, worauf ich hinauswill? Wenn es so wichtig war, dass während der Kreuzigung die Erde bebte – wieso hat es dann keinerlei Bedeutung, dass in dem Jahr, als die Büffel erfroren, tausend Sterne vom Himmel fielen?»

Ein weit entfernter Blitz erhellte die Ränder der Wolkentürme. «Ich sag Ihnen, warum. Weil die Weißen nicht glauben wollten, dass zwischen den beiden Ereignissen ein Zusammenhang bestand. Ihr glaubt zwar daran, dass Jesus und das Erdbeben etwas miteinander zu tun hatten, aber die Sache mit den Büffeln und den Sternen habt ihr ins Reich der Fabel verwiesen.

Noch mehr? Bei Jesu Geburt stand ein Stern am Himmel, der die Heiligen Drei Könige zu ihm führte. Aber einen Stern, der unser Volk leitet, den kann es nicht geben. Wenn wir von den sieben Sternen sprechen, die uns lehrten, uns in sieben Ratsfeuer zu unterteilen, dann glaubt ihr das nicht. Aber vielleicht ist der Stern von Bethlehem ja auch bloß eine Legende. Und darüber solltet ihr euch vielleicht mal Gedanken machen. Ihr habt zwei komplett verschiedene Vorstellungen von Geschichte. So ergibt das doch nicht den geringsten Sinn.»

«Da braut sich schwer was zusammen.» Grover deutete über das Armaturenbrett gen Himmel. «Ich versuch mal, den Wolkenbruch zu umfahren.» Er war wieder der Kapitän, der sein Schiff gekonnt um tückische Riffs und Sandbänke herumsteuerte. Er bog nach links auf ein langes Asphaltband ab, das nach Süden in die Hügel führte. Die Gewitterfront grollte blitzend am westlichen Horizont, glühte uns an wie aus Drachenaugen.

«Das schaffst du nie», sagte Dan.

«Schaun wir mal», erwiderte Grover. Er trat aufs Gas, und der Buick sauste vorwärts.

Dan nahm seinen Faden wieder auf. «Es gab einen Grund, warum wir euch zuhörten, wenn ihr von Jesus gesprochen habt. Weil wir eure Denkweise verstehen konnten. Die Geschichte Jesu vermittelte uns das Gefühl, dass die Dinge, die zu seiner Zeit passierten, heute noch genauso wichtig sind wie damals.

Das konnten wir nachvollziehen, weil wir uns genauso an unsere Vergangenheit erinnerten. In einem bestimmten Jahr etwa hatte der Großvater meines Großvaters das Lager vor den Büffeln bewahrt, und mit diesem Ereignis verband ich ebenjenes Jahr. Und so hieß es dann auch: das Jahr, in dem die Büffel das Lager verschonten. Es war das Jahr, in dem mein Ururgroßvater mir die Macht gab, ebenfalls Gefahr von unserem Volk abzuwenden. Diese Macht besitze ich nach wie vor. Er hat sie mir durch seine Tat verliehen.

Dasselbe erfuhr ich über Jesus. Er lebte vor langer, langer Zeit, aber er hat euch eine Macht verliehen, die bis ins Heute reicht. Doch als ihr mich nach meinem Großvater befragt habt, wolltet ihr mir nicht glauben, dass er mir Macht verliehen hatte. Ihr wolltet wissen, wie viele Büffel das Lager bedroht hatten und in welchem Jahr es geschehen war.

Aber warum findet ihr dann nicht heraus, in welchem Jahr Jesus geboren wurde und wie viele Menschen bei seiner Kreuzigung zugegen waren? Wo ist euer wissenschaftlicher Nachweis des Erdbebens? In Sachen Jesus spielt das alles keine Rolle, aber warum wollt ihr dann wissen, ob die Büffel womöglich eine Seuche oder wir unser Lager in jenem Jahr an einer anderen

Stelle aufgeschlagen hatten? Wenn ich von der Macht rede, die mir durch dieses Geschehnis verliehen wurde, verschließt ihr die Ohren. Aber ich soll sie jedes Mal weit aufsperren, wenn ihr über Jesus schwadroniert.

Euer Volk lebt in zwei Welten. In der einen reicht die Kraft von lange zurückliegenden Ereignissen bis in die Ewigkeit, in der anderen sind es bloß Vorfälle, die genauestens durchleuchtet werden müssen – wie viele Leute beteiligt waren, welche Voraussetzungen dazu führten und was die Folgen waren. Nur so könnt ihr Geschichte begreifen.»

Er hielt inne, um mir Gelegenheit zu geben, das Gehörte zu verdauen. «Wie sehen Sie das, Nerburn?»

Ich war sprachlos, wusste nicht, ob ich ihm zehn Schritte voraus war oder zehn hinterherhinkte. «Wissen Sie, Dan», sagte ich. «Manchmal habe ich das Gefühl, dass Sie bloß Katz und Maus mit mir spielen.»

«Was glauben Sie, warum ihr Geronimo und Chief Joseph nie gekriegt habt?», warf Grover stolz ein. Dan gab nur ein paar rasselnde «Hehes» von sich.

«Jetzt sage ich Ihnen mal was zu Abraham Lincoln. Für mich war er einer eurer großen Häuptlinge, und wenn ich an ihn denke, wird mir jedes Mal wieder bewusst, wie verschieden wir sind. In meinen Augen war er euer größter Führer. Er hatte keine Angst, sich für Menschen einzusetzen, die er gar nicht kannte. Für ihn stand Gerechtigkeit an oberster Stelle. Ich glaube, er wäre ein guter Indianer gewesen.

Aber ihr sprecht von ihm wie von einem Toten. Jesus ist immer noch lebendig, aber Lincoln ist mausetot. Ihr bringt euren Kindern bei, wann und wo er geboren wurde, und allen möglichen anderen Kram. Ihr präsentiert ihn euren Nachfahren, als wäre er ein ausgestopfter Bär. Und das ist euer Fehler.

Warum bringt ihr nicht zum Ausdruck, dass er auch heute noch in den Herzen eures Volkes lebendig ist? Warum lehrt ihr eure Geschichte nicht so, dass eure Kinder ihn in ihren Herzen lebendig halten, statt ihnen einzutrichtern, wie groß er war und wo er geboren wurde?

Ihr lehrt eure Kinder, dass Abraham Lincoln die Sklaven befreite. Warum bringt ihr ihnen nicht bei, dass er euch alle zu Sklavenbefreiern gemacht hat, dass ihr als seine Kinder die Aufgabe habt, seine Ehre hochzuhalten?

So machen wir es.

Ihr aber fragt eure Kinder in irgendwelchen Prüfungsaufgaben, wann Abraham Lincoln das Dokument unterzeichnet hat, das die Sklaven befreite. Wenn sie die richtige Antwort geben, wissen sie eurer Meinung nach, wer Abraham Lincoln war. Und das macht eure Geschichte so dünn und hässlich – statt sie lebendig zu erhalten, habt ihr sie in lauter Kartons verpackt, die immer wieder aus den Regalen genommen und durchstöbert werden müssen. Ich finde unseren Umgang mit der Geschichte besser. Sehr viel besser.»

«Ich kann Ihnen da nicht widersprechen, Dan», sagte ich.

«Das sollten Sie auch lieber bleiben lassen.» Er lachte. «Ich war schon drauf und dran, Sie für blöde zu halten. Warten Sie, ich erzähle Ihnen noch etwas. Es dauert nicht lange.

Wir hatten immer eine Geschichte, genau wie ihr Weißen. Ihr habt uns nur nicht geglaubt. Wir hatten unsere Geschichten, unsere Bilder, unsere Bräuche, die von unseren Ältesten weitergegeben worden waren. In dieser Hinsicht glich unsere Geschichte der euren, und ja, auch sie fußte auf Fakten. Aber die waren euch nicht gut genug.

Wenn ich euch zeigte, wie mein Großvater etwas machte, habt ihr mir nicht getraut. Aber wenn irgendein dahergelaufener Weißer sich schriftlich über etwas verbreitete, das er gar nicht begreifen konnte, dann war das für euch Geschichte.

Man kann nicht alles wissen, dafür gibt es einfach zu viel. Wir Indianer haben versucht, die wirklich wichtigen Dinge zu verstehen, um ein besseres Leben führen zu können. Bei uns gab es Menschen, die uns von den alten Zeiten erzählten, uns erklärten, warum sie wichtig für uns waren. Wir brachten unseren Kindern die Geschichten bei, damit sie sie Wort für Wort weitergeben konnten. Unsere Geschichte war lebendig. Aber eure Geschichte war und ist tot, da könnt ihr noch so viel schriftlich festhalten.

Lassen Sie es mich so herum ausdrücken. Wenn Sie ein Lied hören, ist es dann Wirklichkeit – oder erst dann, wenn es jemand niederschreibt?

Für uns waren die Geschichten unseres Volkes wie Lieder, und solange sie jemand singen konnte, waren sie Wirklichkeit. Nur für euch nicht, weil sie nicht schriftlich existierten. Und dann habt ihr sie so hingebogen, wie es euch gerade in den Kram passte.

Und ihr seid immer noch dabei, unsere Geschichte zu schreiben, mit euren Worten, und immer noch habt ihr nicht das Geringste verstanden. Eure Worte sind wie Rasiermesser, die tief in unser Fleisch schneiden. Aber wir bluten schon so lange, dass wir den Schmerz gar nicht mehr spüren.

Ich jedenfalls nicht. Ich bin alt. Ich spreche die alte Sprache noch, ebenso wie die Freunde, die mir geblieben sind. Sie ist das Lied in unseren Herzen. Jetzt ist es an den jungen Leuten – sie müssen lernen, unsere Lieder wieder singen zu können.»

Er verschränkte die Arme vor der Brust und schwieg.

Grover schlug auf das Lenkrad wie ein Baseball-Fan bei einem Homerun. «Ja, leck mich fett!», platzte er heraus. «Da haben Sie ja hoffentlich mal was gelernt, Nerburn.»

Ich musste das Gehörte erst mal sacken lassen. Ich spulte die Cassette zurück und checkte, ob auch alles aufgenommen worden war.

Dan setzte sich wieder aufrecht und blickte starr geradeaus, wie so oft, wenn er eine seiner Reden beendet hatte. Aber in seinem Kopf arbeitete es immer noch. «Eine Kleinigkeit noch», sagte er, und einmal mehr war es, als würde er eine Stimme hören, deren Worte er weitergab. «Ihr Wasichus habt ein Riesenproblem, und ich sag Ihnen auch, warum. Weil nichts für euch mehr wakan ist. Ihr habt dem Himmel die Macht genommen, der Erde und all den Kreaturen, die auf ihr leben. Alles habt ihr in Fakten verwandelt, und am Ende werdet ihr in euren Tatsachen ertrinken.»

Grover war sichtlich begeistert, und im selben Moment wurde mir bewusst, dass auch er sich wegen Dans depressiver Stimmungsschwankungen Sorgen gemacht hatte. Jetzt war er wieder ganz der Alte, der Mann, den er kannte und verehrte. Er wandte sich zu mir um und grinste wie ein Kojote. «In den alten Zeiten war es üblich, dass man sich bei seinen Lehrmeistern mit einem Geschenk bedankte.»

«Ach ja?», erwiderte ich.

«Und ob. Das galt als Zeichen des Respekts.» In seinen Augen glomm ein schlitzohriges Funkeln.

«Woran hätten Sie denn gedacht?»

Sein Blick schweifte zu einer rot-weißen Reklametafel auf einem Hügel. «Steaks, Chicken, Spare Ribs», las er vor.

«Verstehe», sagte ich. «Und der Mann, der den Wagen lenkte, bekam doch sicher auch ein Häppchen, oder?»

«Ich habe bloß vorgelesen, was auf dem Schild stand, Nerburn», sagte er.

23

DER STURM

Grover packte den Rest seiner Spare Ribs in eine Serviette für Fatback. Ich zahlte, und dann machten wir uns zum Wagen auf.

Beim ersten Schritt nach draußen wussten wir, dass uns das Gewitter eingeholt hatte. Die Luft war schon den ganzen Tag mit einer unheilvollen Elektrizität aufgeladen gewesen; nun herrschte eine bleierne Schwüle, die uns nach Atem ringen ließ. Das Licht hatte eine unirdische blaugrüne Färbung angenommen. Blitze zuckten über den Horizont.

Grover fuhr zum Highway zurück und dann nach Westen. «Wir müssen einen kleinen Vorsprung rausholen», sagte er.

«Das schaffen wir nicht mehr», gab Dan zurück.

Gebannt verfolgte ich das Drama, das sich am Himmel abspielte. Zu meiner Rechten hatte sich das Firmament in einen brodelnden Hexenkessel verwandelt, eine nachtschwarze Masse, die sich direkt auf uns zubewegte, Wolken, die sich wie gigantische Wogen vor uns auftürmten.

Es war, als wäre die Sonne hinter dem Qualm eines Präriefeuers verschwunden. Hie und da durchdrang sie die Wolken mit gleichsam ersterbenden Strahlen, die Hügel und Täler für Momente fahlgelb erleuchteten. Winzige elektrische Entladungen blitzten zwischen den pilzförmigen Wolkenformationen auf, erhellten ihr aufgewühltes Inneres, das an Lawinen oder Sturzbäche aus Schwefel erinnerte – entfesselte Naturgewalten, die von menschlichen Kräften nicht beherrscht werden konnten.

Ein paar Regentropfen peitschen wie Schüsse gegen die Windschutzscheibe.

«Das wird mörderisch», sagte Grover.

Ein kurzer Blitz illuminierte eine Tafel, auf der ein zusammengekrümmter Fötus zu sehen war, darunter in blutroter Schrift das Bibelzitat Johannes 3,16. Die Lettern zerflossen, als der Regen plötzlich wie ein Wasserfall über die Windschutzscheibe strömte.

Das Wetter machte Fatback nervös; er setzte sich auf und begann zu winseln.

«Braver Hund», sagte ich und kraulte ihn unter dem Kinn, aber er beruhigte sich nicht. Ein Urinstinkt war in ihm geweckt worden; es war seine Pflicht, wachsam zu bleiben.

«Kein Wunder, dass sich hier draußen so viele Leute der Religion zuwenden», sagte ich.

«Bloß der falschen», bemerkte Dan.

Ein Riss in den Wolken gab den Blick frei auf schier endlose, berstende Wogen der Finsternis, die Ränder erleuchtet von einer orangefarbenen Glut wie in einem Hochofen.

Blitze warfen flackerndes Licht auf die Mesas in der Ferne.

«Sie wollen nicht ernstlich durch dieses Unwetter fahren.» Ich gab mir alle Mühe, so cool wie möglich zu klingen.

Dan begann etwas auf Lakota zu singen.

Der Regen schnitt, Glasscherben gleich, in einer Diagonale durch die trüben Kegel der Frontscheinwerfer, trommelte, ja hagelte regelrecht auf das Dach des Buick. Wir schienen geradewegs in eine dunkle Himmelswand zu fahren, undurchdringlich, biblisch, ohne den kleinsten Lichtschimmer.

Dan schloss die Augen und verfiel in einen Singsang. Die Luft war statisch aufgeladen. Mir war, als würden wir jeden Moment von einem Feuersturm eingeholt werden.

Und mit einem Mal hörte es auf zu regnen, und alles war so still, als hielte das Universum den Atem an. Grover lenkte den Wagen an den Straßenrand.

Sekunden später wurde der Buick von einer Bö erfasst, die mit der Macht eines Erdbebens über die Prärie kam und den Wagen wie eine Detonationswelle erschütterte. Wassermassen klatschten gegen die Karosserie, strömten über die Scheiben. Feuchter Dunst drang durch die Fugen zu uns herein; um uns herum herrschte allumfassende, gähnende Dunkelheit.

Unwillkürlich rutschte ich in die Ecke des Rücksitzes. Fatback verzog sich auf den Boden. Dan sang immer noch, auch wenn seine Stimme im Tosen des Sturms kaum noch zu hören war. Grover zog eine Zigarette aus seiner Hemdtasche und steckte sie an.

Der schwere, beißende Geruch von Nikotin und Schweiß erfüllte den Wagen. Der Wind heulte wie eine Todesfee, tobte wie ein außer Kontrolle geratener Güterzug, eine Herde von zehntausend Büffeln, schüttelte den Buick, riss wie mit Klauen an den Fenstern. Ein, zwei Mal erwischte er uns mit solch gnadenloser Wucht, dass ich dachte, der Wagen würde sich überschlagen.

Plötzlich ergriff mich eine Furcht, wie ich sie seit Kindertagen nicht mehr empfunden hatte. Der Sturm schien es nachgerade persönlich zu meinen in seiner Bösartigkeit. Er rüttelte an den Türen, als hätte er mit uns eine Rechnung offen.

Fatback begann abermals zu winseln, scharrte aufgeregt mit den Pfoten, wie von etwas Unsichtbarem getrieben. Dan wiegte sich hin und her, ähnlich wie Annie bei ihrem Rosenkranzgebet. Sein Singsang verlor sich im Tosen des Unwetters. Grover zog nervös an seiner Zigarette. Die Hitze war erdrückend.

Ich stellte mir vor, wir wären in einen Tornado geraten und kurz davor, in Stücke gerissen und meilenweit über die Dakota Plains verstreut zu werden. Bilder von meinem Sohn, dem kleinen Eugene, dem Mann mit den amputierten Beinen wirbelten und verschwammen vor meinem inneren Auge. *«Es gibt Mächte, Nerburn ...»* Tausende von indianischen Stimmen widerhallten in meinem Kopf. Der Sturm wütete auf Lakota, daran gab es nicht den geringsten Zweifel. Dans Singsang war im Einklang mit ihm, ging im Tosen unter, um sich gleich darauf wieder mit ihm zu verbinden.

Der Buick wurde von einer Wasserwand aus nördlicher Richtung getroffen. Wir schaukelten hin und her wie Schiffbrüchige in einer Nussschale auf einem unerbittlichen Ozean.

«Wiyopeyate Wichasha», sagte Dan, beide Worte deutlich vernehmbar. Ich sah auf. Er hob die Hände auf Wangenhöhe. «Der Mann aus dem Westen. Er ist hier.»

Ich sah zu Grover. Er hatte den Blick auf Dan gerichtet, dessen Stimme plötzlich höher klang als sonst, während er halb auf Englisch sprach. «*Yata*, ich bin dein Freund.» Dann etwas über *Wakinyan*. Die Augen hielt er nach wie vor geschlossen. «Der Geflügelte», flüsterte er. Der Wagen schwankte ächzend hin und her. Fluten von Wasser strömten über die Scheiben.

Ein mächtiger Windstoß fegte über uns hinweg, so aggressiv, dass ich einen Moment lang fürchtete, er werde das Dach mit sich reißen. Dann war alles still. Ein paar Regenschauer peitschten gegen das Blech des Buick, der noch ein, zwei Mal erzitterte. Dann war es vorbei.

Ein schwacher Schimmer drang durch die Wolken. Durch die Schlieren auf der Windschutzscheibe zeichneten sich die Umrisse der Hügel ab. Der dunkle Himmel bewegte sich gen Süden, und allmählich kehrte das Licht zurück, spiegelte sich in den Regenbächen, glitzerte auf den nassen Gräsern.

Ein Sonnenstrahl drang durch das verhangene Firmament, spähte über die Ränder des Dunkels, huschte über die Anhöhen. Die Erde war wiedergeboren.

Grover sagte etwas auf Lakota zu Dan. In gedämpftem, ernstem Tonfall ging es zwischen ihnen hin und her; offenbar waren sie sich über irgendetwas nicht einig.

Erschöpft setzte ich mich auf. Gern hätte ich über das Unwetter gesprochen, doch spürte ich, dass es unklug gewesen wäre, den Disput der beiden zu unterbrechen. So lange hatten sich Grover und Dan in meiner Gegenwart noch nie auf Lakota unterhalten. Entweder wollten sie nicht, dass ich sie verstand, oder es war ein Thema, das sich auf Englisch nicht eingehend genug diskutieren ließ. Ich spitzte die Ohren, in der vagen Hoffnung, vielleicht doch das eine oder andere Wort mitzukriegen.

Urplötzlich wandte sich Dan zu mir um. «Es hätte keinen Wind von Norden geben dürfen», sagte er. «Und das macht mir Sorgen.»

Es war klar, dass es ihm nicht um meteorologische Spitzfindigkeiten ging.

«Wieso?», fragte ich.

«Der Wind kam aus Westen», unterbrach uns Grover. «Hast du doch vorhin noch selbst gesagt.» Erneut begannen sie auf Lakota zu debattieren.

Einen Augenblick später drehte Dan sich wieder zu mir. «Woher kam der Wind, Nerburn?»

Tolle Frage. Der Sturm hatte mir derartige Angst eingeflößt, dass ich mich einfach nur in der Ecke des Rücksitzes zusammengekauert hatte; die Frage, aus welcher Richtung der Wind gekommen war, wäre mir als allerletzte eingefallen.

«Keine Ahnung», sagte ich.

«Dann strengen Sie mal Ihre Birne an.»

«Ich habe nicht drauf geachtet.»

Dan wurde sauer. «Man muss aufmerksam sein, immer. Das ist oberstes Gebot. Was glauben Sie eigentlich, was ich Ihnen beizubiegen versuche?»

Ich erinnerte mich an die Wolkenbänke, die rechts von uns vorbeigezogen waren. «Von Norden, glaube ich», erwiderte ich ohne rechte Überzeugung. «Obwohl das für diese Jahreszeit eher ungewöhnlich wäre.»

«Wen interessiert, was ungewöhnlich wäre?», schnauzte mich Dan an. «Haben Sie den Wind aus Norden gespürt oder nicht? Ich meine nicht die Richtung, aus der der Sturm kam. Ich meine, ob der Wind, der uns während des Sturms fast weggeblasen hätte, aus Norden kam.»

«Ähm, ja, ich glaub schon, aber ...»

«Ja oder nein?»

Ich überlegte, in welche Richtung der Wagen zeigte. Grover war nach Westen gefahren, dem Sturm direkt entgegen. Meine rechte Schulter war feucht, weil der Regen durch die marode Abdichtung des Fensters hereingedrungen war.

«Ja.»

«Hmm», sagte Dan. «*Waziya*. Das war eine Botschaft.»

«Was meinen Sie?», fragte ich leicht irritiert.

«Waziya. Das ist nicht gut. Er ist kalt und grausam.»

«Waziya?»

«Der Nordwind.» Dan griff in sein Hemd und förderte einen kleinen Beutel zutage, den er an einem Lederband um den Hals trug. «Auf dem Weg ins Land der Geister kommen die Toten an seinem Tipi vorbei. Sie müssen ihm alles sagen. Wenn er kommt, dann bringt er Nachrichten von den Toten.»

Ich war schon immer anfällig für Vorahnungen gewesen, glaubte von jeher an unsichtbare Mächte. Normalerweise gelang es mir, ihnen aus dem Weg zu gehen, doch hier, mitten in der Prärie, war das nicht so einfach, insbesondere nach der Todesangst, die mir das Gewitter eingejagt hatte. Jäh kamen mir meine Frau und meine Kinder in den Sinn.

«Und was soll das für eine Botschaft sein?», hakte ich nach.

Er ignorierte meine Frage. «Worüber haben Sie mit Delvin und Danelle gesprochen? Ich hab's gesehen. Sie haben endlos lange mit ihnen gequatscht.»

«Sie haben mir von Ihrer Vergangenheit erzählt.»

Dan tat so, als wolle er ausspucken. «Ha!», sagte er. Grover schürzte die Lippen.

«Warten Sie hier», zischte Dan. Er öffnete die Tür und stieg aus. Der frische Geruch der feuchten Erde drang zu uns herein. Fatback winselte und versuchte über den Vordersitz zu krabbeln.

«Lassen Sie ihn raus», sagte Dan schroff. Ich öffnete die Tür auf meiner Seite; Fatback kroch über mich und fiel beinahe aus dem Wagen. Dan sprach auf Lakota mit ihm. Der alte Hund rappelte sich auf und gab einen Jammerlaut von sich. Dann gingen sie zusammen durch das dampfende Gras, eine kleine Anhöhe hinauf.

«Er hätte den Köter mit seinem Sohn begraben sollen», murmelte Grover.

«Was?»

«Nichts. Ich rede nur mit mir selber.»

«Was hat er denn jetzt schon wieder?», fragte ich. «Mir läuft es jedes Mal kalt den Rücken herunter, wenn er so ist.»

«Mir auch», erwiderte Grover und zog eine neue Zigarette aus seiner Hemdtasche.

Ich wollte ihn zum Reden bringen, um mich selbst zu beruhigen. «Führt er sich nach jedem Gewitter so auf?»

«Nee. Aber Sie haben's ja gehört. Er meint, der Sturm wär 'ne Botschaft gewesen.»

«Botschaft?»

«Dan steht mit vielen Mächten in Verbindung», gab er vage zurück.

Mir lief es kalt den Rücken herunter. Grover zündete ein Streichholz an und sah müßig zu, wie es herunterbrannte.

«Ich mache mir Sorgen um meine Familie, wenn er so redet.»

«Vergessen Sie's», erwiderte er desinteressiert. Die Flamme hatte seine Finger fast erreicht.

«Schon klar. Aber ...»

«Der Alte hat doch gar nicht von Ihrer Familie gesprochen», unterbrach er mich. Er klang müde und ein wenig genervt.

«Aber wovon dann?»

Er drückte die Flamme aus. «Spielt keine Rolle. Der Wind kam von Westen.»

***

Schließlich tauchten Dan und Fatback wieder auf. Dan fingerte immer noch an dem Beutel um seinen Hals herum. Fatback trottete mit heraushängender Zunge hinter ihm her.

«Jetzt können wir fahren», sagte er auf Englisch zu mir. In seiner Stimme lag eine Entschlossenheit, die vorher nicht dagewesen war.

Er und Grover wechselten ein paar Worte auf Lakota, und Grover ließ den Motor an. Er pflügte durch die Wassermassen, die nur langsam in die Gräben abliefen, und fuhr zurück auf den feucht glitzernden Highway. Der Asphalt begann bereits zu trocknen; Dampf und Hitze stiegen wie Geister von der Strecke auf. Die Erinnerung an das Unwetter hatte sich gleichsam in jede Pflanze, jeden Hügel, jede Senke eingegraben.

Ich fühlte mich, als wäre ich gerade aus einem Alptraum erwacht – erleichtert, unsicher, immer noch erschrocken, im Nebel zwischen Traum und Wirklichkeit. Die dunklen Wolken hatten sich weit nach Süden verzogen, dräuten und grollten nun über fernen Anhöhen und Tafelbergen, während Blitze wie Schlangenzungen zuckten. Vor uns erstreckte sich die Prärie, die tief aufzuatmen schien, von Sonne und Vogelgezwitscher zu neuem Leben erweckt. Alles Leben erschien frischer, fragiler, kostbarer.

Dan gab nichts von sich, was sein Verhalten während des Unwetters in irgendeiner Weise erklärt hätte. «Du musst mich jetzt dorthin bringen», war alles, was er sagte. Grover nickte und fuhr schweigend weiter.

Ein doppelter Regenbogen spannte sich über dem Firmament. «Ah», sagte Dan, als gäbe es dafür einen bestimmten Grund. «Das ist gut.»

Schweigend spulten wir Meilen um Meilen ab, jeder in seine eigenen Gedanken versunken. Ich hätte Dan gern noch einmal gefragt, was es denn nun mit dem Wind auf sich gehabt hatte, doch wagte ich es nicht. In seiner Welt hatte jede Handlung eine Bedeutung, zog jeder Handgriff etwas nach sich, und meine Unwissenheit empfand ich mittlerweile als pure Einfalt. Besser, ich hielt einfach den Mund.

Die siegreiche Sonne senkte sich zum Horizont, illuminierte die Bäuche der verbliebenen Wolken, schuf einen Gobelin aus orange- und silberfarbenem Licht. Der Wind hatte sich gelegt, und der Himmel triumphierte, verwandelte sich selbst in eine Landschaft: einen riesigen elysischen Garten, in dem die Farben der Erinnerung – Gold, Violett, Orange – sich wie in einer Prozession formierten.

«Da vorne rechts», sagte Dan, und Grover bog auf eine andere Straße ab. Wir fuhren über einen Freeway Richtung Süden. Die Autos auf der Schnellstraße unter uns schienen zu einer Parallelwelt zu gehören, in der völlig andere Dinge zählten. In der Ferne ragten die schroffen Sandsteintürme der Badlands auf wie die Grabmale einer gigantischen Friedhofsstadt.

Die während des Unwetters heruntergekommenen Wassermassen waren versickert; nur kleine glitzernde Pfützen im roten Lehm am Straßenrand waren geblieben. Wir bogen auf eine Schotterstraße ab. Grover dachte gar nicht daran, vom Gas zu gehen, fuhr die ganze Zeit über stur im selben Tempo. Von den Reifen aufgewirbelte Steinchen prasselten gegen den Unterboden des Buick, während wir den außerirdisch anmutenden Formationen in der Ferne entgegensteuerten.

Schlagartig hatte ich das Gefühl, dass es ernst wurde. Es war, als säße uns jemand im Nacken. Zu beiden Seiten erhoben sich dreißig Meter hohe Tafelfelsen wie Altäre in Erwartung eines himmlischen Opfers. Ihre Oberflächen erstreckten sich hoch über uns, unerreichbar, unsichtbar, eine Landschaft der Götter.

Wir näherten uns einem Abgrund. Das Gelände vor uns fiel zu einem prähistorischen, von Felssäulen und zinnenartigen Sandsteinkegeln übersäten Meeresboden ab. Ohne auch nur eine Sekunde zu zögern, lenkte Grover den Wagen einen steilen Geröllpfad in diese Mondlandschaft hinunter. Jahrmillionen alte Miniaturberge ragten wie Drachenzähne vor uns auf. Türme aus Sandstein schwangen sich in den Himmel wie tibetische Tempel. Farbige Bänder zogen sich meilenweit durch die zerklüfteten Felsen, ein Echo geologischer Zeitrechnung, das alle menschlichen Ängste und Sorgen klein und nichtig erscheinen ließ.

«Die Badlands», sagte Grover. «Hierher sind sie geflüchtet, Nerburn.»

«Wer?», fragte ich. Dan starrte schweigend geradeaus.

«Sitting Bulls Stamm.» Ein gespenstischer Vollmond begann sich am Himmel über dem Tal abzuzeichnen. «Auf der Flucht vor den Soldaten.»

Er warf Dan einen erwartungsvollen Blick zu, doch der Alte schwieg.

Grover war gezwungen, mit seiner Erklärung fortzufahren. «Nachdem er ermordet worden war. Von der indianischen Polizei, Sie wissen schon. Seinen Leuten schwante Böses. Sie schlossen sich Big Foot an und sind unter seiner Führung hierhergekommen. Weil sie dachten, die Armee würde ihnen nicht nach Süden folgen.»

Ich ließ den Blick über die wilde Wüstenei schweifen, die aus nichts als Sand und Staub zu bestehen schien.

«Aber da hatten sie sich geirrt.» Er deutete hinaus auf das karge, wasserlose Terrain. «Stellen Sie sich das vor! Es war Dezember. Der Mond der Splitternden Bäume. Haben Sie 'ne Ahnung, wie es hier im Dezember ist?»

«Wohl nicht sehr angenehm», sagte ich.

«Stürme, die töten können, bei denen Ihnen innerhalb von Minuten Finger und Zehen abfrieren», fuhr Grover fort. «Schnee, der blind macht, Temperaturen, bei denen die Flüsse zu Eis erstarren und die Bäume bersten. Bedingungen, bei denen man sich sonst drinnen aufhält und sich Geschichten erzählt. Sie aber waren Wind und schneidender Kälte ausgesetzt, hatten Frauen und Kinder dabei, ja, in Decken gehüllte Säuglinge. Sie versuchten über einen geheimen Pfad zu entkommen, den die Soldaten nicht kannten – richtig, Dan?»

Der Alte bewegte den Mund wie jemand, der sein Gebiss verschiebt, gab aber keinen Ton von sich.

«Es waren Familien, Nerburn», sagte Grover. «Mit Babys, Alten, Greisen. Sie hatten ihre Tipis, ihr Kochgeschirr dabei. Sie wollten nur leben, aber sie konnten nicht einmal Feuer machen, um ihre Kinder zu wärmen. Die Soldaten hätten sie unweigerlich entdeckt und getötet. Sie litten Hunger und froren.»

Der Buick röhrte mit unverminderter Geschwindigkeit durch die trostlose Landschaft. Die Sandsteinformationen glühten wie Feuer im letzten orangefarbenen Aufflammen der untergehenden Sonne. In den Spalten und Schluchten bildeten sich bedrohliche Schatten.

«Ich bin zu alt», sagte Dan plötzlich.

Alarmiert sah ich ihn an. Er machte immer noch die seltsamen Kaubewegungen.

«Ich sollte meine Gedanken nicht mehr auf die Vergangenheit richten.» Es war, als würde er zu einem Unsichtbaren sprechen. «Ich sollte im Hier und Jetzt leben, an meine Enkel und Urenkel denken. Aber meine Augen sehen ständig die Spuren der Vergangenheit. Ich kann die Toten einfach nicht vergessen.» Er wandte sich zu Grover. «Du solltest mich nicht zum Reden verleiten, *Mitakola*.»

Grover lächelte schwach. «Du hast gesagt, du würdest ihn lehren, *Tunkashila*. Jetzt ist die Gelegenheit.»

Die Räder des Buick wirbelten Steine auf. Lange Schatten legten sich über das Land. Dans gesundes Auge funkelte wie das eines Tieres. «Jetzt ist nicht der richtige Zeitpunkt. Die Vergangenheit hat sich in mein Herz gekrallt. Dies ist ein hartes Land. Die Geister unserer Toten sind überall.»

«Deshalb solltest du sprechen», sagte Grover. «Manchmal sprichst du wahrer, wenn dir das Herz schwer ist.»

Dan gab nur ein vages «Hmm» von sich.

Ich blickte unsicher von einem zum anderen, während ich mich fragte, was hier vorging. Während Grover den Alten drängte, schien dieser mit seinen inneren Stimmen beschäftigt zu sein.

«Gut, ich werde sprechen», sagte Dan plötzlich. Grover klopfte triumphierend mit seiner Zigarette auf das Lenkrad.

«Es war furchtbar. Babys erfroren in den Armen ihrer Mütter. Es war überall dasselbe. In Montana bei Chief Joseph. Bei Geronimo. Überall. Wir waren ein gutes Volk. Aber ein Leben in Frieden war uns nicht vergönnt.»

Die langen Schatten begannen um die Säulen und Kegel zu kriechen, hüllten sie nach und nach in Dunkelheit.

«Mag sein, dass seither viel Zeit ins Land gegangen ist. Mag sein, dass wir heute in einer anderen Welt leben. Aber die Gebeine meiner Vorväter weinen immer noch. Mein Sohn liegt in der Erde eines eroberten Landes begraben.» Zum ersten Mal seit unserer ersten Begegnung hatte er seinen Sohn erwähnt.

Er sah mich an, durch mich hindurch, ein Blick, der über das Diesseits hinauszugehen schien. Seine Züge leuchteten wie Feuer im schwindenden Licht.

«Die Erinnerung an uns darf nicht verwehen wie Rufe im Wind. Ich warne Sie, es werden harte Worte fallen. Aber dies ist ein hartes Land, und deshalb habe ich beschlossen, nichts auszusparen. Hören Sie mir zu. Danach werde ich erst einmal schweigen.»

Er setzte sich auf und begann.

«Heute gibt es so gut wie keinen Indianer mehr, der sich noch groß mit der Vergangenheit beschäftigen würde. Sie wagen es nicht – würden wir uns zu lange mit ihr auseinandersetzen, würde unser Zorn uns ein Weiterleben unmöglich machen. Ihr versucht die Scharte auszuwetzen, indem ihr uns in euren Büchern und Filmen als Helden und Weise darstellt. Wie schön für euch! Aber wenn ich ins Museum gehe, kann ich den Schädel meiner Großmutter in einem Glaskasten sehen und darf mir anhören, wie jemand über sie redet, als wäre sie ein verdammtes Ausstellungsstück.

Wie würde es Ihnen gefallen, wenn ich den Schädel Ihrer Großmutter bei mir zu Hause in einem Glaskasten aufbewahren würde? Würde Sie das womöglich sauer machen?»

Er ließ den Blick über die dunklen Formationen wandern. Sein trübes Auge glomm wie ein Stück glühende Kohle.

«Manchmal denke ich an all die Kriege zwischen Ihrem und meinem Volk. Viele der Weißen, die gegen uns kämpften, waren Männer, die selbst keine Familien hatten. Es waren junge Kerle, die im Westen zu schnellem Geld kommen wollten. Manche von ihnen waren ehemalige Sträflinge, andere wiederum während des Bürgerkriegs in eine Art Blutrausch geraten.

Wie auch immer, es waren sicher nicht die Edelsten unter euch. Viele waren ungebildet, dumm und brutal. Sie taten schreckliche Dinge, weil es ihnen Spaß machte. Nicht alle, aber sie waren Soldaten, und es war ihre Aufgabe, Menschen zu töten.

Wir hatten nicht den Hauch einer Chance. Als Familien waren wir ihnen ausgeliefert. Und die Soldaten nutzten das weidlich aus, griffen unsere Lager an, schlachteten unsere Alten und Kinder ab.

Eure Regierung schickte Männer, die nichts besaßen, die nirgends zu Hause waren, rüstete sie mit Pferden und Waffen aus und beauftragte sie, gezielt die Lager zu attackieren, in denen sich unsere Frauen, unsere Alten und unsere Kleinkinder aufhielten. Sie töteten alle, kleine Mädchen, die mit Puppen spielten, kleine Jungen, die gerade erst laufen lernten. Sie brachten sie alle um.

Und ihr habt die Stirn, von indianischen Massakern zu sprechen.»

Er wandte sich um, sah mir direkt in die Augen. «Soll ich Ihnen sagen, warum wir die Soldaten immer wieder in Hinterhalte lockten?»

Ich schwieg. Auf solche Fragen gab es keine Antwort.

«Weil wir versuchten, sie von unseren Familien fernzuhalten. Wir mussten ihnen zuvorkommen, bevor sie unsere Angehörigen töteten. Mit Kindern und Greisen waren schnelle Ortswechsel nicht drin. Alles, was wir in die Waagschale werfen konnten, waren das Überraschungsmoment und unsere Kenntnis des Landes. Wir hatten keine Feuerwaffen, und fliehen konnten wir auch nicht. Aber wir wussten, dass weiße Soldaten als Truppe immer zusammenblieben und wir sie überlisten konnten. Und genau das taten wir auch.»

Er schwieg einen Augenblick, um sich zu sammeln. Der Mond hatte seine gespenstische Aura verloren, war zu gleißendem Leben erwacht.

«Ja, auch wir haben Unschuldige getötet, das ist mir bewusst. So etwas passierte, wenn unsere jungen Männer vom Zorn gepackt wurden angesichts dessen, was unseren Alten und Kindern angetan wurde. Sie gerieten so außer sich, dass sie nicht mehr auf die Ältesten hörten.

Unsere Ältesten wussten, dass wir den Kampf nicht gewinnen konnten. Ihnen war klar, dass die Weißen in der Übermacht waren, dass es nur immer mehr Tote geben würde. Aber die jungen Männer beseelte ein derart unbarmherziger Zorn, dass schlicht jeder Weißer für sie ein Mörder war.»

Er sah mich an, nagelte mich regelrecht fest mit seinem Blick. «Was hätten Sie an ihrer Stelle getan?», fragte er. «Was würden Sie tun, wenn Ihr halb verhungerter Vater nicht mehr von seinem Lager aufstehen könnte, wenn Ihr Baby vor Hunger unablässig weinen würde? Würde Sie nicht auch die kalte Wut packen?

Was, wenn ein paar Männer auftauchen und Ihre Großmutter töten würden, ohne Grund, einfach mal eben so? Und genauso war es: Sie brachten wahllos Menschen um, lachten und ritten davon. Wollen Sie mir erzählen, so etwas hätte Sie nicht durchdrehen lassen?»

Er stieß ein raues, bitteres Lachen aus.

«Sehen Sie, genau deshalb sollte ich mich nicht mit diesen Dingen beschäftigen. Denn ich kann es meinem Volk nicht übelnehmen, dass es euren Soldaten aus dem Hinterhalt auflauerte, ja, weiße Siedlungen überfiel und niederbrannte. Ich sage nicht, dass es richtig war. Nur, dass ich es verstehe. Wir haben alles verloren. Eure Regierung hat gierige, herzlose Dreckskerle ausgeschickt, Lügner, Betrüger, Vergewaltiger – Männer, die uns aus jedem x-beliebigen Grund töten konnten, ohne je dafür zur Rechenschaft gezogen zu werden.»

Er starrte mich nieder, dieser alte Mann, der achtzig Jahre Schmerz mit sich herumtrug, achtzig Jahre Höllenqualen, die er nun einem Angehörigen der Rasse um die Ohren schlug, die sein Volk fast vernichtet hatte. Das war jetzt persönlich. Er wollte, dass ich seinen Schmerz fühlte. Er wollte meine Scham sehen.

«Wie würde es Ihnen gefallen, wenn jemand Ihre kleine Schwester vergewaltigen würde?», zischte er. «Das war damals an der Tagesordnung.

Was, wenn jemand Ihrer Frau den Leib aufschlitzen und ihr ungeborenes Kind achtlos neben sie werfen würde, noch mit der Nabelschnur mit seiner toten Mutter verbunden? Auch das ist passiert.

Wir galten ja nicht einmal als Menschen – wussten Sie das? Die katholische Kirche hielt sogar eine Konferenz ab, um darüber zu entscheiden, ob wir Menschen oder Tiere wären. So wurden wir gesehen, und so wurden wir auch behandelt. Mit uns konnte man alles machen.»

Schweiß glänzte auf seiner Oberlippe. Er zog ein fleckiges Taschentuch aus der Hosentasche, fuhr sich damit übers Gesicht. Seine Miene war so düster wie die Landschaft, seine Augen so hohl wie der Mond.

«Sie werden es wahrscheinlich nicht verstehen, aber unsere Alten wurden von uns am meisten verehrt. Heutzutage gehört die Welt ja den Jungen, aber so lief das damals nicht. Uns war beigebracht worden, dass die Greise und die Säuglinge Gott am nächsten waren. Sie brauchten uns, benötigten unsere Hilfe, und deshalb waren sie das Wichtigste in unserem Leben.

Und dann kam euer Volk und schlachtete sie ab. Und wir konnten sie nicht schützen, obwohl das unsere heilige Pflicht war. Wir hatten keine Chance gegen eure Soldaten, die die Tipis unserer Familien stürmten und sie hinmordeten – all die Schwachen, die nicht die Flucht ergreifen konnten.»

Nie zuvor hatte ich ihn so aufgewühlt gesehen. Seine Hände zitterten, sein eines Augenlid zuckte. Er blickte gen Himmel, als würde er eine höhere Macht um Beistand anflehen. Der Mond hing fahl über den Felsentürmen.

«Wenn wir gegen andere Stämme kämpften, war es ganz anders. Sie achteten die Alten und die Kinder genau wie wir. Unseren Gegnern war ebenso bewusst wie uns, dass es Wichtigeres als den Kampf gab. Als größter Akt der Tapferkeit galt es, den Feind mit einem Stab, einer Waffe oder auch nur der Hand zu berühren – einen ‹Coup› nannte man das –, ohne ihn zu töten.

Doch nicht für eure Soldaten. Sie wollten einfach nur morden. Sie jagten uns, wie ihr alle Geschöpfe der Erde jagt – um so viele wie möglich dahinzumetzeln, sie sterben zu sehen, ihre Kadaver zu zählen und damit zu prahlen, alle anderen im Töten übertroffen zu haben. Ich werde das in tausend Jahren nicht verstehen. Ihr habt sogar Gesetze, die es regeln, wie viele Exemplare ihr von einer Art töten dürft. Wahrscheinlich würdet ihr sonst den ganzen Planeten ausrotten.

Und genauso habt ihr es mit uns gemacht. Und damals gab es keine Gesetze, die euch vorgeschrieben hätten, wie viele von uns getötet werden durften. Für euch standen wir auf einer niedrigeren Stufe als Fische und Hirsche. Ihr konntet so viele von uns töten, wie es euch beliebte. Und die Alten und die Kinder waren eure leichtesten Opfer.

Heute liegen die Schädel meiner Großeltern in Museen – Ausstellungsstücke, die von reichen Leuten begafft werden, genauso wie die heiligen Decken und Trommeln an den Wänden. Ach ja, von wegen heilig! Ihr nennt unsere Dinge doch nur heilig, weil ihr selbst nichts habt, was heilig wäre! Aber sie sind es nicht mehr, weil ihr ihnen das Heilige geraubt habt, so wie ihr grundsätzlich alles Heilige zerstört. Und jetzt können wir es selbst kaum noch spüren. Ihr habt unser Volk gemordet, uns alles genommen, was uns heilig war – und schließlich habt ihr uns auch noch erzählt, das sei der Beweis für eure Überlegenheit.»

Ich spürte eine ungekannte, alles überwältigende Scham. Dan ersparte mir wirklich gar nichts.

«Manchmal würde ich am liebsten mit einem Bulldozer auf einen eurer Friedhöfe fahren, all die Grabsteine niedermähen und die Särge aus der Erde reißen. Dann würde ich all die Gebeine in Plastiktüten packen und sie in ein Ladenschaufenster hängen, zusammen mit einem Schild – ‹Überbleibsel der Weißen›. Und ihr könntet mit dem Finger auf diese oder jene Tüte zeigen – ‹Das ist meine Großmutter›. Vielleicht hätte ich sogar die Maße ihres Schädels parat.

Und wenn ihr die Knochen zurückhaben wolltet, würde ich nur lachen. Euch unter die Nase reiben, sie wären Teil einer Ausstellung und würden selbstverständlich mit allem gebotenen Respekt behandelt. Vielleicht würde ich euch auch noch Eintritt zahlen lassen, nun ja, eure Kinder kämen natürlich zum halben

Preis rein, ist doch eine tolle Sache, etwas über seine große, heilige Vergangenheit zu lernen, nicht wahr? Ich würde ihr Geld nehmen und ihnen die Tüten zeigen.»

Er hielt jäh inne, und seiner Kehle entrang sich ein leiser Laut, irgendwo zwischen einem Schluchzen und einem Wimmern. Er holte tief Luft und blickte starr in die Nacht hinaus. Aus Westen drang das schwache Echo von Donner an unsere Ohren.

Nachdem er sich wieder gefasst hatte, räusperte er sich. Seine Stimme klang fast entschuldigend, als er weitersprach. «Es tut mir leid. Verzeihen Sie meine Worte. Ich sollte nicht so reden, es bringt ohnehin nichts. Mich macht es nur zorniger und zorniger, und Ihnen bereite ich ein schlechtes Gewissen. Ich muss lernen, Ihnen und Ihrem Volk zu vergeben. Wir müssen miteinander auskommen. Ich muss an meine Enkel denken. Vielleicht werden sie es ja besser haben.

Ich wünschte nur, ich wüsste, warum es so kommen musste. Dann könnte ich endlich Frieden finden. Wenn ich es nur wüsste, wüsste, wüsste.»

Er senkte den Kopf wie zum Gebet. Grover hielt den Blick auf die Straße gerichtet und umklammerte das Lenkrad mit beiden Händen. Der Mond stand still über den zerklüfteten Felsentürmen, tot und leer wie eine Augenhöhle.

24

PAHA SAPA

Tiefes Schweigen erfüllte den Wagen, während wir weiterfuhren. Grübelnd saß ich auf dem Rücksitz, ernüchtert, bedrückt. Dan hockte vornübergebeugt da – nur eine Armlänge und doch tausend Meilen von mir entfernt. Die in den Himmel ragenden Menhire und Dolmen wurden weniger, kleiner und wichen dann einem wogenden Grasland. Die Badlands verschwanden so abrupt, wie sie aufgetaucht waren.

Der Buick schnitt durch die Nacht. Dann und wann flog das Wrack eines Weilers ohne Lichter an uns vorbei, ein paar verlassene Holzhäuser, die sich dicht aneinandergedrängt unter dem kalten Schein des Mondes duckten.

Der leere lunare Glanz überzog die ganze Welt mit einem Silberschimmer. Alles lebte, und doch war weit und breit kein Leben. Es war ein Land der Phantome.

Unser Wagen kam mir vor wie ein winziges Geschoss, das durch ein lautloses Universum zischte. Es war, als würden wir beobachtet; wir mussten rasch, still und unauffällig passieren.

Zu unserer Linken gingen die Hügel über in schroffe Felszungen, die sich durch die Erdoberfläche gebohrt hatten wie Knochen durch Haut und sich als hohe, grasbewachsene Kämme meilenweit die Straße entlangzogen.

An den Hügelböschungen ruhten die Blechskelette von Autowracks. Zwischen den Abbrüchen der Kämme verliefen lange Senken, ausgetrocknete Spuren längst vergessener Wasserläufe, belagert von Krüppeleichen, die sich gleich durstigen Tieren um sie scharten. Im Dunkel hätten es auch eng zusammengedrängte Büffelherden sein können, oder ein paar Grizzlys, die sich unter dem Vollmond versammelten.

In der Ferne konnte ich die zerklüfteten Konturen der Black Hills ausmachen; die Felsvorsprünge, an denen wir vorbeikamen, waren bereits ihre Vorboten.

Ich erinnerte mich, wie ich als Kind mit meinen Eltern in einem Mietwagen durch die endlosen Weiten, die erbarmungslose Hitze Dakotas gefahren war, daran, wie sich dieselben schroffen Umrisse vor uns am Horizont abgezeichnet hatten. Doch damals war ich dort gewesen, um mit Schmalspurbahnen zu fahren, Reptilienfarmen zu besuchen und auf Ponys zu reiten – lauter Attraktionen, die aus dem Boden gestampft worden waren, um von der Nähe zu den vier gigantischen Steingesichtern am Mount Rushmore zu profitieren.

Es war nur ein kleines Gebirge, das man weniger mit den Augen wahrnahm als mit dem tiefsten Inneren – *Paha Sapa*, das heilige Zentrum im Universum der Lakota, ein Hort spiritueller Kräfte, deren wachsame Gegenwart schon von Weitem zu spüren war.

Einen Moment lang verlor ich meinen eigenen Blick und sah, wenn auch nur verschwommen, mit den Augen, die Dan mir verliehen hatte. Ich sah die zusammengedrängten, in ihre Decken gehüllten Menschen, die verzweifelt versuchten, einer Armee zu entkommen, die sich auf die Fahnen geschrieben hatte, alle Männer, alle Frauen, alle Kinder, alle Säuglinge zu töten, die dunkle Haut hatten und ihre eigene Sprache sprachen. Ich hörte die Stimmen von Müttern, die im Schneetreiben einander riefen, um sich nicht aus den Augen zu verlieren, sah, wie sie immer wieder innehielten, um den Alten zu helfen, denen die Beine versagten, die ohnehin nicht verstanden, warum sie fliehen mussten. Ich sah, wie sie die Kinder in ihre eigenen Sachen hüllten, um ihre frierenden Leiber vor dem Frost der Winternacht zu schützen, sah, wie sie sich in der Eiseskälte des Dezemberwinds zusammenkauerten, wohl wissend, dass ein Lagerfeuer ihr sicheres Todesurteil gewesen wäre – der Reiter wegen, die sie wie Tiere jagten, die ihnen die Kinder aus den Armen reißen, Kugeln in ihre Herzen, ihre Beine, ihre Köpfe jagen und dann weitergaloppieren würden.

Am stärksten aber empfand ich ihre Fassungslosigkeit, ihren Schmerz darüber, dass ihr Gott versagt hatte.

Dieses Land, das mich als Kind mit Träumen von Ponyreiten, Eistüten und vier in einen Berg gemeißelten Präsidentenköpfen beseelt hatte, war einst die Heimstatt eines Volkes gewesen, das in jedem Vogel, jedem Fels, jedem Quadratzentimeter seiner Erde die Macht des Göttlichen verspürt hatte. Eines Volkes, das am Ende halb wahnsinnig im Kreis getanzt hatte in der Hoffnung, seine verzweifelte Ekstase würde einen Retter hervorbringen, der sie davor bewahren konnte, weitere Kinder in ihren Armen sterben zu sehen, in deren hohläugigem Blick sich ein letztes verständnisloses «Warum?» spiegelte.

Im sterbenden Widerschein der Dämmerung zeichneten sich die Black Hills vor dem nächtlichen Firmament ab. Es war nicht schwer zu verstehen, warum diese Berge als heilig galten. Stumm und majestätisch ragten sie inmitten der endlosen Prärie auf wie eine Kathedrale der Götter.

Für diese Berge, schoss es mir durch den Kopf, waren die Lakota bereit gewesen, alles andere aufzugeben, nur um sie dann doch an die Weißen zu verlieren, die, getrieben von dem magischen Wort «Gold», entgegen allen Abmachungen in die Black Hills eingefallen waren. «Das Metall, das die Wasichus verrückt macht», hatten die Lakota es genannt.

Ein Erz im Boden. Und dafür waren meine Vorfahren bereit gewesen, zu lügen, zu stehlen, Alte und Kinder zu morden. Und das folgende Jahrhundert hatten sie dann darauf verwandt, all die Toten, all den Verrat ein für alle Mal aus der Geschichte verschwinden zu lassen.

Aus reiner Gier nach Land und Gold hatten wir die Träume, die Familien eines ganzen Volkes ausgelöscht und es dann, heimatlos und bar aller Hoffnung, sich selbst überlassen, mit nichts als der Asche einer Lebensweise, die einst alle Dinge ihrer Welt so anmutig vereint hatte. Und nun besaßen wir auch noch die Arroganz, ebenjene spirituellen Wahrheiten, die wir zu zerstören versucht hatten, «wiederzuentdecken» und für uns zu vereinnahmen, um so die gähnende Leere zu füllen, die unser eigener spiritueller Bankrott hinterlassen hatte.

Ein überwältigendes Gefühl von Hilflosigkeit, Scham und Reue schnürte mir die Kehle zu – eine Trostlosigkeit, in der meine Gedanken keinen Halt, keine Ruhe finden konnten, so verzweifelt ich auch danach suchte. Dans reglose Gestalt zeichnete sich vor dem Dunkel ab, und ich fragte mich, wie es ihm möglich war, mit einem solchen Zorn zu leben, wie es überhaupt jemandem möglich sein konnte. Seine letzten Worte widerhallten in meinem Kopf. *Ich wünschte nur, ich wüsste, warum es so kommen musste.* Die schroffen Wände der Paha Sapa ragten vor dem westlichen Himmel auf, während die Scheinwerfer des Buick die stumme Landschaft in Besitz nahmen. Und auch ich fragte mich, warum all das so gekommen war – und ob die Erde, mit all ihrem Wissen, irgendeinem von uns jemals Frieden schenken würde.

25

WOUNDED KNEE

«Lass mich raus», sagte Dan.

Ich schreckte auf. Es war ein anstrengender Tag gewesen, und ich hatte meine Gedanken frei im übernatürlich anmutenden Licht des Mondes schweifen lassen. Dans Stimme holte mich abrupt in die Wirklichkeit zurück.

«Genau hier», sagte Dan.

Ich warf einen Blick zu Grover. Sein Gesicht zeigte keinerlei Regung. Er ging vom Gas und bremste, als hätte Dan gerade die selbstverständlichste Bitte der Welt geäußert.

Draußen hatte die Nacht alles eingehüllt. Hoch über uns huschten feine Wolken wie Schatten durch das Dunkel, die den Mond mal verschleierten, dann wieder freigaben, und Hügel und Täler einen geisterhaften Tanz vollführen ließen.

Grover fuhr von der Straße ab und bog in einen zerfurchten Weg ein, der eine steile Anhöhe hinaufführte. Ich vermutete, dass Trauer und Zorn in ihm den Wunsch geweckt hatten, noch einmal mit den Geistern zu sprechen, und konnte es ihm nicht verdenken. Wenn ihm eins seiner persönlichen Rituale half, den Schmerz zu lindern, war dieser Zwischenstopp ein Preis, den ich gern zu zahlen bereit war.

Er sah mich an. «Steigen Sie aus.»

Irritiert starrte ich zurück.

«Steigen Sie aus», wiederholte er. Sein Tonfall war alles andere als freundlich. Meine Gedanken überschlugen sich: Wollte er mich hier draußen meinem Schicksal überlassen? War er so sauer, dass er die Gegenwart eines Weißen nicht mehr ertragen konnte? Sollten wir hier unser Lager aufschlagen, oder gab es irgendwo eine Sehenswürdigkeit, die er mir zeigen wollte? Alles war möglich, doch außer seinem schroffen Befehlston hatte ich keinen Anhaltspunkt.

Grover schaltete den Motor aus. Zögernd rutschte ich hinüber und öffnete die Tür. Fatback setzte über meinen Schoß hinweg und sprang hinaus in die Nacht.

Der Mond stand hoch am Himmel, nun kaum mehr als ein Loch im Dunkel, das dann und wann von den Wolken enthüllt wurde.

Weit oben auf dem Hügel erspähte ich zwei Backsteinpfeiler, miteinander verbunden durch einen Metallbogen – offenbar ein Eingang, der zu den Ruinen eines alten Gebäudes oder auf einen Friedhof führte.

«Mach den Kofferraum auf», sagte Dan, ohne weitere Erklärungen abzugeben.

Grover fummelte mit dem Schlüssel herum. Er öffnete den Kofferraum, und Dan nahm eine große, mit Perlen bestickte Ledertasche heraus. «Nehmen Sie Ihre Sachen», sagte er zu mir. Ich wagte es nicht, Fragen zu stellen; sein kurzangebundener Tonfall schüchterte mich komplett ein.

«Kommt Fatback mit?», fragte ich dümmlich.

«Machen Sie schon», gab Dan zurück.

Ich wartete, dass auch Grover seine Sachen aus dem Kofferraum nahm, doch schlug er nur den Deckel zu und ging wieder zur Fahrertür.

«Was ist mit Grover?», fragte ich.

Grover glitt hinter das Lenkrad, schlug die Tür hinter sich zu und startete den Motor. «Bis später, Nerburn.»

Dan sagte etwas auf Lakota. Grover erwiderte etwas und fuhr davon. Ich sah, wie die roten Rücklichter des Buick kleiner und kleiner wurden, ehe sie hinter einem Hügelkamm verschwanden. Kurz darauf erschienen sie noch einmal, diesmal winzig, um dann ganz und gar von der Nacht verschluckt zu werden.

Ich blickte ihrem Widerschein hinterher; das Brummen des Motors war noch am Rand der Stille zu hören, ehe es sich ebenfalls im Dunkel verlor.

Fatback schnüffelte in einem nahe gelegenen Streifen Gras; die Nacht machte ihn immer munter. Dan sagte ein paar Worte auf Lakota zu ihm, und er kam japsend angelaufen.

Er deutete den Hügel hinauf und marschierte los. Der Pfad war voller tiefer Furchen; mit jedem Schritt riskierte man einen Sturz oder einen verstauchten Knöchel. Langsam, aber stetig setzte Dan einen Fuß vor den anderen, den Blick auf die düsteren Pfeiler auf der Hügelkuppe gerichtet.

Irgendwo in der Ferne bellte ein Hund. Ich hörte Dans schweren Atem, während er unbeirrt die Anhöhe hinaufstieg, ohne auch nur einmal innezuhalten. Ich folgte schweigend, mehrere Schritte hinter ihm.

Der Mond brach durch die Wolken, tauchte den Hügel in kaltes, phosphoreszierendes Licht. Nun konnte ich erkennen, dass die Seiten der Backsteinpfeiler weiß gestrichen waren. Sie schimmerten wie Gebeine vor dem dunklen Himmel. In beiden befand sich eine kleine Nische, ein Schrein für einen abwesenden Heiligen; sie waren leer, soweit ich es aus der Entfernung beurteilen konnte. Der Gitterbogen zwischen den Pfeilern erinnerte mich an das schmiedeeiserne Flechtwerk über den Eingängen zu den Todeslagern der Nazis. Halb erwartete ich, jede Sekunde die Worte «Arbeit macht frei» zu lesen. Doch stattdessen erkannte ich ein kleines weißes Kreuz in der Mitte des Bogens.

Dan strauchelte und fiel. Ich wollte ihm aufhelfen, doch er stieß mich weg, und auch seine Ledertasche wollte er sich nicht abnehmen lassen. Mühsam rappelte er sich wieder auf und setzte seinen Weg fort.

Es war kein leichter Aufstieg. Die Furchen machten jeden Schritt riskant. Die Tragegriffe meiner Reisetasche schnitten mir in die Hand, und ich wechselte ungeschickt von links nach rechts, wenn der Schmerz zu groß wurde.

Fatback spürte, wie viel Kraft Dan der Aufstieg kostete. Er lief dem Alten voraus, schien ihm gleichsam den Weg zu weisen. Dans Atem kam nun rasselnd, und ich machte mir Sorgen um ihn, doch hielt er nicht ein einziges Mal inne, versuchte sogar, zwischen Keuchen und Schnaufen eine Art Gesang anzustimmen, der aber, fast unhörbar, im Wind unterging.

Ein Wagen brauste in weiter Ferne durch die Nacht; seine Lichter verschwanden wie die eines Schiffes auf einem Meer. Dan stolperte abermals, fing sich aber; wir hatten es fast geschafft.

Nun konnte ich den Bogen deutlich erkennen. Es war der Eingang zu einem kleinen Friedhof, der sich verloren auf der Kuppe des Hügels erstreckte.

Die Nischen waren tatsächlich leer. Sie starrten wie blinde Augen über die Landschaft, verliehen dem Torbogen die Aura einer uralten Ruine, seit Ewigkeiten verlassen von jenen, die ihn einst erbaut hatten.

Aus dem Augenwinkel nahm ich ein Flattern wahr und sah auf. Vom eisernen Flechtwerk des Bogens hingen lauter zerfetzte Bänder, die sich im Wind wie Aale wanden.

Der Boden vor dem Tor war von Pepsi-Flaschen aus Plastik und Schokoriegel-Verpackungen übersät. Sosehr hier alles nach Ruine aussehen mochte, war es doch eine Ruine, die noch besucht wurde.

«Kommen Sie», sagte Dan.

Wir gingen unter dem Torbogen hindurch und betraten ein etwa dreißig Meter langes und drei Meter breites, von Beton eingefasstes Grundstück. Es war umgeben von einem maroden Maschendrahtzaun, von dem ebenso Aberdutzende vom Wind zerfetzter Bänder hingen.

In der Mitte des Friedhofs stand grau und ernst ein einsames Monument im Mondlicht – ein etwa drei Meter hoher Obelisk, auf dessen Sockel lauter Plastikblumen verstreut lagen.

Dan trat durch einen Durchlass im Zaun auf der linken Seite. Ein Trampelpfad führte durch das Präriegras. Zu beiden Seiten der Einfriedung lagen weitere, neuere Gräber mit schlichten weißen Kreuzen oder niedrigen rechteckigen Grabsteinen – kleine Erhebungen auf der Oberfläche des Landes, eine gespenstische Mahnung an die Toten, die in dieser Erde lagen.

Ein Schauder überlief mich, während ich Dan den Pfad hinunterfolgte. Diese Erde war lebendig, auch wenn hier nichts lebte. Von den Gräbern über die Nischen bis hin zu den im Dunkel flatternden Bändern kündete dieser Ort von entflohenem Leben. Es war fast, als könne man die Erde unter seinen Füßen klagen hören.

Der Wind wehte eine Plastikblume von einem der Gräber vor meine Füße. Sie lag vor mir im Staub, ein einsamer Schemen, und um ein Haar hätte ich mich gebückt, um sie aufzuheben. Doch dann hielt ich inne. Ich wollte nichts berühren, was den Toten gehörte.

Fatback strich zwischen den Gräbern umher, lief aber über keinen der Hügel selbst, als hätte er einen sechsten Sinn. Irgendetwas flog an mir vorbei, verschwand aber so schnell im Dunkel, dass ich nicht hätte sagen können, ob es ein Vogel oder eine Fledermaus gewesen war.

Dan umkreiste die gesamte Einfriedung. Er ging langsam, sang dabei die ganze Zeit über leise vor sich hin. Ab und zu blieb er stehen und griff in die große Tasche, die er bei sich trug, nahm ein kleines Stoffbündel heraus und band es an den Zaun, bevor er seinen Weg fortsetzte. Insgesamt machte er das sieben Mal.

Vier Mal nahm er eine Prise Tabak oder Bisongras aus einem kleinen Beutel und opferte sie dem Wind. Er tat es nicht beiläufig wie jemand, der Samen aussät, sondern blieb stehen, wandte dem Zaun den Rücken zu, hielt die Substanz auf Armeslänge von sich und bot sie dem Himmel und der Erde dar, bevor er eine leise Beschwörung sprach und das Kraut schließlich mit sanfter Geste dem Wind preisgab, wie jemand, der einen Vogel freilässt oder die Asche eines Toten verstreut.

Ich folgte ihm schweigend. Sein Gesang war nicht von dieser Welt, vermischte sich mit den Böen und Echos des Windes, als sei er Teil von ihnen.

Als wir das Gelände ganz umrundet hatten, öffnete Dan das Tor im Zaun und betrat wieder den Friedhof mit dem Obelisken. Er sang jetzt lauter, kräftiger, und der Wind schien mit ihm zu singen, das Lied des Alten mit dem seinen zu vereinen. Ich hielt inne, unschlüssig, ob ich Dan folgen sollte. Auch wenn ich nur vor einem schnöden Maschendrahtzaun stand, beschlich mich aus irgendeinem Grund – vielleicht lag es an der streng geometrischen Form der Betoneinfassung oder dem Monument in der Mitte – das Gefühl, dass es sich um heiligen Boden handelte, ein *sanctum sanctorum*, das man nicht ohne Erlaubnis betreten durfte.

Dan merkte, dass ich nicht mehr hinter ihm war, wandte sich um und bedeutete mir mit einer Kopfbewegung, ihm zu folgen. Zögernd trat ich durch das Tor, ein Mann auf unbekanntem Terrain. Fatback blieb hinter mir zurück.

«Kommen Sie», sagte Dan. Sein Englisch klang gestelzt und distanziert wie das eines Mannes, der nicht seine eigene Sprache spricht. Er wandte sich von mir ab und begann wieder zu singen, ließ sein Lied abermals mit dem Chor des Windes verschmelzen.

Befangen ging ich die Betoneinfriedung entlang, deren rechtwinklige, gleichsam urbane Präzision hier oben auf diesem windgepeitschten Hügel völlig fehl am Platze wirkte.

«Kommen Sie schon», wiederholte er. Er stand neben dem Monument, griff in seine Tasche und zog eine lange Rolle aus weichem Leder hervor. Er entrollte sie sorgfältig und entnahm ihr einen kleinen roten Pfeifenkopf, den er auf einen hölzernen Stiel setzte, der ebenfalls in das Leder eingeschlagen gewesen war. Die ganze Zeit über sang er leise weiter.

Ich betrachtete das schiefergraue Monument hinter ihm und versuchte die Inschrift im Mondlicht zu lesen. Schatten verdunkelten die meisten Worte, doch gelang es mir, den ersten Satz zu entziffern: «Dieses Mahnmal wurde von den überlebenden Angehörigen und anderen Oglala- und Cheyenne-River-Sioux zum Gedenken an das Chief-Big-Foot-Massaker vom 29. Dezember 1890 errichtet.» Darunter stand noch mehr: «Hier starben viele unschuldige Frauen und Kinder, die nie etwas Unrechtes getan hatten.»

Eine abgrundtiefe Verzweiflung überkam mich. Wo war ich hier, und was machte dieser Ort mit mir?

Dan hatte die Pfeife gestopft und versuchte sie anzuzünden. Sein Streichholz flackerte nur kurz auf und erlosch sofort wieder, doch in dem kurzen Moment, in dem die Flamme das Dunkel erleuchtete, konnte ich noch ein paar weitere Worte entziffern: «Hier starb Horncloud, der unschuldige Friedensstifter.»

In all diesen Lettern widerhallte ein Aufschrei, eine Empörung, die immer wieder in dem Wort «Unschuld» kulminierte. Was war hier geschehen?

Dan hatte die Pfeife angezündet und blickte gen Westen. Erst hielt er die Pfeife so, dass der Hals in Richtung des dunklen Horizonts zeigte, dann drehte er sie um und rauchte, wobei er den Rauch mit hohler Hand um seinen Kopf verteilte. Er ging um das Mahnmal herum und wiederholte die Prozedur gen Norden, Osten und Süden, jedes Mal eine persönliche Beschwörung auf den Lippen.

Als er fertig war, reichte er mir die Pfeife.

«Rauchen Sie», sagte er. «Sie müssen auch beten.»

Ich nahm die Pfeife entgegen und versuchte ihn zu imitieren, indem ich den Stiel ebenfalls gen Westen hielt.

«Nein», gebot er mir. «Sie müssen Ihr Herz läutern.» Eine Windbö zerzauste meine Haare. Funken stoben aus dem Pfeifenkopf und flogen in die Dunkelheit.

«Ich werd's versuchen.»

«Sie müssen sich vergessen, Nerburn. Sie sind nicht um Ihrer selbst willen hier. Und auch nicht meinetwegen. Das hier ist Wounded Knee. Sie stehen auf dem Grab.»

Bei diesen Worten schien die Erde unter meinen Füßen zu beben. Ich warf einen Blick auf die Betoneinfriedung. Dan bemerkte es. «Ja, genau. Das ist das Grab. Hier liegen zweihundert ermordete Lakota begraben. Alte, Frauen, Kinder. Kinder wie Ihr Sohn. Sie wurden auf der Flucht vor euren Soldaten getötet und dann hier in einem Massengrab verscharrt. Ihr habt die Leichen einfach übereinandergeworfen und Erde über sie geschaufelt. Hier liegen sie.»

Ich bewegte mich rückwärts auf die Einfriedung zu, als könnte mich der Beton vor der Macht der Kräfte unter meinen Füßen bewahren. Dan deutete durch den Torbogen zur Straße hinunter, wo eine dunkle Ansammlung von Bäumen einen kleinen Wasserlauf säumte. «Dort unten», sagte er. «Dort wollten sie sich im Bett des Creeks verstecken. Dort standen sie, dicht aneinandergedrängt wegen der Kälte, und eure Soldaten haben sie einfach abgeknallt, niedergemäht, einen nach dem anderen, sie sterbend im Schnee liegen lassen. Als unsere Leute sie fanden, waren da halb erfrorene, blutverschmierte Säuglinge, die noch versuchten, an den Brüsten ihrer toten Mütter zu trinken.» Er wandte sich um und fixierte mich mit seinem Blick. «Kleine Jungen wie Ihr Sohn, Nerburn», sagte er. «Ihre Geister weinen immer noch.»

Ich starrte über seine Schulter auf die in den Schatten liegenden Hügel. Phantome tanzten wild im Mondlicht. Plötzlich sah ich meinen Sohn vor mir, und es war mehr als nur eine Erinnerung – so, als hätte ich ihn in Fleisch und Blut vor mir. Er lief, wie kleine Jungen es tun, voller unbändiger Energie, doch trotzdem kam er kaum vom Fleck. Mit wehendem blonden Haar rannte er den Hügel herauf, rief mir etwas zu und streckte mir die Arme entgegen, ein schiefes Lächeln im Gesicht. Der Wind trug seine Stimme zu mir; ich konnte ihn hören. Und dann zerriss es ihn vor meinen Augen. Er explodierte gleichsam, sank blutüberströmt zu Boden, und ich konnte ihn nicht erreichen.

«Die Pfeife», hörte ich Dan sagen.

Ich hielt sie ihm hin, und im selben Moment begann ich zu zittern. Ich konnte nicht ertragen, was ich sah. Aber ich hatte keinen Einfluss darauf.

«Die Pfeife», wiederholte Dan. Der Wind klang wie ein Chor, tausend Stimmen, die sich zu einer einzigen verbanden.

Ich führte die Pfeife zum Mund und zog daran. Das süße, beißende Aroma von Tabak und *Kinnikinnick* strömte in meinen Mund, umgab mich wie eine Wolke, trug mich fort von dem Hügel, fort von den Sternen, dem Wind und der Nacht, eine Wand aus Rauch, die mich vor dem grauenhaften Bild meines zerfetzten Sohnes schützte.

Ich inhalierte abermals. Die Wärme spendete mir Trost. Mit der hohlen Hand verteilte ich den Rauch um mich herum wie einen Schild, einen Umhang aus Frieden. Ich wollte nicht, dass die Vision wiederkehrte.

Ich hielt die Pfeife gen Westen. Der Rauch kräuselte sich aus dem Mundstück zum Himmel empor.

«Beten Sie», sagte Dan. «Ich weiß, dass Sie es können. Ich habe es gesehen.» Es war keine Bitte, mehr eine Mischung aus Forderung und Flehen. «Beten Sie. Zum Westen.» Wieder erschien das Bild meines Sohns vor meinem geistigen Auge; ich zitterte am ganzen Körper.

«Zu wem?», stammelte ich. «Ich weiß nicht, was ...»

«Zum Westen, Nerburn», beschwor mich Dan. «Zum Westen.»

Die Vision meines Sohnes wollte nicht verschwinden. Wieder und wieder kam er auf mich zugelaufen, lächelnd, mit weit ausgebreiteten Armen. Ich versuchte so zu beten, wie ich es bei Dan beobachtet hatte. «An dich, den Westen, wo Träume Flügel erhalten und der Tag zur Ruhe kommt. Erhöre mich, o Westen, erlöse mich von diesen Bildern.» Ich atmete den Rauch tief ein und blies ihn in den Wind.

«Nicht bitten, nur beten», sagte Dan. «Es ist nicht an Ihnen, was geschehen wird. Und jetzt der Norden.»

Ich wandte mich gen Norden. Das Bild meines Sohns verfolgte mich immer noch. Ich hatte keinen blassen Schimmer, wie man zu einer Himmelsrichtung betete, geschweige denn, welche Worte ich wählen sollte. «Lieber Norden», begann ich unbeholfen, wie ein Kind. «Du bist die Richtung meines Geistes, die Richtung von Sorge und großer Dunkelheit. Du schickst uns den Winter, die Phantome und den Schnee, der uns in weißer Ewigkeit vereint. Dies ist mein Opfer an dich.» Ich zog fest an der Pfeife und ließ den Rauch aus meinem Mund quellen.

«Gut», hörte ich Dan sagen. «Osten.»

Eingehüllt vom schweren, intensiven Aroma der Tabakmischung drehte ich dem Wind meinen Rücken zu und reckte den Pfeifenhals ins Dunkel. «Dir, Osten, der Richtung der Morgenröte, wo die Hoffnung geboren wird und jeder Tag neu beginnt, bringe ich dieses Opfer dar.» Ich zog abermals an der Pfeife und verteilte den Rauch um meinen Kopf.

«Süden.»

Ich wandte mich zum Tor, dessen Pfeiler, gekrönt von dem Schmiedeflechtwerk mit dem kleinen Kreuz in der Mitte, hoch vor mir aufragten. Dahinter sah ich den Creek und die Bäume, umgeben von Schatten und Bewegung. Wind und Rauch brannten in meinen Augen, brachten sie zum Tränen, und die Schatten verwandelten sich in flüchtende Kinder und kreischende Frauen. Ich blinzelte. Die Silhouetten humpelnder alter Männer kämpften sich den Hügel hinauf, stolperten wie Dan auf der gefrorenen Erde.

Über mir knallten die Bänder im Wind wie Gewehrschüsse. Wolken trieben über den Himmel, verdunkelten den Mond. Die kleinen Kinder rannten wie mein Sohn, die Greise, gebrechlich, mit morschen Knochen, erinnerten in ihren Bewegungen an Dan oder meinen Vater, während die alten Frauen sich panisch und schwerfällig zusammendrängten, um die jungen Frauen und die Babys mit ihren Leibern zu schützen.

Der Wind heulte. Ich schloss die Augen, um die Vision zu bannen, doch dann lief mein Sohn mit ausgestreckten Armen direkt auf mich zu.

Ein gellender Schrei entrang sich meiner Kehle. «Nein! Ich kann nicht mehr!»

«Der Süden», sagte Dan. «Der Süden.»

«Dir, Süden, aus dem die Wärme kommt, die Ruhe, das Wachstum, die Farbe, das Leben, dir, Süden, bringe ich diese Pfeife dar.»

Ich zog erneut, blies den Rauch aus, der sofort vom Wind erfasst und fortgeweht wurde. Stöhnen und Wehklagen drang an meine Ohren, wohl der Wind, der im Draht des Zauns sang. Die Bänder flatterten, peitschten in der Brise hin und her.

«Und nun zum Himmel», hörte ich Dan sagen. «Zu Wakan Tanka.»

Ich hielt den Pfeifenstiel zum Firmament. «Wakan Tanka», platzte ich heraus. «Gott. Schöpfer. Vater. Ich weiß nicht, wie ich dich nennen soll, nicht einmal, ob du überhaupt mein Gott bist. Aber höre mich an. Nimm diesen Rauch, der zu dir aufsteigt.»

Ich öffnete die Augen. Rauch strömte aus dem Mundstück der Pfeife, kräuselte sich in eiligen, gewundenen Schleifen dem Mond entgegen. Ich schloss die Augen wieder, drehte die Pfeife zu mir und nahm noch einen Zug.

«Vergessen Sie die Erde nicht», sagte Dan.

Ich hielt den Stiel nach unten. Einen Moment lang kam es mir vor, als würde etwas daran ziehen, und ich zuckte jäh zurück. «Dir, der Erde, unser aller Mutter, aus der alles Leben entspringt und schließlich zu dir zurückkehrt, bringe ich dieses Opfer dar. Bitte, erhöre mich.» Die letzte Glut verglomm, und plötzlich schien die Pfeife leichter geworden zu sein. Die Bilder flimmerten immer noch vor meinen Augen, doch waren sie jetzt weiter entfernt.

Ich spürte, wie Dan mir die Pfeife sacht aus der Hand nahm.

«Setzen Sie sich», sagte er leise. «Sprechen Sie. Sagen Sie die Wahrheit. Wie sieht es in Ihrem Herzen aus?»

Ich ließ mich zu Boden sinken, lehnte mich mit einem Seufzer an das Mahnmal. Ich zitterte immer noch. «Ich habe Angst», sagte ich. «Ich fühle so viel Schmerz, so viel Furcht. Ich sehe meinen Sohn, wie er auf mich zurennt, die Arme nach mir ausstreckt, und im selben Moment wird er von einer Salve Kugeln getroffen, in Stücke gerissen. Und da sind alte Männer und Frauen, die sich vergeblich in Sicherheit zu bringen versuchen.

Vielleicht bilde ich mir das alles nur ein, vielleicht hat es auch mit meinen Schuldgefühlen zu tun. Aber alles ist so real, als wäre es Wirklichkeit, und ich fühle mich so hilflos, so ausgeliefert, weil ich eingreifen will, aber genau weiß, dass ich nichts ändern kann. Ich würde all das so gern ungeschehen machen.»

«Sprechen Sie weiter», sagte er und begann, leise zu singen. Ich kam mir vor wie ein Junge in einem Beichtstuhl, saß vornübergebeugt mit geschlossenen Augen da. Die Worte sprudelten über meine Lippen, während der Priester eine kaum hörbare Absolution murmelte. Ich umklammerte meine Knie, wiegte mich vor und zurück.

«Ich habe keine Ahnung, was hier los ist. Ich weiß nicht, ob ich mir das alles nur zusammenphantasiere oder ob hier Kräfte am Werk sind, die ich nicht ergründen kann. Ich würde gern glauben, aber ich habe Angst und will nichts Heiliges stören oder gegen mich aufbringen. Ich möchte einfach nur tun, was richtig ist, meine Familie beschützen und etwas Gutes in dieser Welt bewirken.»

Dan sang lauter, und plötzlich spürte ich seine Hand an meiner Schulter. Ich öffnete die Augen, sah zu ihm auf. Mit geschlossenen Augen stand er über mir, ließ meine Schulter nicht wieder los. Sein Gesicht war dem Mond zugewandt, und er hielt mich sanft fest, so ähnlich wie Danelle am anderen Tag, während er zum Himmel sang. Die Pfeife ruhte in seinem rechten Arm wie ein Neugeborenes.

«Was schmerzt Sie am meisten?», fragte er, ohne die Augen zu öffnen.

«Die Todesangst der Kinder und der Alten. Ihr Tod, ihre Gläubigkeit, die Zerstörung ihrer Welt.»

«Was noch?»

«Dass mein Herz vielleicht doch nicht rein ist. Dass es mich womöglich aus den falschen Gründen hierher verschlagen hat.»

«Was noch?»

«Dass ich vielleicht genau das bin, was ich am meisten verabscheue – ein weiterer Weißer mit besten Absichten, der am Ende nur noch größeren Schaden anrichtet.» Ein heftiger Windstoß fuhr mir über das Gesicht, und im selben Moment hörte ich auch das Wehklagen wieder. «Und dass die Erde weint», sagte ich. «Und nichts ihre Tränen trocknen kann.»

Dan hielt mit seinem Gesang inne und ließ sich mir gegenüber auf dem Boden nieder. Erst betete er lange auf Lakota, dann wechselte er ins Englische. «Ich werde nun wieder sprechen.»

Aus dem kleinen Lederbeutel in seinem Hemd nahm er einen runden Stein und schloss die Finger um ihn. «Sie haben wohl gesprochen. Ihre Worte hätten auch von mir stammen können. Auch ich habe Angst vor dem, was ich tue, und auch ich fürchte Mächte, die ich erzürnen könnte. Aber die Kinder sind tot, ebenso wie die Alten. Und der Schmerz ist zu groß, um schweigend ertragen zu werden. Wir müssen reden. Wir müssen miteinander reden.»

Seine Worte klangen förmlich, wie in Stein gemeißelt.

«Jede Nacht, wenn ich mich schlafen lege, sehe ich die Alten und die Kinder vor mir. Hier. Am Sand Creek. Und an tausend anderen Orten, die längst vergessen sind. Ich werde ihnen bald folgen, aber bevor es so weit ist, will ich wissen, warum sie auf der Flucht sterben mussten. Ich will wissen, warum unser Land von euch verwüstet wurde, warum es uns nicht vergönnt war, es gegen euch zu verteidigen, unsere Alten und unsere Kinder zu retten. Ich will wissen, warum der Schöpfer das zugelassen hat. Mein ganzes Leben lang suche ich schon nach einer Antwort.

Aber ich bin nur ein Mensch, so wie Sie auch. Ich kann bis zum Rand meines Lebens blicken, aber nicht darüber hinaus. Mein Blick reicht nicht über den Horizont, genauso wenig wie Ihrer. So hat der Schöpfer uns alle geschaffen.

Doch nun bin ich alt. Und ich kann sie hören, die Stimmen, die zu mir sprechen. Es sind viele Stimmen.

Sie sagen, dass Land vielleicht nicht mit Liebe erkauft wird, sondern mit Blut. Sie sagen, dass mein Volk vielleicht sterben musste, um die Erde mit seiner Wahrheit zu nähren. Ihr wolltet uns ja kein Gehör schenken, und vielleicht mussten wir erst wieder zu Erde werden, um eure Herzen erreichen zu können. Wer weiß das schon?

Ich bin sicher, dass es größere Wahrheiten als unsere gibt. Der Schöpfer hört und sieht weit über den Horizont hinaus. Ich bin dazu verdammt, Tränen für mein Volk zu vergießen und Lieder zu singen, damit es nie vergessen wird. Aber den Willen des Schöpfers kann ich nicht ergründen. Vielleicht werden wir eines Tages verstehen, vielleicht auch nicht. Vielleicht gibt es ja einst eine neue Wahrheit, die größer ist als die der Lakota, größer als die aller Indianer, größer als die Wahrheiten, die ihr in dieses Land gebracht habt, größer als all unsere Wahrheiten zusammen. Und vielleicht sind wir ja hier, um sie gemeinsam zu finden.

Hören Sie meine Worte.

Die Zeit des Kampfes ist vorbei. Wir müssen unseren Zorn begraben. Kann ich den meinen nicht begraben, kommt diese Aufgabe meinen Kindern zu, und sollte es auch ihnen nicht gelingen, ist es an ihren Kindern und Kindeskindern. Wir sind Gefangene unserer Herzen, und nur die Zeit wird uns befreien.

Ihr Weißen müsst lernen, eure Arroganz abzulegen. Ihr seid nicht die Einzigen auf dieser Erde, und ihr müsst euch damit abfinden, dass euer Weg nicht der allein seligmachende ist. Die Völker haben dem Schöpfer auf verschiedenste Art und Weise gehuldigt, und ihr müsst lernen, das zu respektieren.

Eure Gabe besteht darin, materielle Macht anzuhäufen. Ihr habt Stärken, die anderen nicht beschieden sind. Aber könnt ihr sie auch teilen oder nur einsetzen, um immer noch mehr an euch zu raffen? Das ist eure Herausforderung – einen Weg zu finden, eure Gabe zu teilen, weil sie eine Gefahr für euch selbst darstellt.

Und mein Volk ist der Schatten, der euch bis in alle Ewigkeit an euer Versagen erinnern wird. Unser Gedächtnis ist es, das euch den rechten Weg weisen muss. Es nützt nichts, so zu tun, als hätten wir nie existiert, als hättet ihr uns nicht vernichtet. Es war unser Land, und wir werden immer hier sein. Und unser Gedächtnis könnt ihr nicht auslöschen – die Sonne könnt ihr schließlich auch nicht verdecken, indem ihr die Hand über die Augen legt.

Es schnürt mir die Kehle zu, dass der Schöpfer euch Leben schenkte, indem er uns zerstörte. Aber wer weiß, vielleicht ist ja alles ganz anderes – schließlich lehrt eure Religion doch, dass er mit Jesus dasselbe gemacht hat. Vielleicht war ja die Macht unseres Geistes so groß, dass wir unseren eigenen Tod hinnehmen konnten. Vielleicht hat der Schöpfer gesehen, dass wir allein euch retten können, euch, die ihr euer Herz an lauter belanglosen Plunder hängt.

Vielleicht sind wir ja die wahren Söhne und Töchter Gottes,

die am Kreuz eurer Ängste, eurer Gier sterben mussten, damit ihr vor euch selbst gerettet werden konntet.

Finden Sie das abwegig? Ich nicht. Wakan Tanka, das Große Geheimnis, der Schöpfer, Er, den ihr Gott nennt, wusste, dass wir stets bereit waren, füreinander in den Tod zu gehen. Das war die größte Ehre unseres Volkes, und vielleicht ist es die größte Ehre überhaupt, dass wir fähig waren, uns für die gesamte Menschheit zu opfern. Vielleicht, weil nur Wakan Tanka das wirklich weiß.»

Er streckte seine knotigen Finger aus und ergriff mein Handgelenk.

«Gib mir deine Hand», sagte er. «Wir sind Brüder. Du bist mein Sohn, und hiermit gebe ich meine Vision an dich weiter. Nicht weit von hier liegt einer in der Erde, der tatsächlich mein Sohn war, ein Mensch, der es nicht ertragen konnte, zwei Wahrheiten zu kennen. Und so gebe ich meine Vision nun weiter an dich, der du bis jetzt nur mit einer Wahrheit vertraut warst. Vielleicht ist sie für dich eine kleinere Bürde. Vielleicht fällt es dir leichter, sie weiterzutragen.

Die Geister werden dir helfen, Geister, die um uns alle herum sind. Ich wünschte, dein Volk würde lernen, auf sie zu hören. Ihr müsstet nur ins Licht treten und euch für den Tag bedanken, dann würdet ihr sie finden – und nicht mehr so bedenkenlos Unheil anrichten und nachts seelenruhig schlafen, nachdem ihr euch von morgens bis abends nur um euer eigenes Wohl gekümmert habt.

Die Erde ist tief und ihr Wissen groß, Nerburn. Lausche den Steinen, lausche dem Wind, versuche die Stimmen zu finden, die zu dir sprechen werden. Sie sind da, und sie rufen nach dir. Alles andere liegt nur an dir.

Und jetzt werde ich beten.»

Er ließ mein Handgelenk los, und im selben Augenblick überkam mich eine bleierne, übermächtige Müdigkeit. Ich spürte, wie mir die Lider zufielen.

«Schlaf», sagte er. «Aber vergiss nicht achtzugeben.»

Ich hörte ihn nur noch wie aus weiter Entfernung, als wäre ich plötzlich selbst eine Wolke am Himmel.

An den Rest der Nacht kann ich mich kaum erinnern. Ich fiel in einen unruhigen Schlaf voller wirrer, quälender Bilder, die mich verfolgten, nicht loslassen wollten, zersplitterten und sich von Neuem zusammensetzten. Zwischendurch schreckte ich auf, öffnete die Augen und wurde einen Moment lang von Panik ergriffen, bis mir wieder einfiel, wo ich war, nur um anschließend in noch tiefere Abgründe zu stürzen, wo Ängste mit Erinnerungen und der Ahnung künftiger Gefahren verschmolzen, so bedrohlich wie die gespenstischen Backsteinpfeiler, die den Eingang des Friedhofs flankierten.

Die Kälte des Betons war mir die ganze Zeit über gegenwärtig, nicht zuletzt, weil ich mich immer wieder gegen ihn presste, als wäre die Erde ein dunkles, endlos tiefes Meer, das gierig an meinen Füßen leckte.

Einmal erwachte ich und setzte mich auf. Dan stand mit weit ausgebreiteten Armen außerhalb der Einfriedung, den Blick auf die Hügel gerichtet. Der Mond schien in weite Ferne gerückt zu sein, ein leeres Gestirn, das weder Licht noch Wärme spendete.

Ich beobachtete ihn eine Weile. Er bewegte sich nicht. Möglich, dass er leise sang, aber ich hörte nichts. Ich verspürte das Bedürfnis, zu ihm zu gehen wie ein Kind zu seinem Vater, doch meine Glieder waren bleischwer, und so taumelte ich erneut in den Abgrund meiner Angstträume – ich merkte, wie ich mich überschlug, ein ganz und gar reales Gefühl, und in die Tiefe stürzte.

Dann fand ich mich an einem Ort wieder, keinem wirklichen Ort, der aber trotzdem seltsam real wirkte, was vielleicht daran lag, dass die Welt dort komplett stillstand wie vor einem Sturm und die auf mich einstürmenden Bilder von einer Sekunde auf die andere wie fortgewischt waren.

Ich stand in einem Tal. Ich kannte es nicht, doch wusste ich, dass ich auf etwas warten musste – auf einen orangefarbenen Falken, der über den Berg hinter mir kommen würde.

Stumm ließ ich den Blick über den Himmel wandern, bis sich der leuchtende Vogel mit geradezu überirdischer Geschwindigkeit näherte, auf einen anderen, braun-weißen Falken hinabstieß, den ich zuvor nicht bemerkt hatte.

Ich hob die Hand vor die Augen, und als ich wieder hinsah, erspähte ich einen majestätischen Vogel, dessen Gefieder in den verschiedensten Schattierungen schillerte. Ich kann mich nicht an alle Farben erinnern, nur an Gelb, Rot, Orange und Gold, doch seine Erscheinung war von einer Schönheit, die mir den Atem nahm. Er beherrschte den Himmel, und das Licht schien durch seine weit ausgebreiteten Schwingen wie die Strahlen der untergehenden Sonne durch buntes Glas. Die anderen Falken, die nach links in Richtung des Berges flogen und bald darauf nur noch als Pünktchen in der Luft zu erkennen waren, schien er nicht zu bemerken. Schließlich kreiste er allein zwischen mir und der Sonne, ein wahrhaft gravitätischer Anblick.

Es war ein Traum, in dem keine Zeit existierte, ein Raum, den ich bewohnte wie eine Erinnerung im Unendlichen. Und doch schien es nicht allein mein Traum zu sein. Es war, als hätte es ihn bereits gegeben, als wäre ich darauf gestoßen, so wie man unweigerlich ein Tal erblickt, wenn man einen Berg erklommen hat.

Als ich schließlich die Augen aufschlug, fühlte ich mich, als würde ich nicht aus tiefem Schlaf, sondern aus einer Trance erwachen. Ich verspürte eine große, gleichsam allumfassende Klarheit.

Der Morgen war angebrochen. Dünne violette Wolkenfetzen zogen im Osten über den Himmel. Der Chor der Vögel ertönte in der Dämmerung, und die Hügel schimmerten im frühen Glanz der Sonne.

Dan stand am Rand der Gräber, den Blick nach Osten gewandt.

Unweit entfernt stand ein verwitterter alter Schuppen, umgeben von ein paar Autowracks. Auf dem Verschlag stand mit weißer Farbe: «Wounded Knee ist nicht verkäuflich».

Im Tageslicht konnte ich die Gräber mit ihren Kreuzen, Grabsteinen und Plastikblumen besser in Augenschein nehmen. Manche waren mit kleinen Steinen bedeckt, die einen bestimmten Zweck zu erfüllen schienen. Die Erde innerhalb der Betoneinfriedung war rissig und zertrampelt, ebenso ausgedörrt wie das Grasland, das sich meilenweit um uns herum erstreckte.

Ich rappelte mich auf, um meine Sachen zu holen. Dan hatte sich der Morgensonne zugewandt. Fatback lag an seiner Seite, den Kopf auf den Pfoten. Einen halben Meter von ihm entfernt stand die große Tasche, die Dan in der Nacht den Hügel hinaufgeschleppt hatte.

Die frische Morgenbrise kündigte einen heißen Tag an. Ich schirmte meine Augen gegen die Sonne ab und sah wieder zu Dan hinüber. Ich fragte mich, ob er zwischendurch geschlafen hatte oder die ganze Nacht über wach geblieben war.

Er wandte sich nicht um, hatte mich aber offensichtlich gehört. «Hast du alles beobachtet?», fragte er, als hätte ihn die ganze Nacht keine andere Frage beschäftigt.

In Gegenwart der Toten wollte ich nicht laut sprechen, weshalb ich das Tor öffnete und zu ihm trat.

«Ja», sagte ich. «Ich glaube schon.»

«Was hast du gesehen?»

Ich erzählte ihm von dem seltsamen stillen Tal und dem bunten Vogel mit den fast durchsichtigen Schwingen. Er sog an seinen Lippen und überlegte. «Ich denke, jetzt wirst du schreiben können», sagte er schließlich und griff nach seiner Tasche. Im ersten Moment dachte ich, er wolle womöglich noch irgendein persönliches Ritual vollziehen, doch er war bereits auf dem Weg, marschierte geradewegs zwischen den Backsteinpfeilern hindurch und begann mit dem Abstieg.

Ich lief zu dem Mahnmal, um meine Reisetasche zu holen. In der Zwischenzeit steuerte Dan bereits den zerfurchten Pfad hinunter, der zum Parkplatz führte. Auf der Straße waren Autos unterwegs. Die Luft war vom süßen Duft des Morgens erfüllt.

Ich beeilte mich, ihn einzuholen.

«Was bedeutet das alles, Dan?», fragte ich.

«Es war eine gute Nacht», erwiderte er.

«Nein, ich meine den Traum. Was hat er zu bedeuten?»

Er grinste wie ein Fuchs. «Seit wann bin ich Traumdeuter? Da musst du dir schon einen *wichasha wakan* suchen. Aber die sind nicht ganz billig, mein Freund. Tja, da wirst du wohl deine Karre eintauschen müssen.»

* * *

Der Wind blies bereits warm und trocken, als wir am Fuß des Hügels ankamen. Auf einem nahe gelegenen Rastplatz bauten gerade ein paar Indianer ihre Stände auf, an denen sie Ohrringe und Traumfänger für die wenigen Touristen feilboten, die es hierher verschlug. Im Licht des Morgens wirkte die Senke, in der das Massaker stattgefunden hatte, friedlich und lichterfüllt. Die eisige Winternacht, die Schreie, das Morden – es war fast unmöglich, sich das Grauen vorzustellen, das sich hier einst ereignet hatte.

An den Ständen mit den Ohrringen dröhnte Powwow-Musik aus einem Ghettoblaster. Dan griff in seine Tasche und förderte eine Flasche zutage. Das süße Zwitschern von Lerchen ertönte aus dem raschelnden Gras. «Wasser?», fragte er.

Dankbar nahm ich einen Schluck, spülte erst mal meinen Mund aus. Er ging in die Hocke und steckte sich eine Zigarette an.

Ich überließ Dan seinen Gedanken und ging zu einer großen weißen Tafel, auf der in schwarzen Lettern der Hergang des Massakers festgehalten war.

Es war eine traurige Geschichte, die trotzdem seltsam abstrakt blieb. Die fliehenden Lakota, das Winterlager, die Soldaten, der Angriff, das Gemetzel, die Toten – ja, es war furchtbar, davon zu lesen, doch letztlich blieb nichts weiter als eine der üblichen Aneinanderreihungen von Worten, die Tragödien und Ungerechtigkeiten der amerikanischen Geschichte zusammenfassten. Die Leute hielten kurz an, ließen den Blick darüber fliegen, kauften vielleicht einen Traumfänger und fuhren weiter. Die Black Hills und Mount Rushmore waren nur eine Stunde entfernt, und die Schmalspurbahnen, Wasserrutschen und anderen Touristenattraktionen gab es immer noch, vielleicht sogar die kleine Bühne, auf der ich damals das Drama um Wild Bill Hickocks letzte Stunden gesehen hatte.

In sich gekehrt hockte Dan mitten auf dem Schotterparkplatz; der Rauch seiner Zigarette wurde vom Morgenwind verweht. Oben auf dem Hügel zeichneten sich die beiden Backsteinpfeiler mit ihrem Bogen vor der Sonne ab.

«Sieht im Licht alles ganz anders aus», sagte ich, als ich wieder bei ihm war.

«Stimmt», gab er zurück. «Am Ende wächst eben doch Gras über alles.»

Aus der Ferne drang Motorengeräusch durch die morgendliche Hitze an unsere Ohren.

«Das nenne ich pünktlich», sagte Dan, als Grovers Buick auf dem Hügel auftauchte. Woher sie wussten, wie viel Uhr es war, blieb mir schleierhaft. Der Wagen hielt neben uns, und Grover lehnte sich aus dem Fenster. Er war frisch rasiert und trug ein blütenweißes T-Shirt, das im strahlenden Morgenlicht bläulich schimmerte. Der Duft von Aftershave wehte uns entgegen.

«Kaffee, Nerburn?» Er nahm einen Styroporbecher vom Armaturenbrett. Der Dampf des Kaffees hatte die Windschutzscheibe mit einem kleinen Kreis beschlagen. «Den brauchen Sie ja jetzt wohl, oder?»

Ich nahm den Becher entgegen, hob ihn an die Lippen, und schon schmeckte ich das dunkle, kräftige Aroma auf der Zunge.

«Grover!», platzte ich heraus. «Das ist ja richtiger Kaffee! Wo haben Sie den denn aufgetrieben?»

Grover klopfte mit einer Zigarette auf das Armaturenbrett. «Beziehungen, Nerburn.»

Dan trat zu uns. «Probier das mal, Alter.» Grover deutete auf den Becher in meiner Hand. Dan nahm einen Schluck und spie ihn sofort wieder aus.

«Schmeckt ja wie Teer», schnauzte er. «Verdammter Hippie-Dreck.»

«Nerburn steht drauf. Capustrino nennt sich das Zeug.»

Dan spuckte abermals aus, um den Geschmack loszuwerden. «Wo kriegt man solche Plörre?», fragte er. «In Pine Ridge ja wohl bestimmt nicht.»

«Hab 'nen Deal gemacht», erwiderte Grover.

«Mit dem Teufel?»

«Nee, mit den alten Hippies. Weißt du noch, die in dem Restaurant?»

«Die mit dem grünen Bus?», fragte ich.

«Genau. Standen in Pine Ridge an der Tankstelle.»

Dan murmelte irgendetwas Unverständliches und schüttelte den Kopf.

«Na ja, als ich an ihrem Bus vorbeikam, stieg mir plötzlich ein echt fieser Geruch in die Nase», erklärte Grover. «Im ersten Moment dachte ich, da drin hätte irgendwas Feuer gefangen, aber als die Kiste nicht in die Luft ging, schwante mir plötzlich, dass die bloß Kaffee kochen. Tja, und dann habe ich 'nen kleinen Deal mit ihnen gemacht.»

«Was für einen Deal?», sagte Dan. «Du bist ja noch dümmer als die Indianer, die Manhattan an die Weißen verkauft haben.»

«Ich habe ihnen versprochen, dass du ihnen vom Großen Geist erzählst und ihnen allen die Hand schüttelst», erwiderte

Grover, ohne eine Miene zu verziehen. «Sie müssen jede Minute hier sein.»

Dan gab ein angeekeltes Schnauben von sich.

«Jetzt mal im Ernst, Grover», sagte ich. «Wo haben Sie den Kaffee her?»

«Habe ich doch gerade gesagt. Oder glauben Sie, ich würde Sie anflunkern?»

Er lehnte sich bequem in seinem Sitz zurück und blies Rauchringe in Richtung des Rückspiegels. Und wie sehr wir ihn auch belämmerten, ihm war kein Wort mehr zu entlocken.

26

DAS VERSPRECHEN

Die Rückfahrt dauerte fast zwei Tage. Grover fuhr wie immer, stetig, aber ohne sich Stress zu machen, und obendrein verließ er kein einziges Mal den Highway. Unsere «kleine Spritztour» war am Wounded Knee zu Ende gewesen; wo Grover gewesen war, während Dan und ich die Nacht auf dem Hügel verbracht hatten, weiß ich bis heute nicht.

Grover hatte noch versucht, Dan zu einem Abstecher zum Mount Rushmore zu bewegen, allerdings vergebens. «Diese verdammten Köpfe sind das Schlimmste, was der weiße Mann je verbrochen hat», schimpfte er. «Die heiligen Berge zu sprengen, um ihnen ein paar weiße Fratzen zu verpassen!» Dann ließ er sich lang und breit darüber aus, dass es Indianern im Gegenzug künftig erlaubt sein sollte, auf den Altären weißer Kirchen Tacos zu verkaufen, und drohte, auf dem Parkplatz von Mount Rushmore tot umzufallen, falls wir ihn zwingen würden, dorthin zu fahren. Schließlich gab Grover auf, und wir machten uns auf den Rückweg.

Unterwegs duschten wir auf einem öffentlichen Campingplatz in einem kleinen Ort abseits des Highways, und danach roch Grover auch nicht mehr ganz so penetrant nach dem Billig-Rasierwasser, in dem er während jener mysteriösen Nacht in Pine Ridge gebadet haben musste. Was er dort getrieben hatte, behielt er jedenfalls für sich, und Dan fragte auch nicht danach.

Schweigend und entspannt fuhren wir durch die spätsommerliche Hitze. Fatback schlief die meiste Zeit über, den Kopf in meinem Schoß. Das poetische Auf und Ab der Landschaft ließ mich einmal mehr in meinen Träumereien versinken. Die Meilen flogen nur so dahin.

Am späten Morgen des zweiten Tages bog Grover vom Highway auf die Straße zum Reservat ein. Fatback setzte sich auf, spürte, dass er bald wieder zu Hause sein würde.

Dan hielt die Hand über die Augen und blinzelte in die Ferne. «Sieht aus wie ein Büffel da oben», sagte er.

Grover beugte sich über das Lenkrad und spähte mit zusammengekniffenen Augen durch die Windschutzscheibe. «Aber hallo!», sekundierte er.

Ich versuchte auszumachen, wohin die beiden starrten. Die Sonne brach in allen Regenbogenfarben durch die Scheibe, doch dann gelang es mir, einen schwarzen Punkt ins Auge zu fassen, der sich über den Hügelkamm vor uns bewegte.

«Nee, doch nicht», sagte Dan. «Ist zu schnell für einen Büffel.»

Meine Augen gewöhnten sich allmählich an das grelle Licht, und jetzt sah ich, was sich da oben auf dem Kamm befand.

«Das ist ja mein Pickup!», platzte ich heraus.

Hoch oben auf der Anhöhe donnerte mein schwarzer Nissan durch die Prärie, wirbelte eine riesige Staubwolke hinter sich auf.

«Bei Gott, du hast recht», sagte Dan. «Ich hätte geschworen, es ist ein Büffel.»

«Sieht so aus, als hätte ihn Jumbo doch noch mal hingekriegt», gab Grover seinen Senf dazu.

Der Pickup holperte über den Hügelkamm und verschwand.

«Bald Mittag.» Dan wandte sich zu mir um. «Erst mal was essen, oder?»

Ich starrte immer noch der Staubwolke hinterher. «Was macht mein Pickup da oben?»

«Scheint wieder einwandfrei zu laufen», sagte Grover.

«Jumbo hat's eben drauf», sagte Dan.

Ich war halb erleichtert, halb sauer. Ich hatte geglaubt, mein Wagen sei ein für alle Mal hinüber, und jetzt bretterte jemand anders damit über Stock und Stein. «Ich habe niemandem erlaubt, damit zu fahren», sagte ich.

«Wer weiß, wer gerade mit Ihrer Frau durch die Gegend fährt», witzelte Grover. «Aber das scheint Ihnen ja weniger Sorgen zu bereiten.»

«Kommt, wir machen Mittag», warf Dan ein. «Ihr wollt einen alten Mann doch wohl nicht vom Fleisch fallen lassen.»

«Wie wär's, wenn wir uns erst mal um meinen Pickup kümmern?», gab ich zurück. «Nicht, dass ich ihn mir in ein paar Tagen in Seattle abholen kann.»

«Tja, man weiß eben nie», sagte Dan.

«Warum tut ihr mir das an?», flehte ich.

«Ein alter Mann muss regelmäßig essen, Nerburn.»

Mir blieb keine Wahl. Klar, ich konnte mich ärgern, aber die beiden würden mich eh nur auslachen. Ich konnte sie anbetteln, aber sie würden so oder so ihr Ding durchziehen. Die Staubwolke hatte sich mittlerweile gelegt, und der Pickup war verschwunden.

«Ich brauch 'ne Suppe», sagte Dan.

«Heute ist Samstag», erwiderte Grover. «Da gibt's Pudel-Nudel.» Die beiden glucksten; es schien ein alter Witz zwischen ihnen zu sein.

Grover bog nach links ab und fuhr eine Seitenstraße hinunter. Bald darauf erreichten wir ein niedriges, mit Teerpappe gedecktes Haus, über dessen Eingang ein paar Rinderschädel hingen. Auf einem rot-weißen Schild im Fenster stand «Geschlossen», aber draußen parkte eine Reihe von Autos und Lastern.

Wir hielten neben einem alten Volare ohne Radkappen. Der Kühlergrill war Schrott, das fehlende hintere Seitenfenster mit einem Stück Pappe verklebt; der marode Auspuff wurde von einem am Kofferraumschloss befestigten Spanngurt gehalten.

Ich warf einen Blick auf den Rücksitz. Ein verdreckter Luftfilterkasten und ein Paar Starthilfekabel lagen auf dem rosa Pulli eines kleinen Mädchens inmitten eines Berges von Fast-Food-Verpackungen.

«Den hat garantiert Jumbo repariert», sagte Grover.

«Für Quälgeister wie Sie gibt's bestimmt einen ganz besonderen Platz in der Hölle», sagte ich.

«Da gibt's keine Indianer.» Grover grinste. «Alles schon voll mit Weißen.»

Wir betraten das dunkle Diner. Am anderen Ende des Raums saß eine massige Gestalt auf einem Hocker.

«Jumbo!», platzte ich fast ekstatisch heraus.

Jumbo nickte. Ich sah durch das Fenster hinter ihm. Dort stand mein Pickup, den er auf der Hausseite geparkt hatte.

Vor ihm stand eine ovale Platte mit gebratenem Hähnchen; auf einer Serviette daneben türmten sich die Knochen. In der einen Hand hatte er eine Zigarette, in der anderen einen Schenkel.

«Ihre Karre ist fertig», sagte er, als hätte er bereits auf mich gewartet. «Fährt wieder eins a.» Er war offenbar in Plauderlaune.

Ich war drauf und dran, ihn zu fragen, warum er mit meinem Wagen herumfuhr, besann mich aber eines Besseren.

«Was war denn kaputt?», fragte ich stattdessen.

«Ich ess grade», erwiderte Jumbo, eine klare Ansage, dass er mit Wichtigerem beschäftigt war.

«Komm, Nerburn, setz dich erst mal», sagte Dan. «Dein Pickup kann jetzt auch noch ein paar Minuten warten.»

Zögernd folgte ich ihm an einen Tisch. Mein Wagen glänzte draußen in der Mittagssonne.

Jumbo rutschte von seinem Hocker, griff sich die Platte mit den Hähnchenteilen und walzte zu unserem Tisch. Zigarettenasche fiel auf die Platte, verschwand zwischen Flügeln und Schenkeln. Bei uns angelangt, ließ er sich schwer auf einen freien Stuhl fallen.

«Zwanzig Dollar», sagte er.

Ich dachte, er wolle uns den Preis seiner Hähnchenplatte mitteilen.

Er richtete den Blick auf mich. «Zwanzig Dollar», wiederholte er.

Jetzt ging mir ein Licht auf. «Für den Wagen?»

Er nickte.

«Für eine neue Zylinderkopfdichtung?»

«War nicht der Zylinderkopf.» Er sah zu Dan. «Schlauch gerissen. Hatte die Kiste schon vor dem Abendessen wieder startklar.» Anscheinend richtete sich seine Zeiteinteilung nach den Mahlzeiten.

«Wieso ein Schlauch?», hakte ich nach. Ich hatte die Schläuche erst im Frühjahr erneuern lassen.

«Jetzt lassen Sie's aber mal gut sein, Nerburn», sagte Grover. «Der Wagen läuft wieder, oder?»

Irgendetwas an seinem Tonfall ließ mich aufhorchen. Statt mich wie üblich aufzuziehen, wollte er offensichtlich von etwas ablenken. «Wissen Sie etwas, wovon ich nichts weiß?», fragte ich.

«Ich weiß 'ne Menge, wovon Sie nichts wissen», erwiderte er.

«Ich rede von meinem Pickup.»

«Da bin ich überfragt.» Er starrte angestrengt in seinen Kaffeebecher, den die Bedienung gerade vor ihn hingestellt hatte. Dan hatte offenbar alle Hände voll damit zu tun, ein Päckchen Cracker mit seinen arthritischen Fingern aufzureißen.

«Dan?», sagte ich. «Hast du 'ne Ahnung, was mit meinem Pickup passiert ist?»

«Verdammt noch mal!», stieß er hervor. «Kann ein alter Mann nicht mal mehr in Frieden essen?»

Ich sah von Dan zu Grover und dann zu Jumbo. Keiner von ihnen erwiderte meinen Blick.

«Ihr Mistkerle!», sagte ich. «Ihr habt das gedeichselt. Ihr habt mich drangekriegt.»

Dan befreite seine Cracker aus der Zellophanhülle, und sie purzelten auf den Tisch. Grover rührte in seinem Kaffee. Jumbo stocherte mit dem Zeigefinger zwischen seinen Hähnchenteilen herum, versuchte die Asche zu isolieren.

«Du wirst es nie lernen, Nerburn», sagte Dan.

«Was?»

«Dass nicht immer die Indianer an allem schuld sind.»

«Ja, wer denn sonst, in drei Teufels Namen? Ihr seht mir nämlich verdammt nach Indianern aus.»

«Wir waren's nicht», sagte Dan.

«Ehrenwort», sagte Grover.

«Und wer dann?», fragte ich.

Jumbo riss ein Stück Fleisch von einem Schenkel. «Der Große Geist», sagte er. Dan nickte. Grover ebenso. Einen Moment lang saßen sie schweigend da, und dann prusteten sie alle los, als könnten sie sich vor Lachen nicht mehr einkriegen.

Die Bedienung trat zu uns und ließ eine fettige weiße Tüte vor Jumbo auf den Tisch fallen.

«Was ist denn da drin?», fragte Grover. «Du hast doch längst alle Reservatshühner gefressen.»

«Muss ein bisschen zulegen», sagte Jumbo, während er seine Zigarette in den Aschenbecher rammte. «Hatte mich auf Diät gesetzt. In so 'nen Nissan passt ja nix rein.» Er wuchtete sich hoch. «So, und jetzt muss ich wieder an die Arbeit.»

Ich hatte nicht vor, meinen Truck noch einmal aus den Augen zu lassen, und sagte Dan und Grover, wir würden uns später in der Werkstatt treffen, ehe ich sie ihrer Suppe überließ.

Jumbo führte mich durch die Hintertür des Diners auf den Parkplatz. Mein Pickup glitzerte in der Sonne wie ein schwarzer Diamant. Jumbo warf mir die Schlüssel über das Dach der Fahrerkabine zu; die Karosserie ächzte, als er sich auf den Beifahrersitz hievte. Ich wischte ein paar Kuchenkrümel vom Sitz und setzte mich ans Steuer.

Der Aschenbecher quoll über, und es stank nach Fett und Schweiß. Aber der Pickup lief wie neu. Im Leerlauf schnurrte er nur so, und er schien auch besser zu ziehen.

«Ich hab die Kiste ein bisschen auf Vordermann gebracht», sagte Jumbo. «War falsch eingestellt. Die Zündkerzen waren verrußt.»

«Sie haben also doch was dran gemacht», sagte ich.

Jumbo nickte. «War 'ne Schweinearbeit. Aber das Tapedeck ist nicht übel.»

Drei Jungen auf Geländerädern kamen aus einer Einfahrt und riefen: «Wasichu-Truck! Wasichu-Truck! He, Jumbo, nimm uns noch 'ne Runde mit!»

Jumbo winkte ihnen aus dem Fenster zu, während sie schlitternd vor uns zum Halt kamen. «Gehört mir nicht mehr», rief er zurück und warf einen Hähnchenknochen ins Gestrüpp.

Ich lächelte und schaltete in den zweiten Gang. Der Pickup beschleunigte mit Leichtigkeit, holperte über den Kies.

«Spitzenarbeit», sagte ich.

Jumbo grinste wie ein Halloween-Kürbis. «Kann alles reparieren.»

Ich ließ ihn vor seiner Werkstatt raus und versuchte ihm noch ein paar Extradollar für seine Arbeit aufzudrängen, doch er lehnte ab. «Zwanziger reicht», sagte er und stopfte den Schein in die Vordertasche seiner Latzhose. Die Frage nach einer Quittung oder Garantie sparte ich mir lieber.

Eine Schar kleiner Jungen hatte sich um den Pickup versammelt, kletterte auf die Ladefläche und turnte darauf herum, als handele es sich um einen Abenteuerspielplatz. Ich versuchte sie zu verscheuchen, indem ich ihnen zurief, dass ich bald losfahren würde, aber sie schenkten mir keine Beachtung. Es sah ganz so aus, als würde ich den Wagen künftig mit ihnen teilen müssen.

Jumbo hatte mir den Rücken zugewandt und inspizierte die

Kette eines Fahrrads, das auf Sitz und Lenker im staubigen Schatten vor seiner Garage stand.

«Noch mal danke, Jumbo», sagte ich. Er nickte ein oder zwei Mal, aber das war auch schon alles; der nächste Job nahm ihn offenbar voll in Anspruch.

Kurz darauf wandten die Jungs ihre Aufmerksamkeit der Operation Fahrrad zu. Wie Lehrlinge standen sie um Jumbo herum, gaben Expertisen ab und schwiegen, während er ihnen die komplizierte Wechselwirkung von Kettenspannung und Schmierung auseinandersetzte.

Ich stand allein in der erbarmungslos vom Himmel brennenden Mittagssonne; ich konnte mich nicht einmal gegen den Pickup lehnen, ohne mich zu verbrennen. Am Ende der Straße sah ich ein paar Bäume, deren Blätter in der flauen Brise sanft erzitterten. Ein halb skelettierter Hund strich über die Straße und suchte Schutz im Schatten eines Abflussrohrs. Nichts war zu hören außer dem Geräusch von Jumbos Ratschenschlüssel und dem fernen Stampfen einer Maschine, das rhythmisch an- und abschwoll.

Bald darauf hörte ich Reifen knirschen, und schon kroch Grovers grüner Buick wie ein großes, träges Reptil um die Ecke. Er hielt neben mir, und Dan stieg aus.

«Die Kiste soweit okay?»

«Alles wunderbar.»

«Siehst du? Jumbo hat's voll drauf.»

«Kann man wohl sagen.»

Schweigend standen wir da; einen Moment lang schien sich alles in einer Art Schwebe zu befinden. Ich erwartete, dass er mich auffordern würde, noch auf einen Sprung mit zu ihm zu kommen, doch es kam nichts.

«Gut», sagte ich schließlich. «Dann mache ich mich jetzt wohl mal besser auf den Weg. Wird 'ne lange Fahrt.»

«Lang und heiß», sagte Dan. «Ich habe noch was für dich.» Er griff durch das Fenster des Buick in die Ledertasche, die er in der Nacht am Wounded Knee bei sich gehabt hatte. Er kramte darin herum und nahm dann einen flachen roten Stein an einer Schnur heraus, der grob die Form eines Adlers besaß.

Er verzichtete auf irgendwelche feierlichen Gesten, hielt ihn mir einfach hin, und ich nahm den Stein aus seinen kastanienbraunen Fingern. Er zog seine Hand nicht sofort zurück. Einen Moment lang hing sie in der Luft wie die Wurzeln eines Baums, knorrig, entblößt, der Erde entrissen. Er überlegte.

Schließlich schüttelte er den Kopf, und der Gedanke, der ihm gekommen war, schien wie eine Sturmwolke vorübergezogen zu sein. Er öffnete die Hand und hielt sie mir entgegen. Zeit, Abschied zu nehmen.

Im Griff seiner mahagonifarbenen Schwielen und Knoten kamen mir meine weißen Finger weich und kraftlos vor. Fest drückte er meine Hand. Es war ein Versprechen.

Ich sah ihn an, doch er wich meinem Blick aus. Die Berührung unserer Hände hatte schon alles gesagt.

«Ich werde mein Bestes geben», sagte ich.

Er nickte.

«Ich schicke dir das Manuskript.»

Er nickte wieder.

Mir lagen tausend Worte auf der Zunge. Ich hätte gern noch länger mit ihm geredet, wollte ihm mein Herz ausschütten, ihn umarmen, ihm danken, irgendetwas tun, doch er ließ die Hand sinken und wandte sich ab. Und als ich abermals etwas sagen wollte, hob er die Hand in Schulterhöhe und bewegte sie leicht hin und her. *Du hast genug gesagt*, hieß das.

Ich stand in der Gluthitze, während er die Hand um den verchromten Türgriff der Beifahrertür legte. Fatback schnaufte und sabberte auf dem Rücksitz, konnte es kaum erwarten, endlich wieder nach Hause zu kommen. Grover beugte sich ein wenig vor, damit er mich sehen konnte, und berührte seine Hutkrempe kurz mit dem Zeigefinger – ein winziger Gruß –, ehe Dan die Beifahrertür öffnete und einstieg.

Grover schaltete, und der Buick rollte mit einem leisen Grollen die Straße hinunter. Ich sah die Hinterköpfe der beiden Männer, während sich der Wagen von mir entfernte. Nur Fatback hatte sich nach mir umgedreht. Seine Augen waren halb geschlossen, sein Kopf ruhte auf der Hutablage.

Ich hob die Hand, winkte ihm zu, und halb glaubte ich, dass er mich verstand, auch wenn ich mir das natürlich nur einbildete. Er spitzte die Ohren und warf mir einen traurigen Blick zu. Der Buick rumpelte über die Anhöhe, und dann war er verschwunden.

Kein Lüftchen wehte mehr, und die Bäume standen reglos in der Mittagshitze. Langsam hob ich die Hände, legte mir die Kette um den Hals. Der Adler aus Stein war kühl, lag schwer an meiner Brust, und so verharrte ich auf der menschenleeren Straße, lauschte auf das tiefe Brummen von Grovers Buick, das sich allmählich in der Ferne verlor. Der alte Hund, der sich in den Schatten des Abflussrohrs verzogen hatte, erhob sich, drehte sich drei Mal um sich selbst und ließ sich wieder in den Staub sinken. Still stand ich da, rührte mich nicht vom Fleck und lauschte, selbst als das Geräusch des Motors längst verklungen war.

NACHWORT

Im Lauf der Jahre hat *Nicht Wolf nicht Hund* eine erstaunliche Karriere gemacht. In einigen der härtesten amerikanischen Strafvollzugsanstalten ist es von einem Insassen zum nächsten gewandert; selbst Wärter haben es gelesen, um Einblick in das Denken der Häftlinge indigener Herkunft zu gewinnen. Es hat indigenen und weißen Kindern an so unterschiedlichen Orten wie South Dakota, Seattle oder der Wüste von New Mexico geholfen, erstmals über ihre Gemeinsamkeiten und Unterschiede zu sprechen. In Neuseeland ist es von Maoris an weiße Freunde und Landsleute weitergegeben worden, mit den Worten, es würde ihnen verstehen helfen, wie die Maoris den Verlust ihrer Heimat empfinden; in Südamerika tätige katholische Missionare haben mich gefragt, ob ich ein ähnliches Buch für «ihre» Stämme schreiben könne. Es hat sogar den Verlauf des Missouri geändert; nachdem er es gelesen hatte, sorgte ein Ingenieur der US-Armee für die Neukonzeption eines Dammbauprojekts unter seiner Leitung.

All diese Geschichten – insgesamt Hunderte – haben mich verblüfft und ermutigt, eine jedoch hat mich am tiefsten berührt. Sie wurde mir von einem Chippewa erzählt, der mich in meinem Haus im nördlichen Minnesota aufsuchte, um sich ein altes Baugerüst anzusehen, das ich verkaufen wollte. Nachdem wir uns über ein paar gemeinsame Bekannte in seinem Reservat unterhalten hatten, schenkte ich ihm ein Exemplar von *Nicht Wolf nicht Hund*. Es war mir ein bisschen peinlich, da mir die Geste etwas selbstgefällig vorkam, aber irgendetwas sagte mir, dass ich richtig handelte.

Einige Wochen später rief er mich an. Er rang hörbar nach Worten; der Anruf fiel ihm offenbar nicht leicht. «Sie haben mir neulich Ihr Buch geschenkt», sagte er. «Dafür wollte ich mich bedanken.»

«Keine Ursache», erwiderte ich.

«Und ob», sagte er. «Hören Sie, ich bin mein Leben lang ein Trauerkloß gewesen. Schon als Kind haben mich die Leute immer gefragt, warum ich so traurig sei. Habe ich draußen gespielt, war ich traurig, und oft habe ich auch einfach nur rumgesessen und elend aus der Wäsche gestarrt. Selbst meine eigenen Kids haben mich gefragt, was mit mir los sei, aber ich wusste es selbst nicht. Ich war einfach nur traurig. Aber Ihr Buch hat mir die Augen geöffnet – zum ersten Mal ist mir aufgegangen, warum ich so traurig war. Und ein paar Tage später habe ich mich zu meiner Familie an den Tisch gesetzt und mir alles von der Seele geredet, so lange, bis die ganze Traurigkeit aus mir heraus war. Jetzt bin ich nicht mehr traurig, und meine Familie ist wieder glücklich. Ich wollte, dass Sie erfahren, was Ihr Buch bewirkt hat. Sie sind mein Bruder, und ich möchte Ihnen danken.»

Als ich auflegte, war mir warm ums Herz. Eins meiner literarischen Kinder hatte das Herz eines zutiefst verletzten Mannes erreicht, ihn aus seiner Isolation befreit und seiner Familie zurückgegeben.

Der Gedanke an solche Momente lässt mich der Neuauflage von *Nicht Wolf nicht Hund* mit umso mehr Freude entgegenblicken; so erhält dieses Buch Gelegenheit, noch mehr Menschen zu berühren und seine Wirkung an neuen, unerwarteten Orten zu entfalten.

Ich frage mich häufig, warum dieses Buch über die Jahre nichts von seiner Aura eingebüßt hat. Die Antwort hat etwas mit Erinnerung und Aufrichtigkeit zu tun, glaube ich.

Ich habe noch nie einen Indianer kennengelernt, der nicht tiefe Trauer und Zorn über das empfunden hätte, was seinem Volk widerfahren ist, und ich bin auch noch nie einem ehrlichen und sensiblen Amerikaner nichtindigener Abstammung begegnet, der in seinem tiefsten Innern nicht ein schlechtes Gewissen hätte wegen dem, was wir als Kultur den Menschen angetan haben, die diesen Kontinent vor uns bewohnt haben. Wir können uns lieben, hassen, Mitleid füreinander empfinden. Doch stets rumort die kulturelle Erinnerung unter der Oberfläche unserer persönlichen Begegnungen. Auf unserem Grund und Boden hat eine Tragödie stattgefunden, und auch wenn das lange vor unserer Zeit war, sind wir ihre Erben, und die Erde hat nicht vergessen.

Das kleine Wunder von *Nicht Wolf nicht Hund* besteht darin, dass diese Erinnerung stets in der Geschichte mitschwingt, die mein Buch erzählt. Seine Protagonisten versuchen mit diesen Erinnerungen fertig zu werden, jeder auf seine ureigene Art und Weise. Sie sind Erben von etwas, das der Wind mit sich trägt, in jedem Stein widerhallt, und nichts, was sie als Individuen tun können, wird die Stimmen um sie herum verstummen lassen. Dennoch suchen sie – nach einem gemeinsamen Sinn, gemeinsamem Verständnis, gemeinsamer Erlösung. Und weil sie suchen, spielt es keine Rolle, dass sie auf verschiedenen Seiten eines kulturellen Grabens stehen, der mit Tränen, Schuld, gebrochenen Versprechen und zerbrochenen Träumen gefüllt ist. Zusammen versuchen sie den Graben zu überwinden, reichen sich die Hand und werden schließlich zu mehr als Freunden – zu Brüdern und Schwestern.

Und genau dieser Thematik verdankt sich die Haltbarkeit von *Nicht Wolf nicht Hund,* glaube ich. Es ist ein Aufruf an uns alle, Brüder und Schwestern zu werden. Brüder und Schwestern müssen einander nicht verstehen; sie müssen einander nicht einmal mögen. Wichtig ist, dass sie einander vertrauen und zur Seite stehen, und ebendies lernen die Menschen dieser Geschichte.

Wir alle – Dan und Grover und ich, Danelle, Jumbo, Wenonah und all die anderen – stehen fest und unverrückbar innerhalb der Grenzen unserer Denkweisen und Wertvorstellungen, aber wir gehen aufeinander zu, greifen uns gegenseitig unter die Arme. Sie versuchten nicht, Weiße zu werden, und ich versuchte nicht, mich in einen Indianer zu verwandeln.

Viele Amerikaner – anständige, kritische Bürger, denen die tragische Geschichte der Indianer und ihre prekäre Lage klar vor Augen steht – versuchen sich ihrer Verantwortung zu stellen, indem sie selbst «Indianer werden» oder sich doch zumindest eingehend mit deren Kultur auseinandersetzen, die von ihnen romantisiert wird; sie versuchen das historische Unrecht durch ein Übermaß an Mitgefühl zu kompensieren oder ihre spirituelle Solidarität durch die Aneignung indianischer Werte oder Vorstellungen auszudrücken. Dabei verzerren sie die Lebenswirklichkeit der Menschen, die ihnen so sehr am Herzen liegen; sie benutzen sie als Projektionsfläche für ihre eigenen Bedürfnisse.

In diesem Buch erzähle ich nicht zuletzt davon, wie Dan, Grover und die anderen genau das aber nicht zuließen. Sie blieben eisern und energisch sie selbst und verlangten dasselbe von mir. Unterlief mir ein Fehltritt, bekam ich sofort die Quittung. Sie verwahrten sich gegen jegliche Klischees, die ihre Individualität in Frage stellten. Ich sollte anerkennen, dass sie alle Indianer waren, wurde aber ständig daran erinnert, dass ich ihnen keine gemeinsame Identität aufnötigen durfte, die sie zu Objekten der Bewunderung oder des Mitleids degradierte.

Entsprechend ließen sie sich meine Weltsicht auch nicht ansatzweise aufzwingen. Jedes Mal, wenn ich – und sei es nur unbewusst – einen dahingehenden Versuch unternahm, stellten sie mich auf die Probe, lockten mich auf falsche Fährten, trieben mich auf die Palme. Sie entführten mich, im wörtlichen wie im übertragenen Sinne, und ließen mich nicht gehen, ehe ich meinen Vorstellungen abgeschworen hatte. Ich sollte erkennen, dass ich eine andere Welt betreten hatte und es mir nicht zustand, diese Welt auf meinen beschränkten Horizont zu reduzieren. Dennoch hielten wir zusammen, standen uns bei, und als wir uns schließlich auf jener staubigen Straße in Dakota voneinander verabschiedeten, trennten wir uns – in einem Gefühl familiärer Verbundenheit, das uns niemand je wieder nehmen kann.

Und dieses Gefühl der Zusammengehörigkeit war wohl auch der Grund, warum der Mann, der wegen des Gerüsts bei mir vorbeigekommen hatte, schließlich seine Stimme wiederfand. In meinem Buch geht es um den Versuch, den anderen trotz aller Unterschiede zu verstehen, darum, den Zorn und die Trauer zu akzeptieren und Teil der großen Menschenfamilie zu werden, ungeachtet aller gebrochenen Versprechen. Kurz gesagt, es geht um Vertrauen – zu uns selbst, in andere und in die Menschlichkeit, die uns trotz aller Unterschiede miteinander verbindet.

Kann es eine zeitlosere, dringlichere Botschaft geben, während wir versuchen, diesen fragilen Planeten zu retten, ihn von seiner blutigen, tränenreichen Vergangenheit in eine menschlichere, hoffnungsvollere Zukunft zu führen?

Kent Nerburn
Portland, Oregon
Frühling 2017